認知変数連結論

―認知心理学を見つめ直す―

中島義明　著

コロナ社

まえがき

認知心理学が登場してから，最初の「第一の時代」が経過した。この間に，この新しい視点に立つ心理学はそれなりの実績を積み上げてきた。しかし，この時代になされた「認知変数」の切り出しは，本来は「総合体」／「統合体」として融合し一つのまとまりをもった「認知機能」／「認識作用」という，たとえてみれば一つのふくらみを持った立体的対象を，分析的研究に「都合の良いように」ある面で切り取ったものといえよう。あるいは，ある方向から（研究視点から）一次元上に写影したものともいえよう。

それゆえ，認知心理学のつぎの「第二の時代」には，これらの変数の一部を重ね合わせたり，交差させたり，あるいは別の方向から眺めることにより（別の研究視点をとることにより），それまで独立して取り扱われてきた複数の「認知変数」を統合したり，接合させるといった作業が積極的になされるべきである。

「今」こそ，認知心理学（者）は自ら努力してでも「第二の時代」に入るべきである。本書は，筆者のこの信念に基づき，これまで認知心理学や伝統的心理学で取り扱われてきた諸「認知変数」を理論的に検討し，この種の「連結」作業を試みたものである。

ただし一つ読者にお断りしておきたい。それは，ここでいう「認知変数」とは，厳密にいえば，「認知変数」という用語の通常の概念枠を超えて，「認知的構成概念」やさらに広く「認知的事象

（現象）」までをも包含する広義かつ緩い表現として用いているということである。読者からこの点の了解が得られることを前提にして，本書のタイトルは『認知変数連結論』とした。

この種の試みはきわめてユニークであり，それだけに学問的に意義があるものと筆者は自負している。国内外の書物を見渡すに，筆者の知る限りにおいて，この種の試みに焦点合わせをして一冊にまとめられた著書はない。

筆者の浅学さゆえに，たとえ目配りの範囲や考察の稚拙さなど理論的詰めに不十分さが残るにしても，「第二の時代」を志向した筆者の心意気に免じて読者の寛容なご理解を賜りたい。

最後に，昨今の厳しい出版事情の中で本書の刊行を快く引き受けて下さったコロナ社に対して，また原稿の入力作業に多大なご支援をいただいた早稲田大学人間科学研究科博士課程の大学院生である島崎　敢氏に対して，心からのお礼を申し上げる。

二〇〇七年九月

中島　義明

目　次

第1章　認知心理学的変数の「設定」と「連結」

1　認知心理学の特徴　*1*
2　認知心理学と伝統的心理学　*7*
3　認知心理学と方法論　*11*
4　認知心理学における変数設定　*13*
5　認知変数の「設定」から「連結」へ　*13*

第2章　心理学的諸理論を連結する「ルート・メタファー」

1　メタファーと世界仮説　*15*
2　Pepper の世界仮説　*16*
フォーミズム／機械論／有機体論／文脈主義
3　Altman と Rogoff の世界仮説　*24*
特　性／相互作用／有機体的／トランスアクション

第3章　認知心理学を覆う「メタフォリカル」な発想傾向

1　認知心理学とメタファー　*27*
2　メタファーとは　*29*

3　認知的概念とメタファー　35
ワーキングメモリ／注　意／記　憶

第4章　「スキーマ」概念に媒介された「エラー発生の認知モデル」と「認知療法のＩＣＳ理論」との連結性

1　エラーの認知心理学的分類　42
Norman の分類／Reason の分類
2　エラー発生の認知心理学的モデル　46
Norman のモデル／Reason のモデル
3　「認知療法」における「ＩＣＳ理論」　52
「認知療法」とは／「ＩＣＳ理論」とは
4　「エラーモデル」と「ＩＣＳモデル」との連結性　56

第5章　「二重符号化理論」と「二重処理理論」と「ワーキングメモリ理論」と「処理資源理論」との連結性

1　「二重符号化理論」とはなにか　58
二つのサブシステムの存在を考える／二つのサブシステムによる三種類の情報処理／「二重符号化理論」の諸特徴
2　「二重処理理論」とはなにか　63
3　「二重処理理論」と「ワーキングメモリ理論」との連結　65
4　「ワーキングメモリ理論」と「処理資源理論」との連結　67

第6章 「注意の瞬き現象（AB 現象）」と「ワーキングメモリ」と「処理資源」との連結性

1 注意の瞬き現象とはなにか 71
2 AB 現象の典型的説明モデル 73
注意のゲート・モデル／類似性理論／注意滞留モデル／二段階モデル／中枢干渉理論
3 記憶理論と AB 現象 80
4 AB 現象とワーキングメモリ 82
5 資源理論と AB 現象 83
処理資源／単一資源理論／多重資源理論／AB 現象に関与する資源はなにか

第7章 「ワーキングメモリ」と「長期記憶」の連結性

1 ワーキングメモリに関するバッドレイ・モデル 88
2 「視・空間スケッチパッド」と長期記憶 90
3 読書による物語理解とワーキングメモリ 91
4 「視・空間スケッチパッド」における情報圧縮の仕掛け 94
5 検索手がかりと「長期ワーキングメモリ」 98
6 ワーキングメモリと長期記憶との連結における「中央実行系」の役割 99
7 ワーキングメモリと長期記憶との連結における「エピソード・バッファ」の役割 100

第8章 「ストループ効果」と「ワーキングメモリ」と「処理資源」との連結性

1 ストループ効果とはなにか 102
2 ストループ効果のこれまでの説明理論
知覚的コード化説／反応競合説／自動的処理説 104
3 ストループ効果の最近の説明理論 107
4 ストループ効果とワーキングメモリと処理資源 108

第9章 「プライミング効果」と「ストループ効果」の連結性

1 「プライミング効果」とはなにか 111
2 「負のプライミング効果」とはなにか 112
3 「ストループ効果」とはなにか 114
4 ストループ効果に見られる特色 115
5 負のプライミング効果に見られる特色 116
6 ストループ効果と負のプライミング効果の共通性 117
7 プライミング効果における「速さ」と「正確さ」の要因 118

第10章 「展望的記憶」と「ワーキングメモリ」の連結性

1 「展望的記憶」とはなんだろうか 120
2 展望的記憶とワーキングメモリの類似性 121

目　次

3　展望的記憶と時間軸との関係　123
4　展望的記憶に関する理論モデル　124
5　「『展望的記憶』における制御的プロセス」と「『ワーキングメモリ』におけるバッドレイ・モデル」との連結　129
6　展望的記憶の分類　132
7　展望的記憶の実験室的研究事態　134

第11章　「展望的記憶」と「回想的記憶」の連結性

1　展望的記憶は普通の記憶とどこが違う?　137
2　展望的記憶と回想的記憶との関係性　138
3　臨床的研究による両記憶の関係　139
4　両記憶と加齢効果　140
5　別個になされた両記憶研究間の相関　141
6　「二重反応デザイン」による両記憶研究　142

第12章　「展望的記憶」と「処理資源」の連結性

1　「準備的注意プロセス」と資源　144
2　「準備的注意プロセス」と加齢効果　145
3　展望的記憶と二重課題事態　146
4　展望的記憶課題と現在進行中の課題における課題間の性質　146

5　展望的記憶と「多重資源理論」　147

第13章　「リアリティ・モニタリング」と「メタ認知」、「内的記憶」、「外的記憶」、「展望的記憶」、「回想的記憶」、「夢の記憶」、「自伝的記憶」との連結性

1　「リアリティ・モニタリング」とはなにか　151
2　リアリティ・モニタリングのモデル　153
3　リアリティ・モニタリングと「認知的操作」　154
4　リアリティ・モニタリングと「夢の記憶」の連結性　156
5　リアリティ・モニタリングと「自伝的記憶」の連結性　161
6　リアリティ・モニタリングは「メタ認知」、「内的記憶」、「外的記憶」、「展望的記憶」、「回想的記憶」、「夢の記憶」、「自伝的記憶」との連結子の役割を果たす　164
7　リアリティ・モニタリングと「目撃証言」の連結性　165

第14章　「素朴概念」と「心の理論」および「メタ認知」との連結性

1　「素朴概念」とはなにか　168
2　「素朴概念」としての「素朴物理学」　169
3　「素朴概念」としての「素朴生物学」　173
4　「素朴概念」と「心の理論」の連結性　174
5　「素朴概念」と「メタ認知」との連結性　177

第15章　「脳事象関連電位」と「順応水準」の連結性

1　「脳事象関連電位」とは　180
2　P300と「順応水準」　181
3　「脳事象関連電位」におけるP300　186
4　Helsonの「順応水準理論」　189
5　「順応水準」の測定と「脳事象関連電位」の測定　192
6　刺激連続体の属性と「順応水準」　195

第16章　「認知系」と「パフォーマンス系」（「動作系」）の連結

1　パフォーマンス研究　200
キネシオロジカル・サイコロジーとは／キネシオロジカル・サイコロジーの諸領域／「近代」のキネシオロジカル・サイコロジー
2　「認知」と「パフォーマンス」の連結─認知とパフォーマンスは二分法的存在物ではない─　204
3　今後のキネシオロジカル・サイコロジーは「認知系」と「パフォーマンス系」の連結性を増す　205
4　新しい「情報処理能力」を育てるトレーニング・メニューには「動作系」をかませたほうが良い　207

第17章　「日常性の心理学」と「実験室の心理学」の連結性

1　「日常性の心理学」を特徴づける二つの視点　209
「科学のメタファー論」的視点／「認知心理学」的視点／「総合学」的視点

2　「実験」と「日常性」の関係に見られる連続的性質　212
実験の中で日常性を目指す／日常性の中で実験を目指す／事後的事象の中に実験と同値の構造を見いだす／「日常性の心理学」と「実験（室）心理学」の連繋

第18章　「社会的構成主義の心理学」と「エスノメソドロジーの心理学」と「伝統的心理学」との連結性

1　社会的構成主義の心理学　218
「社会的構成主義」の一般的特徴／「社会的構成主義」と「教授・学習」／「社会的構成主義」と"narrative therapy"／心理学と「社会的構成主義」

2　エスノメソドロジーの心理学　234

第19章　「認知変数（認知的構成概念）間の連結性」を研究するためのマクロアプローチとミクロアプローチ

引用・参考文献
欧文索引
事項索引
人名索引

第1章　認知心理学的変数の「設定」と「連結」

いまから三〇～四〇年前の心理学では、「行動主義（behaviorism）」と呼ばれる考え方が広くとられていた。すなわち、科学的な心理学は意識を対象とするのではなく、客観的に観察できる行動を対象とせねばならないとの考えに立っていた。しかし、その後このような行き方への反省が起こり、人間の「心」に真に迫るためには、われわれの心の奥深くにあるとらえどころのないものをこそなんとか工夫を凝らし研究していかなければならないとする考えが起こってきた。このような気運の下に「認知心理学（cognitive psychology）」と呼ばれる新しい視座に立つ心理学が誕生し、現在多くの心理学研究者に影響を及ぼしている。それゆえ、この立場の研究者は行動主義ではむしろ「ブラック・ボックス（black box）」として残された人間の心の中のさまざまな情報処理過程を積極的に問題とすることになる。

1　認知心理学の特徴

心理学者がわれわれ人間の行動や意識を研究する際に、どのような現象を観察対象とするのかということがまず問題になる。しかし、多くの研究者はこのような対象を決める際に、おそらくは当該領域の研究者によって行われた先行研究における観察や実験を参考にするであろう。また、得られた実験データを解釈する際にも当該領域の他の研究者の判断というものを意識してなされるであろう。

Kuhn（1962）は，このようなある研究領域の大多数の研究者がたがいに共有しその影響を受けているところの，研究の基本的姿勢に関する一種のイデオロギーを指して，「パラダイム（paradigm）」と呼んでいる。このKuhnの概念を用いるならば，認知心理学は心理学の領域内において他と区別される一つのパラダイムを共有する研究の立場を指すことになる。

科学の発展というものを眺めてみると，研究の成果が累積的であり確固とした理論的体系を有する学問と，一つの現象に対してさまざまな理論が存在し，またそれらの理論の浮き沈みも激しい学問とがある。光学や力学といったような物理学の多くの領域は前者の例となる。心理学はとうてい安定科学とはいい難く後者の例に該当しよう。前者の学問は学問の基本的部分についての確固とした研究成果を有しており，基本的問題の多くがすでに解決済みである。それゆえ，今日では研究の成果が累積的となる。しかしながら，後者の学問では基本的問題の多くがいまだ解決されず，研究はこの範囲を出るに出られず，成果は累積的というよりむしろ並列的である。このようないまだ未成熟で流動的な学問においては，パラダイムの転換は必然的によく生起するものである。パラダイムの転換が生起すれば，それまで存在したパラダイムの下でのデータが無視されたり，再解釈されたりする。

心理学におけるパラダイムの変遷を眺めると，大きく二つの種類に分けられるように思われる。

一つは、研究成果の累積性に乏しいいまだ流動的なレベルにあると思われる心理学全体としての発展プロセスの中で、研究成果の生産性が他のパラダイムに比べ相対的に高く、その意味で比較的高い研究成果の累積性を備えたパラダイムである。もう一つは、以前のパラダイムの有する欠点や問題点を指摘するうえでは効果的であるが、必ずしも生産的ではなく、むしろ一種の主義主張の「運動」としての色彩の強いパラダイムである。

それでは、こういった心理学のパラダイムというものはどのような点で区別され得るのであろうか。パラダイムというものは理屈のうえでは相違点が一つしかなくても両者の区別を主張することはできよう。しかし、通常はその相違点がかなり多くなければ「独立した」パラダイムとしての主張は弱くなろう。心理学では、主として

① 理論的前提概念がどのようなものになっているのか。
② どのようなテーマが好んで選択されるのか。
③ 用いられる変数の概念や用語がどのようなものであるのか。
④ 好んで用いられるアナロジーがどのようなものであるのか。
⑤ 典型的な方法や手続きに見られる特徴はなにか。

などによってパラダイムを区別することができよう。これらの項目のうち多くのものが大きく異なるほど、パラダイムとしての区別はより顕著なものとなるであろう。

それでは、認知心理学ではこの五つの項目についてどのような特徴を有しているのであろうか。

まず、①の理論的前提概念として、多くの認知心理学研究者は「入力された情報はなんらかの『表象（representation）』として情報処理のシステムの中に存在する」と信じている（筆者はこの立場に立つが、もちろんこの前提に立たない考え方もある）。そして、これらの「表象」は「心的探索や心的比較といったある種の心的操作がなされ得るもの」と信じている。また、人間というものを、情報を受動的に処理するシステムとしてではなく、能動的な情報探索のシステムとしてとらえている。すなわち、人間の側で、入力情報を変化させ新しい知識を創造するという側面があることを重視している。

それでは、②の認知心理学研究者の選択するテーマについてはどうであろうか。大部分の認知心理学研究者は「人間の高次の心的過程」の中に己の研究テーマを設定するであろう。すなわち、記憶、知覚、学習、思考、推理、問題解決、概念形成、言語、理解といったような諸過程を含有する高次な心のはたらきに関心を持つ。しかし、これらの諸過程が独立に扱われるというより、研究者の関心の強調点により、伝統的用語で表現するならば、このような名称が挙げられるというにすぎない。認知心理学研究者はつねに認知活動全体を意識している。

③の認知心理学研究者が用いる概念や用語についてはどうであろうか。「刺激（stimulus）」と「反応（response）」の代わりに、彼らは「入力（input）」と「出力（output）」の用語を好んで用いよう。また、入力情報を心の中のどこかに保持することを意味する「貯蔵（storage）」とか、貯蔵されたものを取り出すことを意味する「検索（retrieval）」など、枚挙にいとまのないほど多くの

新しい概念や用語を用いる。しかしながら，これらの新しい概念や用語の多くはコンピュータ科学や情報理論から借用されているものが多い。これらの概念や用語は伝統的に用いられてきている意味と同意的である場合もあるが，「認知心理学」というパラダイムによって決定された，前からの意味とは異なる新たな用語とも考えられる。

つぎに，④の好んで用いられるアナロジー（analogy）についてはどうであろうか。認知心理学の研究や理論はコンピュータ・アナロジーにより導かれる場合が多い。コンピュータ科学者は入力と出力の間にプログラムというものを介在させる。認知心理学研究者は行動主義では手をつけずに残された刺激と反応の間に介在するブラック・ボックスの中の「認知過程（cognitive process）」を取り扱っている。いまのところ，この認知過程を記述するには，コンピュータ科学におけるプログラムのようなものを用いるのが最も便利だと考えられている。したがって，コンピュータ・アナロジーが好んで用いられている。具体的アナロジーとしては諸種のコンピュータ・プログラム言語による記述が可能であろうが，アナロジーの本質はアルゴリズムに象徴される「論理的能力」であり，生体がハード的にコンピュータに類似した構造をどこかに有していることを想定しているわけではあるまい。人間のある行動とよく類似した実行を行うコンピュータ・プログラムが作成されたなら，このことはその行動を説明する一つの理論が構成されたことを意味しよう。それゆえ，種々のコンピュータ・シミュレーションを試みることにより実際の人間の行動によく類似した実行を行うコンピュータ・プログラムを開発することは，行動の理論を発展させるうえで一つの力となろう。

つぎに、⑤の認知心理学において用いられる方法や手続き上の特徴としてはなにが挙げられるであろうか。認知心理学研究者はわれわれ人間の心の中の「認知過程」を問題にする。しかし単にアームチェア的にその過程を種々構想するわけではなく、観察や実験や測定という「科学的」な接近を試みる。この点は重要である。認知心理学には認知心理学に特有な「科学的方法」というものがあるわけではないようだ。すなわち既存の科学的方略をそのまま使用している。もちろん研究者の中には既存の方略とは若干趣を異にしたやり方を好む人々もいる。例えば「エスノメソドロジー（ethnomethodology）」と呼ばれる方法はこの種の方法の良き例であろう。しかし、いずれにしても従来の方法論と本質的に異なっているとは思われない。

だが、認知心理学研究者が好んで用いている方法というものはたしかにある。例えば、彼らは従属変数として「反応時間」を測定するという方法を特に好んで用いている。なぜなら、彼らは認知の時間的側面に特に強い関心を抱いているからである。それは「反応時間が長ければそれだけ負担の程度が大きい認知活動がかかわっている」という暗黙の了解があるからである。もう一つ最近よく用いられている方法を挙げるなら、「二重課題法（dual task method）」と呼ばれる方法がある。この方法は同時に二つの課題を課し両課題間の干渉の程度を測定するものである。

このように見てくると、先に挙げたパラダイムを区別する五つの項目に関していえば、「認知心理学」というものはそれ以前の行動主義や、そのまた以前の意識主義とも「ある程度」（「十分に」？）異なっているように筆者には思われる。その意味で，認知心理学の登場はたしかに心理学の世界における一種の「パラダイム転換」であったともいえよう。

2　認知心理学と伝統的心理学

ブラック・ボックスの中に「認知変数」を設定することは，将来ブラック・ボックスの中の情報処理プロセスに対応する神経生理学的プロセスを明らかにするための探索的試みではない。「認知変数」に基づいた新たな説明体系を生み出すためになされているのである。説明するということは，法則という枠組みの中に当該の現象を位置付けることを指そう。すなわち，当該の現象をその法則で用いられている変数と同一の変数を用いて定義し直すことができれば，「説明された」ということになろう。人が手を伸ばす行動に対して「骨格筋が…」という形で記述することもこの行動に対する一種の説明かもしれない。しかし，この説明ではこの人が「物をつかもうとして」手を伸ばしたのか，「物の位置を変えようとして」手を伸ばしたのかといったことについてはなにも答えていない。「なぜ，そうするのか」といった問いに対する説明があって，われわれは「生きている人間の行動の理解」ができたことを自ら納得するであろう。このように考えると，認知変数による記述様式と神経生理学的記述様式とは，それぞれにおける「説明」が目指す「理解」というものの土俵が異なるのであり，それゆえ同一の土俵にのせて是非を論ずる性質のものではない。すなわち，それぞれの土俵のうえでどれだけ一般化が可能かということで評価されるべきものである。認知心理学者は、認知的レベルの変数、すなわち「認知変数」によって一般化可能な科学的領域というものが存在していると考え、彼らの研究を実施しているのにちがいない。

心理学の流れを理解するのに一つの比喩を用いてみよう。いま、敵国の軍事工場を静止衛星に設定されたカメラを通じて監視しているとしよう。カメラにより写された映像は電波信号に変換されて遠方にある受信基地に送られ、そこで再び映像化される。受信基地ではこの映像によりその軍事工場にどのような資材が運び込まれ、どのような物が搬出されたかについての情報を入手することはできる。しかし、工場の建物の中でどのようなことが行われているかについては、直接に映像から観察することは不可能である。

そこで、運び込まれた資材と搬出された生産物とから、工場の内容を観察する試みが三人の軍事研究家により行われた。

Ａという軍事研究家はあれやこれや考えていたが、いま客観的事実として、自分が手にしている情報は運び込まれた資材と搬出された生産物だけであるという点へのこだわりから抜け出すことができずにいた。そして、客観性に乏しい報告書を提出したなら上司から叱られるかもしれないという不安から、どうしてよいかわからなくなってきた。悩みぬいた末に、Ａは、「そうだ、所詮わからないものはわからないのだから、工場の内容は『わからないままのもの』（ブラック・ボックス）として残して、わかっている資材と搬出物との間の関係さえわかればいいじゃないか」との考えに到達した。それから、彼は、どれくらいの量の資材が運び込まれると、どれ位の量の搬出物があるのかを観察することにより，両者の間の関数式を定立した。

一方，Ｂという軍事研究家は，工場から運び出される生産物は，ちょっと見た目にはカバーがされているので同一のものに見えるが，よくよく観察するとどうも二種類の車輌のようであることに気がついた。両者とも平たい形状をしていたが，片方のカバーの影から筒のようなものが出ていることから，Ｂは一つはトラックでもう一つは戦車だと判断した。この両者は入り混じって運び出されてきたが，日によってトラックと覚しき物のほうが多い時も戦車と覚しきものが多い時もあった。これはどういうことかと考え悩んだ末に，Ｂは一つのことに気がついた。それは，工場の煙突からはき出される煙の量が多くまた工場内からもれる光の量が多いため工場全体が明るく輝いた映像となる日があるということであった。よくよく映像を分析的に吟味してみると，そのような日には決まって戦車と覚しき生産物の搬出量が多くなっていることが認められた。そこで，Ｂは資材の搬入内容は同じであっても工場の活動状態によって搬出される生産物の内容に変化が生ずること，すなわち工場の活動状態が大の時には戦車がおもに生産され，通常の活動状態の時には戦車とトラックとが半々に生産されるとの結論を下した。

もう一方，Ｃという軍事研究家は，ＡとＢの報告書を読んだもののなにか釈然としない気分でいた。なぜなら，ＡもＢも工場の中でなにが起こっているかについて本当のところはなにもいっていないのと同じではないかという疑問が心の中で渦巻いていたからである。そこで，Ｃはプラモデルの組み立て作業をモデルにつぎのような生産工程を考えてみた。資材の搬入が行われる

↓作業の前処理として部品の生産が行われる↓この部品は設計図に照らして分散され、必要なものをすべて満たしているかがチェックされる↓組立て作業が行われる↓製品の機能検査が行われる↓設計図の修正が行われる↓製品が運び出される。そして、戦車とトラックという二種類の生産物があるのなら、このどこかの段階で生産工程は二つに分岐するはずである。さらに、戦車とトラックの生産工程は二つに分岐する際に、それぞれの生産量を調節するために流れ作業の作業速度を日により変化させるはずである。Cはこの種の可能な工程につき種々に考えをめぐらした。その際には、自国の軍事車輌工場における資材搬入から生産物搬出までの工程と比較して問題がないかどうかの検討も怠らなかった。

以上の軍事研究家A、B、Cは、軍事工場を人間の心と考えれば、細部はともかく大雑肥には心理学における三種類の研究立場によく似ている。資材を刺激Sと考え、生産物を反応Rと考えるならば、AはS-Rの「行動主義（behaviorism）」に類似し、Bは工場の活動状態すなわち人間の心の欲求や動機付けの状態を示す変数Oを導入することからS-O-Rの「新行動主義（neo-behaviorism）」に類似する。これら二者の立場は、生活体が単一のシステムとして示すアウトプットとインプットとの関係を明らかにすることに視座が置かれている。Cの立場はこれらと異なり、軍事工場の中の生産工程に関心が置かれている。すなわち、生活体の中における心的なサブシステムの特定や、それらのサブシステムの間の関係を明らかにすることにより、心的過程のメカニズムを明らかにする「認知心理学」の立場によく類似している。

3　認知心理学と方法論

再び問うてみよう。認知心理学の基本的特性というものはなんなのであろうか。例えば，認知心理学では「メタ認知（metacognition）」という「認知変数」を設定する。これは「認知に関する認知」であり，このメタ認知はわれわれの一連の情報処理過程に基づく認知活動が「目標」に合っているかどうかをモニターし，もし目標に向かっていない場合には「おかしい」ことをわれわれに知らせてくれるという。

われわれがある課題を遂行する際にはその課題の達成度に関してある期待を持つ。これは「要求水準」と呼ばれ，伝統的心理学においてよく取り扱われてきた研究課題である。この要求水準は，課題の達成度が良ければ上昇し悪ければ下降するといったように，スタティックではなくダイナミックである。この要求水準の変化過程を取り扱った伝統的心理学における研究は，認知心理学では「メタ認知」にかかわる研究として位置付けることができる。それだけではなく，認知心理学では，自己能力の評価とか，課題に対していずれの方略がより有効な方略かの予測能力や，その方略を実行する能力というものもまた「メタ認知」のなさしめるところとして考えている。あるいはまた，自己の経験をふり返ることにより目標に近づきつつあるかどうかを判断し，採用した方略を続行するか中止するかを決めるといったような能力も「メタ認知」の一側面と考えている。いずれの能力も従来の心理学でまったく問題にされなかったわけではない。しかしそれらを相互に関連させ合うことはなく、それぞれを個別的に限定された枠内で研究するに止まっていた。しかるに認知心理学では、自己の認知活動の評価と制御にかかわる能力である「メタ認知」という新しい概念を定立することにより、伝統的心理学では個別的に取り扱われていた問題を統合的に取り扱うことを可能にさせたのである。人間の諸活動を統合的に取り扱う視点はたしかに従来の伝統的心理学に欠けていたものであり、この点は認知心理学の一つの大きな特色であろうと考える。

また認知心理学では、インプットされた刺激に基づくデータ駆動型処理（data driven processing）、すなわちボトムアップ処理（bottom-up processing）と、概念駆動型処理（conceptually driven processing）すなわちトップダウン処理（top-down processing）との双方の処理過程が、アウトプットとしての反応が出現するまでの間にどのように遂行されるのかに関心を抱く。そのような「内的過程」に「直接に」せまれる切り込み口として、認知心理学が利用し得るものはいまのところそう多くはないのではあるまいか。思いつくままに六つ挙げておこう。一つ目は実験室的な認知心理学実験で好んで用いられている反応時間である。二つ目は眼球運動である。しかし眼球運動は「情報摂取」の側面と、時間的に少し前に摂取された情報に対する「反応」の側面という二面性を有しており、「反応時間」に比べれば指標としての明確さに欠ける。三つ目は脳波の波形成分に見られる変化である。四つ目は大脳生理学の領域で最もホットな話題を提供している脳磁図に見られる変化である。五つ目はプロトコル（protocol）である。六つ目は伝統的心理学でもよく用いられてきている課題の遂行成績である。

4　認知心理学における変数設定

認知心理学では主要な研究方法として「実験（experiment）」が用いられる。そのためには独立変数（independent variable）を操作することが不可欠となる。認知心理学はわれわれの心の内部に存在する認知過程を問題とするわけであるから，当然ながらこの内的過程にかかわる変数すなわち「認知変数」が独立変数となる。「認知変数」を独立変数として実験的に取り扱うとなると，特定の「認知変数」を他の変数と交絡（confound）しない形で取り出さねばならない。この操作の「妥当性（validity）」はどのようにして保証されるのであろうか。おそらく，操作の客観性，再現性といったような新行動主義者により用いられ今日の伝統的実験心理学では当然の常識と化している「操作的定義（operational definition）」を認知変数にも適用することになるのであろう。その際の認知変数は，新行動主義者のいう媒介変数と本質的にどこが異なることになるのであろうか。新行動主義における媒介変数では，例えば「要求（need）」といったような生活体全体としての行動発現にかかわる変数が設定されることが多かったのに対し，認知心理学ではわれわれの内的過程である情報処理過程にかかわる変数が設定されることになる。この点はたしかに異なっている。

5　認知変数の「設定」から「連結」へ

認知心理学が登場してから最初の「第一の時代」が経過した。この間にこの新しい視点に立つ心理学はそれなりの実績を積み上げてきた。しかし、この時代になされた「認知変数」の切り出しは、本来は「統合体」として融合し一つのまとまりを持った対象を、分析的研究に「都合の良いように」切り取ったものといえよう。あるいは、ある方向から（研究視点から）一次元上に写影したものともいえよう。

それゆえ、認知心理学のつぎの「第二の時代」には、これらの変数の一部を重ね合わせたり、さらに別の方向から眺めることにより（別の研究視点をとることにより）、それまで独立して取り扱われてきた複数の「認知変数」を統合したり、接続させるといった作業がなされるべきである。「今」こそ、認知心理学は自ら努力してでも「第二の時代」に入るべきである。すなわち、これまでに認知心理学自身や伝統的心理学で取り扱われてきた諸「認知変数」を理論的に再検討し、この種の「連結」作業を試みるべき機に至っているのではあるまいか。

第2章　心理学的諸理論を連結する「ルート・メタファー」

1　メタファーと世界仮説

心理学におけるさまざまな領域における諸理論の間ではいうまでもなく、「認知」に関連した諸理論の間においても、これらの理論を関連付けるために、「メタファー（metaphor）」が非常に有効な「連結子」となることは、直観的にも十分に了解可能なことである。なぜなら、Leary（1990）の指摘を待つまでもなく、メタファーは、われわれの思考の方向性に少なからぬ影響を及ぼすからである。ということは、同じメタファーにより方向付けられ、発想された複数の心理学的理論は、「思考様式」のうえでの連結性が、同じメタファーを用いているというそのこと自体により、その「ベース」に自己発生するのである。

そもそも「メタファー」というものは、その「ベース」が人間の基礎的な経験であるような、いってみれば、緩い（?）「アナロジー（analogy）」であろうから、「『アナロジック』な思考」と同じプロセスが内包されている。「『アナロジック』な思考」とは、ある一つの状況（「ターゲット領域（target domain）」）を別のもう一つの状況（「ベース領域（base domain）」）に置換して考えたり理解したりするプロセスのことであるから、この基本的構造はその明確さの程度差はあろうが

「メタファー」にも存在しているのである。それゆえ、「メタファー」も「アナロジー」と同じようにターゲット領域とベース領域両者間の対応を見つけることによって理解されるのであり、ターゲット領域とベース領域両者が相互に離れるほどに「アナロジー」というより「メタファー」の性格がより強くなっていく傾向がある（Holyoak & Thagard, 1995）。

2　Pepper の世界仮説

Pepper（1942）は『世界仮説（World Hypothesis）』という創造的な哲学書を著している。その中で Pepper は「ルート・メタファー（root-metaphor, 根本隠喩）」という概念に言及している。Pepper によれば、哲学、美学、価値などにかかわる分野におけるあらゆる世界観は、いくつかの基本的な隠喩に基づいて発想されているという。Pepper のこの考え方は、今日においてもその主張力を失っていないと思われる（Pepper, 1973）。Pepper によれば、主要なルート・メタファーとして

①　フォーミズム（formism）
②　機械論（mechanism）
③　有機体論（organicism）
④　文脈主義（contextualism）

という四つのものが考えられるという。ある学問や理論を構築するということは、いってみれば、

一種の「世界仮説」を構築することと同じである。

そこで，以下において，これら四つのルート・メタファーにつき若干の説明を加えるとともに，これらのルート・メタファーの存在が感じられる心理学的理論をいくつか例示してみよう。

〔1〕 **フォーミズム**

これは，「各種の存在の間の類似性と差異性」（フォーム）に基づいて世界を構想する立場である。心理学の領域全般を見渡すならば，例えば人格心理学の領域における「類型論」や「特性論」はこの種のルート・メタファーに基づいて発想された典型的な理論であろう。これらの理論は，文字通り，多くの人々を観察し，これらの人々の間に見られる性格上の「類似性」と「差異性」に基づいて構築されたものであるからである。「類型論」としては，Kretschmer の「『分裂気質』，『躁うつ気質』，『てんかん気質』の三分類」がよく知られている。また，「特性論」としては，シンプルなものを挙げれば，「『内向性』，『外向性』の二分類」が有名である。

「認知」に関連した心理学的領域でいえば，例えば，知能心理学における「知能の因子構造論」も，ルート・メタファーとしてはフォーミズムに依拠している。なぜなら，この種の理論は，知能を構成する複数の「知能因子」を多くの「知的作業」の「類似性」と「差異性」に基づいて抽出することから構築されているからである。

例えば，「因子分析（factor analysis）」という心理学的研究法がいろいろな「認知」に関連した領域で用いられている（もちろん，心理学の全領域についていえることではあるが）。この方法は，いろいろな「アイテム」の測定値（変量）の「変動」をリーズナブルなより少ないいくつかの「潜在的な変数」（因子）によって説明しようと目指すために開発された解析法である。考えてみれば，「変動」というものは，「類似性」もしくは「差異性」を量的に表現した一種の指標である。なぜなら，「変動」が小さければ「類似性」の程度が大ということになろうし，「変動」が大きければ「差異性」が大ということになるからである。ということは，この「変動」を利用した「定量的」方法を用いて見出された「因子」（すなわち「特性」）に基づいて構築されるような諸理論は，すべて，フォーミズムのうえに立っているといえることになる。

〔2〕機 械 論

これは，さまざまな「機械」をモデルやアナロジーとして用いて世界を構想する立場である。この立場に立つ最も典型的な心理学的「学説」は Wundt の心理学であろう。Wundt の心理学は心理学の一般的学説として著名であるが，われわれの「『認知的』機能」に深く関連した考え方に基づいて構想されている。

Wundt の心理学は，経験科学を目指すところに一つの特徴がある。彼によれば，経験には二種類のものがあるという。一つは観察者に私的に与えられるものであり，もう一つはその私的に与えられたものをもとにして間接的に構成されるものである。前者は「直接経験」と名付けられ，後者は「間接経験」と名付けられている。心理学が対象とするのは前者であり，後者を対象とするのが自然科学ということになる。直接経験を取り扱うことは意識過程を取り扱うことであるから，彼の立場は「意識主義」として特徴付けることができよう。意識過程を取り扱うためには，観察者が自分自身の意識的経験を自己観察するしか手だてがない。それゆえ，Wundt はこの「内観（introspection）」と呼ばれる方法を用いて，ちょうど化学者が物質を原子に還元するように，また，生理学者が生物を細胞に還元するように，種々の意識経験をそれ以上は分解できない「心的要素」に分析・還元しようとしたのである。彼によれば，このような心的要素には二つの種類があるという。一つは，例えば音とか光といったようなものに対するわれわれの感覚的側面を担う，いわば客観的内容にかかわる要素であり，「感覚要素」と名付けられている。もう一つは，われわれの意識経験のうちの感情的側面を担う，いわば主観的内容にかかわる要素であり，「単純感情」と名付けられている。われわれの種々の意識経験は，これらの「要素」のさまざまな結合により成立しているという。すなわち，Wundt の心理学では，ちょうどあらゆる「機械」が「部品」から組み立てられているように，われわれのあらゆる「意識経験」（機械にあたる）もこれらの「要素」（部品にあたる）から組み立てられる（構成できる）と考えているのであるから（それゆえ，「要素主義」，「構成主義」と呼ばれている），まさに「機械論」そのものといえよう。

「認知心理学」の領域で，現在，研究者たちの大きな関心を呼んでいる考え方の一つにいわゆる「資源理論」と呼ばれるものがある。「資源理論」は，人間は情報を処理するためには，なにか「エネルギー」のようなものを必要とするという基本的な仮定に基づいた理論である。すなわち，これは，情報を処理する機構とは別個にこの機構を動かすためのエネルギー源（「資源」）が存在するという考え方であるから、いってみれば、「エンジン」と「ガソリン」の関係を前提としている。すなわち、「ルート・メタファー」でいえば、「機械論」に立っているといえるのである。

〔3〕 有機体論

これは、すべての事象は有機的プロセスと考え、「有機体（organism）」としての世界を構想する立場である。ここでいう「有機体」としての内容には二つのものがあるように思われる。一つは、全体の中に部分を位置付ける際に、「有機体的構造」が志向されることである。もう一つは、「成熟」といったような「有機体的メカニズム」の存在が志向されることである。Piaget の「『段階』を経て『成熟』に至るとする発達理論」の考え方、Maslow の「自己実現」の考え方、Rogers の「人格的成長」の考え方などは、後者の典型例であろう。

前者の例としては、認知心理学の領域で現在、熱き論議がなされている「ワーキングメモリ（working memory）」に関する考え方が挙げられよう。「ワーキングメモリ」は、例えば、Baddeley らの理論（Baddeley & Hitch, 1974 ; Baddeley, 1986, 1990）を例にとれば、その下位システムとして

① 「『内なる頭脳』である『中央実行系』」
② 「『内なる口』である『構音制御プロセス』」
③ 「『内なる耳』である『音韻貯蔵庫』」（② と ③ を併せて『音韻ループ』という）
④ 「『内なる目』である『視・空間スケッチパッド』」

とを有しているという。これは、いってみればわれわれ人間の中に『ワーキングメモリ人』とでも

いえるようなもう一人の『内なる人間』が住んでいるようなモデルであるから，まさに，上述の「有機体的構造」が志向された考え方の典型例であろう。

認知心理学の領域から，「ルート・メタファー」として「有機体論」を用いていると考えられるもう一つの例を挙げるならば，「メタ認知」がそれに該当しよう。「メタ認知」とは，「心の中のもう一人の自分が自分自身の状態を認知し，活動がうまくいくように操作する心の働き」と考えられる。すなわち，自分の心の中に，自分の認知過程を認知するもう一人の自分を想定する考え方であるから，これも「有機体的構造」が志向された発想に基づいているといえる。

すなわち，われわれの心の中に「もう一人の私」の存在を仮定するような考えがとられる時には，好むと好まざるとにかかわらず，結果的に，「小人化主義（homunctionalism）」に相通ずることになってしまうのである。それゆえ，逆のいい方をすれば，「小人化主義」の構造的特性を持つ考え方がなされる時には，つねにその背後に「『有機体』の『ルート・メタファー』」が存在していると考えられるのである。

〔4〕**文　脈　主　義**

これは，「文脈（context）」をなす事象の集まりとしての世界を構想する立場である。事象がたゆまず変化していくことにウエイトを置いている。すなわち，世界はこういった変化する事象の連なりで構築されているというわけである。極論すれば，「歴史的世界」はまさにこの典型例ということになろう。

心理学における例を挙げれば，例えば，臨床心理学の領域に「サイコドラマ（psychodrama）」

と呼ばれる集団精神療法がある。これは、一〇人前後のグループが監督の指示の下に即興のドラマを舞台の上で創っていく中で精神的な治療効果をあげる方法である。グループメンバーは、監督の指示により随時役者を演じたり観客にまわったりする。ドラマの内容の進行は、まさに「事象」が刻々と変化しながら「文脈」を形成していく過程であり、役者を演じる時のメンバーはこの「文脈」の中に否応なくはめ込まれることになり、この「文脈」に連なり得るなんらかの「演技」をすることが求められるのである。こういった経験を通じて、グループメンバーは自分の持つ問題を直視したり、自分の心の内面を見つめたり、他者との共感を得たり、といったことをごく自然に行うことが可能となるのである。この精神療法は、まさに、「文脈主義」の「ルート・メタファー」に基づいて発想され、開発されたものといえよう。

「認知」関連の例を考えてみよう。認知心理学における短期記憶（short-term memory ; STM）・長期記憶（long-term memory ; LTM）理論は、例えば、Atkinson & Shiffrin（1968）の理論を例にとれば、情報はまず感覚登録器に入り選択的注意により選択されたものがつぎの処理文脈に位置するＳＴＭに入り、さらに短期記憶内におけるリハーサル（rehearsal）機能によってそのうちにあるものはそのつぎの処理文脈に位置するＬＴＭに転送されることになる。この種の時間軸に沿った処理の流れを経て情報が質的に変化していくことを想定したり、ＳＴＭの存在を示す根拠として「新近性効果」を考える発想は、「ルート・メタファー」でいえば、「文脈主義」に立っているといえる。

「認知」関連の例をさらにもう一つ挙げておこう。これらは最近の認知心理学で話題となっている一つの共通したトレンドに属する考え方である。

人間における内的情報処理過程を想定せずに，われわれの認知というものを「日常の具体的生活場面における外界」（すなわち「状況」）との絶え間ない相互作用によって生ずるプロセスそのものであると考える，いわゆる「状況的認知（situated cognition）論」と呼ばれる立場がある。この考え方に立てば，「状況」は認知活動の根幹を支えるものとなる。そして，ここでいう「相互作用する『外界』」は，「人」であり「動物」であり「機械」であり「もの」であり「自然」である。あるいはまた，これらを内包した，われわれを取り巻く日常的「環境」のことである。

この，人間の認知活動における「状況」依存性を重視する考え方を徹底させるならば，いわゆる「『エスノメソドロジー』の認知心理学」の考え方と連結してこよう。すなわち，この立場では，研究者は人々の日常の活動（研究対象としている認知に関連している活動）に自らも参加することによって，これらの人々と相互作用しながら，生の観察・学習を進め，その活動にいわば埋め込まれている「認知」というものを理解しようとすることになる。

これら「状況的認知論」と「『エスノメソドロジー』の認知心理学」において共通しているのは，人間の認知活動の「状況」依存性を重視している点である。「状況」ということは「文脈」ということであるから，これら両者の考え方が「文脈主義」の「ルート・メタファー」に基づいて発想されていることはあらためて指摘するまでもあるまい。

3　Altman と Rogoff の世界仮説

Altman & Rogoff（1987）も、Pepper（1942）の一種の「世界構築原理」とでもいえるような考え方（「世界仮説」；"world hypothesis"）に類似した考え方（「世界観」；"world view"）を四種類挙げている（田邊、二〇〇〇）。Altman らの「世界観」は、「心理学」という舞台において、人間と環境との関係に着眼して構想されたものであるから、Pepper の「世界仮説」とは若干異なった誕生背景を有するが、結果的には両者の着地点はかなり重なったものとなっている。

Altman & Rogoff（1987）は、それら四つの世界観を

①　特性（traits）
②　相互作用（interaction）
③　有機体的（organismic）
④　トランスアクション（transaction）

と名付けている。

〔1〕特　　性

この世界観の下では、人間自身や人間に見られる心理学的事象における「特性」というものに焦点合わせをした理論やモデルの構築が目指されることになる。この時の「特性」は、まさに、複数の心理学的事象における類似性と差異性から抽出されるわけであろうから、Pepper のいう「フォー

ム」そのものと考えられる。

〔2〕相互作用

この世界観の下では，人間と社会的・物理的環境との間の相互的関連に焦点合わせをした理論やモデルの構築が目指されることになる。Pepperのいう「機械論」と一見かなり異なった世界構築原理のようにも思われるが，見方によってはそうでもないことに気がつく。なぜなら，「機械」というものは，結局のところ，「部品」と「部品」との単なる集合ではなく，相互的に関連させる（しかるべき機能を発揮できるように相互にかみ合わせて組み立てる）ことによってはじめて「機械」たり得るわけであるから，Altmanらの「相互作用」とPepperの「機械論」とはこの点において重なってくるのである。さらには，Altmanらの「相互作用」の考え方には，人間と環境との相互的関連が原因となって世界構築という結果が生まれるとの「因果関係」の発想が内包されている。そのことは，Pepperの「機械論」の場合でもまったく同じで，部品（部分）と部品（部分）とが相互にうまくかみ合うことに基づいて（そのことが原因となって），「機械」本体としての働き（結果）が生まれるという「因果関係」の発想が，その考え方の中に認められるのである。

〔3〕有機体的

この世界観は，上述の「相互作用」と同様に，人間と社会的・物理的環境との間の相互的関連に焦点合わせをしている。しかし，こちらの世界観では，単にこの「人間と環境との相互的かかわり合い」に焦点合わせしているというより，この「相互的かかわり合い」（サブシステムの働き）が，例えばあたかも有機体が発達して「成熟」というより完結度の高い状態へと変化していくように、目標志向的な、より高次もしくは全体的なレベルの働き（全体的システムの働き）が存在することに対して、むしろ、より大きなウエイトを置いて焦点合わせをしているのである。もう少し一般化した表現をするならば、この世界観の上では、サブシステムの上位に立つ全体的システムの働きを視野に入れて、心理学的理論やモデルの構築が行われることになる。このように考察を進めてくると、「有機体」という共通した表現があたかもそのことを示唆しているように、Altman らのいう「有機体的」という世界構築原理と、Pepper のいう「有機体論」という世界構築原理とは非常に類似した概念といえるのである。

〔4〕 **トランスアクション**

この世界観では、観察者というものは現象から分離して客観的に存在するようなものではなく、むしろ、観察者自身も現象を構成している部分もしくは一側面であって、現象から分離できないものとして考えている。したがって、現象変化は、環境のある「状況」に観察者自身が入り込むことによってはじめて見えてくるものであり、あらかじめ環境の中に客観的に組み込まれているようなものとは考えていない。この人間の認知活動の「状況」依存性を重視している世界観は、「状況的認知論」、や「『エスノメソドロジー』の認知心理学」に見られる特徴と共通しており、Pepper の世界仮説における「ルート・メタファー」でいえば、「文脈主義」と大きく重なってくる考え方である。

第3章　認知心理学を覆う「メタフォリカル」な発想傾向

1　認知心理学とメタファー

心理学において用いられている諸変数の概念や諸モデルの発想に、それが意識されているいないにかかわらず「メタファー」が用いられていることは間違いない。

われわれは抽象的な概念を抽象的なままで論理的に展開したり、推論したり、理解したりといった活動を行うことは決して得意ではない。それゆえ、結果的に見て、それらの活動がメタファーに「載って」なされていると推測されるケースは枚挙にいとまがない。

この事実は、心理学の中の「認知心理学」の領域においても例外ではない。認知心理学は、われわれの内的な情報処理活動に作用する諸変数（いわゆる認知変数）を仮定したり、これらの変数がかかわる処理過程のモデルを構築する。そのような構想は、われわれが直接に目で見たり手で触れたりできない世界に関するものであるから、本来は「抽象的」な世界に関するものであろうが、われわれは、あたかも、そこに具体的レベルの存在物があるかのようなオントロジカル（ontological）なプラットフォームに立って発想活動を行っているのである。

メタファーを用いる行為は、トップダウン的な手続きをとることである。認知変数のような直接に観察することが不可能な変数を仮定する「理論」構築には不可欠な手続きともいえる。

一般に、特に論理実証主義的立場に立った研究者達は、サイエンスというものは観察可能なデータにより築かれた、すなわち帰納的に導き出された法則に基づくべきであると考える。しかし、この考え方は、少なくとも「理論」というものの構築に関していえば真理ではない。実際のサイエンスの構築は理論より導かれた仮説を用いることによって効果的に進められているからである。

同一の現象を説明する複数の理論が存在するときに、いかなる「基準」に基づいてこれらを評価したら良いのであろうか。Thagard（1978）によれば、この種の基準として三つのものが考えられるという（Holland, Holyoak, Nisbett, & Thagard, 1986）。一つ目は「融和性（consilience）」である。これは、いかに多くの異なる分類下にある事実を横断的に説明できるかということである。二つ目は「単純性（simplicity）」である。これは、異なる分類下にある複数の事実を横断的に説明するために必要とされる付加的な仮定はそれができるだけ少ないほうが良いということである。三つ目は「アナロジー（analogy）」である。これは、多くの人々によってよく知られたわかりやすいアナロジーに基づく理論のほうが、そうでない理論より、実用論的見地（例えば、問題解決のツールとしての有効性や応用範囲の広がりなど）に立てばより良いということである。

この三つ目の基準は、メタファーの果たすはたらきを考えるうえで重要である。なぜならば、ここで指摘されている実用論的見地には、いうまでもなく、ある領域における「理論」が持つアナロジカルな力を援用することによって、別の領域における理論の発見や構築が促進されることが含まれているからである。例えば、音の領域の波動説が光の領域に写像（mapping）されることにより生み出された擬同型を有効に利用することにより、新しい領域である光の領域において作用する仮説の創出がまったくの始めからの出発ではなく効率的になされ得たことはよく知られた事実である。いうまでもなく、この例に見られるような特性は、メタファーが有する新しい概念の発想・理解・構築を生み出す力の延長線上にあるものとして位置付けられるべきである。

このような科学の世界においてメタファーが持つアナロジカルな力について、Holyoak & Thagard（1995）は四つの側面があることを指摘している。すなわち、①発見、②発展、③評価、④解説において発揮されるはたらきである。「発見」と「発展」については、理論や仮説の構築場面を考えれば容易に理解することができる。「評価」とは発見・発展された理論を受け入れるのかどうかという場面で発揮されるはたらきを指している。最後の「解説」とは、新しい理論やモデルを相手に理解させ伝える場面において発揮されるはたらきである。いずれの場合も、われわれの日常の科学的営みの中でよく見受けられるものである。

2　メタファーとは

「メタファー（metaphor）」は、日本語では「隠喩」と訳されているが、用語として広く用いられている「比喩」の一種である。一口に比喩といっても、隠喩を含めいくつかのものが区別されている。楠見（一九九五）によれば、例えば

① 記憶は図書館のようなものである。

② 記憶は図書館である。

という二項関係の形式をとった二つの表現（これらの例文は楠見のものとは異なる）でいえば、こうなる。①の表現には、「ような」という、これが比喩であることを示す指標（hedge）が存在している。このような比喩指標がある場合は「直喩」と呼ばれる。他方、②の表現には、この種の指標が存在しない。このような場合が「隠喩」に該当する。

また、直喩、隠喩では、例えられる語（先の例では「記憶」が該当。「被喩辞（topic）」という）の意味する内容と、例える語（先の例では「図書館」が該当。「喩辞（vehicle）」という）の意味する内容との間に、機能的類似性が存在した。これに対し

③ 私は髷物が大好きである。

といった場合には、「髷」物という喩辞は、「髷を結った江戸時代の人々」が登場する作品（この場合には被喩辞は表に出ていない）を指しており、人の最も目立つ部分で江戸時代の人々を表現している。あるいはまた

④ 家ではメールをしていない。

といった場合には、インターネットに接続していないことが表現されている。このように、意味される内容の「類似性」ではなく、例えば「部分-全体」というような一種の「隣接性」（部分-全体のごとき構造的なもの以外にも、空間的、あるいは時間的なものもあり得よう）に基づいた比喩

は、「換喩（metonymy）」と呼ばれている（Jakobson, 1956）。

隣接関係には空間的もしくは時間的なものではなく、概念的な階層における上位-下位関係も存在しよう。後者の場合には隣接関係といっても別種のものと考え、この関係に依拠する比喩の場合を特に「提喩（synecdoche）」と名付け、換喩と区別されている（楠見、一九九五）。例えば、楠見（一九九五）が挙げた

⑤　花見に行く。

⑥　人はパンのみにて生きるにあらず。

という二つの表現はその良き例である。⑤の場合には、「花」は「桜の花」を指している。花という概念的カテゴリーに包含される対象には多くものが存在する。桜の花はその一つにすぎない。すなわち、ここにはカテゴリーの包摂関係における上下関係が存在している。そして、この場合は上位のものが下位のものを意味している。他方、⑥の場合には、「パン」はパンそのものというより「食物」を指している。パンは食物というカテゴリーに包含される多くの対象物の中の一つにすぎない。すなわち、この場合にもカテゴリーの包摂関係における上下関係が存在している。しかし、こちらでは下位のものが上位のものを意味している。

「メタファー」という用語は、一般的にいえば、広義には前述の（代表的なもの四種を挙げた）比喩全体を指し、狭義には特にその中の「隠喩」を指して用いられている（楠見、一九九五）。しかし、他方で、こういったタクソノミック（taxonomic）な視点に立たず、むしろ「メタファー」

のはたらきに注目し、それが概念に構造を与えるわれわれの理解を助けるという点を強調する立場もある（Lakoff & Johnson, 1980）。すなわち、メタファーが有する「認知モデル（cognitive model）」としての機能を重視する立場である。それゆえ、この立場では、「メタファー」という表現において、前述のタクソノミーからすれば例えば直喩であってもあるいは、隠喩であってもこれらを区別することはしない。

それでは、「比喩」とは一体どのようなものであろうか。ここでは、ごく一般的な修辞上の特性もしくは構造上の特性から定義する考え方を採用しておくことにする。すなわち、二つの異なった概念領域間において、一方の領域（"source" domain）に存在する対象物、構造、関係（「被喩辞」に該当）を、他方の領域（"target" domain）の対象物、構造、関係（「喩辞」に該当）に平行的にmappingすることが「比喩」を意味することになる。本章における「メタファー」の用語は、前述のmappingにより、概念理解を助ける認知モデルの役割を果たすsource domainにおける喩辞の機能に注目したLakoff & Johnson（1980）の考えと同様の意味において用いることにする。

メタファーをその研究テーマとしている専門の研究者たちを除けば、現代の多くの心理学者たちにとってなじみのあるメタファーは、これまでの「文を彩る『レトリック（rhetoric）』」としての働きが強調されたメタファーというよりは、むしろわれわれに事物や事象の「リアリティ（reality）」を与えてくれるツールとしての働きが強調された前述のLakoff & Johnson（1980）流のメタファーのほうであろう。

この「リアリティ」はわれわれが現実に住む世界におけるさまざまな事物や事象に関するものもあろうし、オントロジカルなベースを持たない観念上のもの（例えば仮説構成体（hypothetical construct）など）もあろう。特に、後者の場合は、人間の内的な情報処理過程を想定する認知心理学においては、その内的過程にかかわる目に見えない「認知的概念」を理解し、それらの概念に基づく理論モデルを発想・構築していくうえで、それと意識されることはなくとも、多くの研究者たちによって日常的に用いられてきているものである。このようなわれわれの目に見えない「認知的概念」をわれわれが理解できる有効な方法は、これらの概念をわれわれの経験領域に属するものや事象（すなわち、いい換えれば、それらより得られている概念）に写像することである。この種の写像に用いられ得るわれわれの経験領域に属する対象（概念）としてなにがあるのかを考える際には（すなわちメタファーを分類する際には）、Lakoff & Johnson（1980）が分類したわれわれが状況を理解する際に用いている方法が参考になる。彼らは、これらの方法を直接的理解に際して用いられるものと、間接的理解に際して用いられるものとに大別している。メタファーのはたらきが関与しているのは後者の場合と考えられる。なぜなら、後者の間接的理解とは、「ある種類の存在物や経験を他の種類の存在物や経験に基づいて理解すること」とされているからである。これに対し、前者では、このようなメタファーが介在することなく直接的な理解が生み出されることになる。ここで重要なことは、間接的理解というものが、「直接即時の理解」において用いられた方法とまったく同じ方法を用いて遂行されているという点である。ということは、われわれの「理解」

過程に深くかかわってくるメタファーというものは、その基盤をわれわれに「『直接即時の理解』をもたらす経験」においているということにほかならない。そのためにメタファーというものは、「もの」が「もの」のメタファーになっていてもその関係を遡っていくと、われわれ自身（すなわち「人」）における直接的経験すなわち「人」ともの、あるいは「人」と事象、あるいは「人」と「人」との関係といったものにたどりつくのである。ということは、あらゆるメタファーは究極的には「人」「人」メタファーに還元されるということになるまいか。すなわち、ケースによって、一回の遡りで「人」「人」メタファーにたどりつく場合もあれば、さらに多くの二回、三回といった遡りを要する場合もあるということになる。

それでは、一体「直接即時の理解」において用いられている方法としてどのようなものが考えられるのであろうか。Lakoff & Johnson（1980）はこの種の方法を八種類挙げている。このうち、間接的理解においてもよく用いられている（すなわち、メタファーとしてもよく用いられている）と筆者に思われる三種類の方法を特に取り出してみよう。それらの方法はつぎのごときものである。

① 存在物の構造

われわれは自分自身を境界を持った存在物として「直接的に」理解している。この理解は直接的に経験できるものである、他の存在物や経験による媒介を必要としない。同様にわれわれが直接に観察する物体もまた境界を持った存在物として直接経験される。

② 方向付けの構造

われわれは自分自身や他の物体を、われわれが活動している環境の中で空間的な方向関係を持つものとして理解することができる。例えば、上・下とか内・外といったような空間的な方向関係は「直接的」に理解される。

③　経験のゲシュタルト

物体や物質はいくつもの相（ディメンション）からとらえることができる。例えば、知覚の相においてとらえる場合もあれば、部分／全体といった相や機能の相においてとらえることもある。このようなさまざまな相でとらえられる物体や物質の全体的内容を「ゲシュタルト（gestalt）」と表現しているようである。他方、行動や活動や出来事などの「ゲシュタルト」は参加者の相からとらえたり、運動活動の相や因果関係の相や目的の相などからとらえることができる。ここで留意すべきことは、これらの複数の相をとらえることによって、前述の「ゲシュタルト」がわれわれに直接経験的に理解されるという点である。

3　認知的概念とメタファー

いま、認知心理学でよく用いられている、われわれの内的過程において想定されているいわゆる認知的諸概念の中から、代表的なものとして

①　ワーキングメモリ

②　注意

という三種類の概念を取り上げ，これらの諸概念においていかなるメタファー（すなわち，source domain）が用いられている可能性があるのかにつき検討してみることにする。

〔1〕 ワーキングメモリ

よく知られている Baddeley のモデルを見てみよう。このモデルでは，「ワーキングメモリ」という短期的記憶過程が，① 情報の受動的短期貯蔵と同時に，② 能動的な情報操作活動を行っているとされている。ワーキングメモリは，いまのところ，三つのサブシステムを有していると考えられている。一つは，「視・空間スケッチパッド」と呼ばれており，視知覚や空間知覚に関連した課題の情報処理にかかわるとされている。その機能は，① 視覚的材料の短期的貯蔵と，② 空間的リハーサルによる貯蔵内容の再活性化である。もう一つは「音韻ループ」と呼ばれ，言語材料に関連した情報処理にかかわるとされている。こちらの機能は，① 聴覚的メッセージの短期的貯蔵と，② 構音的リハーサル（実際に発声して行う場合と頭の中の内言で行う場合とがある）による貯蔵内容の再活性化である（Baddeley & Hitch, 1974；Baddeley, 1986；Baddeley & Lieberman, 1980；Baddeley, Grant, Wight, & Thomson, 1975）。残りの一つは，「中央実行系」と呼ばれており，前述の二つのサブシステムを制御する働きをするとされる。ここで留意すべきは，たとえ短期的記憶過程であっても，例えば視・空間スケッチパッドに取り込まれた視覚的材料を符号化するためには，長期記憶に貯蔵されている物の見え方に関する「知識ベース」からなんらかの知識を引き出し，これを利用しなければ符号化の操作は実行できないという点である。同様のことは、音韻ループに取り込まれた聴覚的言語材料についてもいえる。これらの材料を言語的に符号化するためには、長期記憶に貯蔵されている母国語や外国語に関する音韻的知識の利用が不可欠である。このような点は、ワーキングメモリの特性を考えるうえで非常に重要な指摘であるが、これとて、視・空間スケッチパッドや音韻ループの長期記憶との交流がつねに中央実行系の媒介下になされるとする（Logie, 1995）のか、中央実行系を介さない直接の経路の存在も仮定する（Richardson, Engle, Hasher, Logie, Stoltzfus, & Zacks, 1996）のかで、ワーキングメモリのサブシステムの中で、司令塔としての役割を果たす「中央実行系」のはたらきをどう考えるのかに直接関係してくることになろう。

前述のワーキングメモリに関するモデルは「人」メタファーとおおいに関連していると考えられる。なぜなら、このワーキングメモリのモデルには「内なる人」の存在を感じるからである。前述の視・空間スケッチパッドの働きは「内なる人の目」に相当しよう。また、音韻ループにおける聴覚的メッセージの短期的貯蔵の働きは「内なる人の耳」に相当し、構音的リハーサルによる貯蔵内容の再活性化の働きは「内なる人の口」に相当しよう。さらに中央実行系の働きは「内なる人の頭脳」に相当することになるという具合である。人間における目や口といった諸器官の働きはつねに「頭脳」の働きに媒介されているというわけではなく、自動的反射的になされる活動も存在する。このことが、上述の中央実行系と他のサブシステムとの間の関係（経路）を考えていくうえでメタフォリカルな役割を果たしていた可能性はないのであろうか。

〔2〕 注　意

注意に関するメタファーにはさまざまなものがある。どのようなメタファーが用いられていたかによって，構築された理論の特徴が決まってくる。それらの理論につき概説することは他書にゆずるとして，ここではそれら処理論の背後に感じ取れるメタファーを列挙するにとどめる。代表的なものにつぎのようなものがあろう。

① フィルター（Broadbent, 1958）
② 減衰器（Treisman, 1964）
③ スポットライト（Anderson, 1995 ; Erikson & St. James, 1986 ; Erikson & Yeh, 1985 ; LaBerge, 1983）
④ サーチライト
⑤ 資源（Kahnemar, 1973 ; Posner & Boies, 1971 ; Posner & Tudela, 1997）
⑥ 自動制御（Schneider & Shiffrin, 1977 ; Shneider, Dumais, & Shiffrin, 1984）
⑦ 容器（容器モデル）
⑧ ボトルネック（ネックの位置により初期選択モデル（early selection model）と後期選択モデル（late selection model）とがある）

〔3〕 記　　憶

記憶過程に関するモデルには多数のものが存在するが、これらのモデルもその背後にメタファーの存在を認めることができる。いくつかの例を挙げておこう。

① 二重貯蔵モデル

Atkinson & Shiffrin（1968, 1971）によって唱えられた著名な「二重貯蔵モデル（two-store model）」では、「加工」メタファーが用いられている。例えば、筆者なりに比喩的記述を工夫してみればこうなろう。手元に入荷された生の食材（入力情報）はそのままおいておけば（短期貯蔵庫）すぐに腐敗（消失）してしまうが、なんらかの加工（リハーサル等）をほどこせば長期保存（長期貯蔵庫）が可能となるのである。

② 処理水準モデル

Craik & Lockhart（1972）の唱えた処理水準（levels of processing）という概念では、明らかに「空間」メタファーが用いられている。例えば、単語の「形態的」な処理と「意味的」な処理とでは「深さ」が異なり、前者に比べ後者のほうがより深い処理になっているというわけである。この時の「深さ」という概念は空間における方向的属性そのものである。われわれ人間はこの空間的属性を直接即時に理解することができることから、この種の「空間」メタファーを用いることにより「処理の深さ」という抽象的概念をオントロジカルな次元で容易に理解することが可能となっているのである。

③　体制化モデル

Tulving（1962）の主張した記憶方略における「体制化（organization）」の考え方は、その背後に「整理棚」メタファーの存在を感じる。すなわち、われわれが直接に観察する物体としての「整理棚」に本とか書類が整然と分類されて保管されている姿である。Tulving のいう「主体的体制化（subjective organization）」とは、その際にどのような基準に基づいた分類を行うかはその人の「主観」にゆだねられていることを意味している。

④　精緻化モデル

単語リストを記憶する際に文やストーリーを作成することを求めた Bower & Clark（1969）の実験や、イメージを利用して単語を結びつける Bugelski, Kidd & Segmen（1968）の実験は、記憶における「精緻化（elaboration）」の働きに関する研究として知られている。この「精緻化」の概念は、当然のことながら「処理の深さ」の概念とたがいに連動していよう（Morgan, King & Robinson, 1979）。すなわち、処理の深さが深くなるほど精緻化の程度は大となり、逆に精緻化の程度が大になるほど処理の深さは深くなろう。これらの概念を理解しようとする際に、われわれは無意識に「人間関係」メタファーを利用していないであろうか。「人間関係」におけるつきあいの深さ（「処理の深さ」）と相手に関する情報の多少（「精緻化の程度」）の理解は、われわれの日常的経験から、直接即時になされ得るものであるからである。

記憶過程の全体像を表現しようとする試みにおいて用いられているメタファーもある。その典型的なものは Broadbent（1984）の「マルタ十字」のモデルであろう。このモデルは、記憶過程を四つの構成素からなるものと想定し、これらを処理システムを中心にしてマルタ十字状に配置したものである。これら四つの構成素のそれぞれが中心にある処理システムとの間で相互的に作用を及ぼし合うというものである。これら四つの構成素は、いま風にいうならば

①　感覚記憶
②　短期記憶もしくはワーキングメモリ
③　長期記憶
④　反応出力貯蔵庫

とでも表現できるものである。興味深いのは、このモデルを説明するに際して Broadbent が用いた比喩である。すなわち、オフィスで事務員が仕事をする際の状況である。机上の左側の箱にはいま届けられたばかりの未決の書類が入っており、右側の箱には決済ずみの書類が入っており、目の前にはいま目を通しつつある書類が置かれている。そして背後のキャビネットには整理された書類が収納されており、必要に応じて参照できるようになっている。といった具合である。いうまでもなく、未決箱は感覚記憶、既決箱は反応出力貯蔵庫、目前に置かれた書類に目を通す作業はワーキングメモリ、背後の書類キャビネットは長期記憶に相当しよう。こう見てくると、このモデルの背景にも、「内なる人」としての事務員という「人」メタファーが存在していることがわかる。

第4章 「スキーマ」概念に媒介された「エラー発生の認知モデル」と「認知療法のＩＣＳ理論」との連結性

1 エラーの認知心理学的分類

エラーのタイプにはさまざまのものが存在する。これらをいかに整理するのかは、いかなる理論的立場に立つのかということに依存する。ここでは、認知心理学的立場に立った典型例であるNormanとReasonの分類につき簡単にふれておく。

〔1〕 Normanの分類

Norman（1981）は、多くの事例の分析から、ヒューマンエラーをミステイク（mistake）とスリップ（slip）の二つに分類している。ミステイクとは、意図自身が不適切なために生ずるエラーを指している。すなわち、状況の適切な認識をし損なったような場合に生ずるエラーである。他方、スリップとは、人が意図していない行為を行った場合に生ずるエラーを指している。すなわち、あまり意識せずに自動的に行った行為が、気がつくと別のことを行っていたというようなエラーである。日常起こる多くのエラーはスリップといえる。

さらに、Norman（1988）はスリップをつぎのごとき六つのタイプに分けている。

① 乗っ取り型エラー（capture errors）

頻繁に遂行される活動が意図していた行為を知らないうちに乗っ取ってしまうようなエラー。例えば，買い物に出かけようと玄関に立った時に，気がつくと買い物袋でなくいつもの通勤用のカバンを手にしていたというようなことである。これとは逆の，よく習熟していない行為系列のほうが習熟した行為系列を乗っ取ってしまうようなケースはほとんど起こらない。

② 記述エラー（description errors）

意図の内的な記述の正確さが不十分なため，「正しい行為」を「間違った対象」に対して行ってしまうようなエラー。例えば，教師が注意事項を目立つように黄色のチョークで板書しようと直前まで考えていたのに，気がつくと青色チョークで書き始めていたというような場合である。記述エラーはこの例のように間違った対象と正しい対象とが物理的に近くに存在するときに起こりやすくなる。

③ データ駆動型エラー（data-driven errors）

感覚データが届くとすぐに起動されてしまう（data driven される）ような自動的な行為が，現在進行している行為系列の中に，求められていないのに割り込んでしまうようなエラー。例えば，ケータイのアドレス帳を見ながら，そこに登録された取引先の電話番号を，公衆電話から会社に知らせようとした時に，会社の電話番号のかわりにその取引先の電話番号をプッシュしてしまったといったような場合はその例にあたろう。

④　連想活性化エラー（associative activation errors）

頭の中の考えや連想が行為を引き起こしてしまうようなエラー。Norman は、「オフィスの電話が鳴った時に、電話機を取り上げてそれに向かって『どうぞお入りください』とどなってしまった」例を挙げている。

⑤　活性化消失エラー（loss-of-activation errors）

行為系列の一部は覚えているけれども、残りの部分は忘れてしまうようなエラー。例えば、帰宅途中でコンビニに立ち寄ったもののなにを買おうとしていたのか忘れてしまったといったような場合がこれにあたる。すなわち、このエラーは行為の目的の活性化が失われたことによるもの忘れを示している。

⑥　モードエラー（mode errors）

このエラーは装置上の一つのスイッチが異なるモードにおける内容を操作する役割を担っている場合に生起する。例えば、パソコンやケータイやプッシュホンのキー操作においては、一つのキーが異なるモードを複数担っているのが普通である。そのために、最近ではさまざまな「ちょっとした？」モードエラーの生起は日常茶飯事な出来事となっている。

〔2〕 Reason の分類

Reason（1979）は、被験者に日誌形式によりその日に経験したエラーを記述してもらう方法を用いて（日誌研究、diary study）、合計四三三の事例を収集した。そして、これらを分類・考察することにより、エラーの質的側面に関する多くの示唆を得た。

Reason（1990）によれば、認知とその後の一連のパフォーマンスの遂行とを含めて考えると、エラーはプランニング、貯蔵、実行という三段階の認知過程に応じて、ミステイク、もの忘れ、スリップという三種類に区分できるという。

①　ミステイク

これは目標そのものを間違えてプランニングしてしまうエラーのことである。すなわち、外界の状況に照らして不適切な目標を立ててしまうという高次の認知プロセスにおいて生起するエラーを指している。例えば、なにかの訓練を実施する際に、その訓練を受ける人々のレディネスの状況を考慮に入れず、高すぎる到達目標を立ててしまい、それに応じたトレーニング・メニューを策定してしまうといった類のエラーはこれに相当する。

②　もの忘れ

これはすでに行った行動内容を忘れてしまうという貯蔵過程に起因するエラーのことである。例えば、葉書による会議の欠席通知を前に出しておいたことを忘れてしまい、直前に再度欠席を知らせる電話をかけてしまったというようなエラーはこれに相当する。

③　スリップ

これは行動の実行過程において生ずるエラーのことである。このカテゴリーに該当するエラーは日常において最も多く見られる。例えば、電車の自動改札機に定期券のかわりにテレホンカードを投入してしまったとか、ポットのロックを解除せずにお湯を出そうとしたとか、物を持ったまま体重計に乗ってしまったとかいったように、このカテゴリーに該当するエラーは日常において最も多く見られる。

前述のように、Norman（1988）もスリップというカテゴリーを想定しているが、こちらの場合のスリップは Reason のいうもの忘れとスリップの両カテゴリーを含むようなものと考えられる。

2　エラー発生の認知心理学的モデル

エラー発生の認知心理学的モデルに関しても、Norman と Reason のものがその典型例と考えられるので、以下において若干ふれておくことにする。

〔1〕 Norman のモデル

Norman は、日常において最も頻繁に生起するエラーであるスリップに関し、「ATS モデル (Activation-Trigger-Schema Model)」なる理論を提唱している。この理論は出来事や行動に関する一般的な知識の枠組みである「スキーマ」という概念を中心に構築されたものである。

われわれが慣れた行為を行う時を考えてみよう。例えば、朝、商店主が自宅から店にやって来た場合を考えてみよう。まず店のシャッターを開けるためにポケットをまさぐり、キーホルダーを取り出し、カギの束の中からシャッターのカギを探す。つぎにそのカギをつまんでカギ穴にさし込み、回転し、シャッターを手で押し上げ店の中に入る。と同時に入り口近くの壁際にあるスイッチを押して店内の明かりをつける。引き続きエアコンのスイッチをオンにしてクーラーを入れる。窓のブラインドを巻きあげてから，昨晩整理し仕事机の上に置いておいたその日の午前中の配達予定表を一見し・・・といった具合になされる朝の一連の行為は，そのつど意識して行われるというより半ば自動的になされるものである。それは，こういったやり慣れた行為に対しては，それらの行為を生み出す知識構造である「スキーマ」が作られていることによる。すなわち，このスキーマの働きによって，いちいち意識しなくとも一連の行為がスムーズに遂行されるというわけである。それゆえ，なにかの行為を行うことが意図された時には，まず，この行為に関連する「スキーマ（schema）」の「活性化（activation）」が起こることになる。スキーマは階層構造を有していると考えられ，相対的に上のレベル（より全体的・抽象的なもの）にあるものが「親スキーマ」，下のレベル（より部分的・具体的なもの）にあるものが「子スキーマ」を構成する。それゆえ，意図の形成により活性化されるのは階層構造において最も上位にある親スキーマということになる。この親スキーマの活性化にともなって当然ながらすぐその下の子スキーマが活性化され，さらにそのまた下の子スキーマも活性化されといった具合に親スキーマから子スキーマに向けて順次活性化の波が自動的に波及することになる。したがって，ある行為のスキーマの活性化に伴って波及的に活性化した子スキーマの中には，類似した他の行為の親スキーマにも共通して子スキーマとなっているものも存在することになる。先述した「乗っ取り型エラー」や「連想活性化エラー」はこのような子スキーマの共有にその生起原因を求めることができる。

さて、スキーマの活性化がある強度（閾値）に達するとあたかも「引き金がひかれる（トリガーされる）」（trigger）ように、行為の実行が生起する。この場合スキーマの活性化の強度が大きければ多少食い違った状況においても行為が誤作動的にトリガーされることもあり得る。

これが、活性化（activation）、のもとに行為の駆動（trigger）をもたらすスキーマ（schema）の働きに焦点をあてたNormanの「ＡＴＳ モデル」と呼ばれる考え方である。

〔2〕 Reasonのモデル

Reasonによれば、行動のコントロールレベルには

① スキーマレベル（スキーマ：出来事や行動に関する一般的な知識の枠組み）

② 意図システムレベル

③ 注意コントロール資源レベル

という三つのレベルが区別されるという。これらのレベルの詳しい内容は本書の守備をこえるので、わかりやすいように、誤解を恐れず思い切った整理をしてみるならばこうなろう。

スキーマレベルでは、行動は特定のスキーマが活性化されることにより開始される。すなわち、「これこれをしよう」という特定の意図がインプットされることによりこの意図に関連を有する特定のスキーマが活性化される。図４・１の「認知ボード（cognitive board）」はこの関係を図式的に示したものである。多くの四角の部分は種々なるスキーマを示している。これら多くのスキーマはたがいに関連し、さまざまな複雑さのレベルを有している。図の上で黒く塗ってある四角が活性

化されている認知領域（特殊領域，domain specific）に対応するスキーマであり，その濃淡は活性化の程度差を示している。スキーマの全体領域に影響を及ぼしている矢印は，例えば新近性や使用頻度といったような要因を示しており，Reasonにより一般活性化因子（universal activating factors）と名付けられている。これらの因子は，「これこれをしよう」という意図とは無関係に，例えばより新しいスキーマやより頻度高く用いられるスキーマほど活性化されやすい傾向があることを意味している。意図のインプットに基づく認知ボード面の特殊領域への刺激強度の程度差と一般活性化因子による認知ボード底の場所による底あげの程度差（活性化されやすさの違い）の両者の働きに規定されて活性化されたスキーマの下にアウトプットとしての行動が発現・実行されることになる。

それでは，二つ目の意図システムレベルとはいかなるものなのであろうか。これは図4・1におけるインプットの部分を取り出してさらに考察したもののようである。この

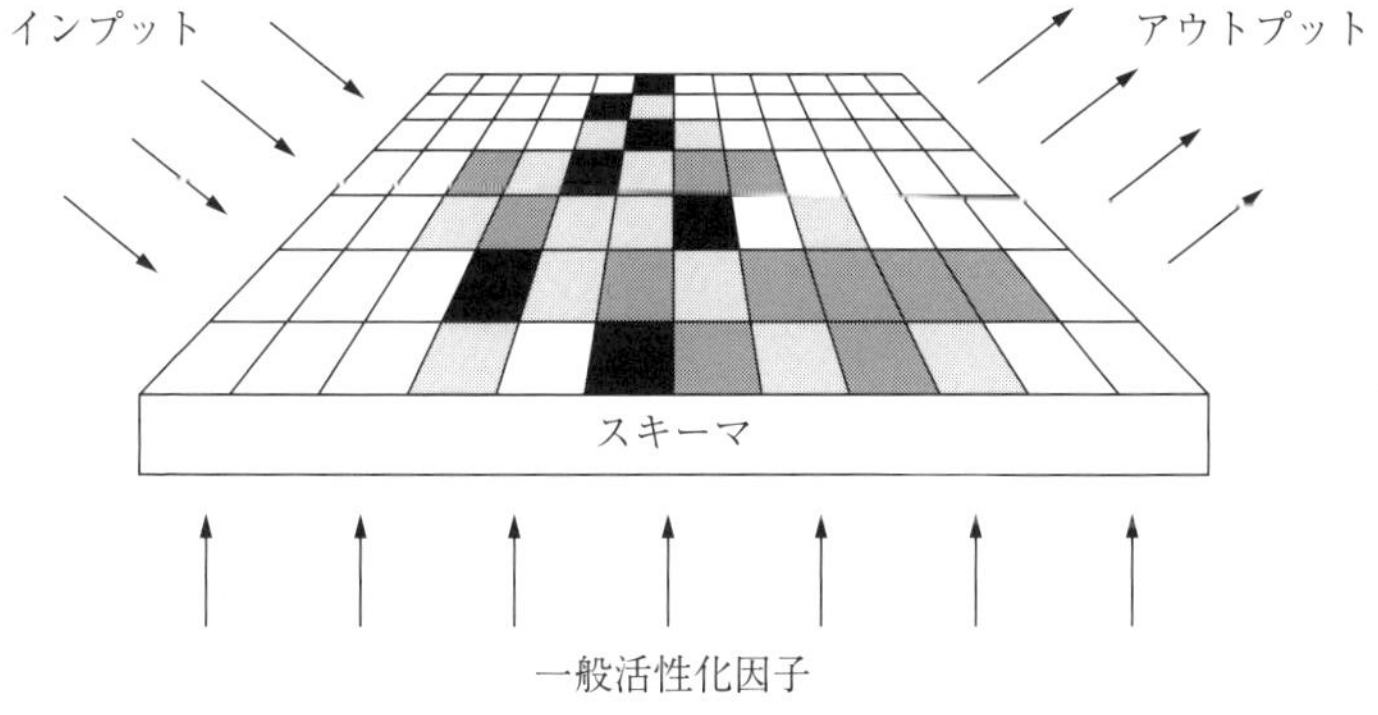

図4.1　認知ボード〔Reason, 1984より〕

レベルでは

① 行動のプランを作成すること。

② プランの実行に必要なスキーマを選択し、活性化させること。

③ 進行中の行為をモニターし、エラーの検出と修正を行うこと。

といった、認知心理学の用語でいうなら、「メタ認知」のような働きをするレベルのようである（Reason は、この働きは「中枢プロセッサ（central processor）」が行うとしている）。また、プランの実行というプロセスからすれば、当然ながら、「ワーキングメモリ」（Reason は「意図記憶（intention store）」と呼んでいる）もかかわることになる。

三つ目の注意コントロール資源レベルとは、「注意資源（attentional resource）」（「処理資源」のこと）の配分をコントロールする側面を指している。すなわち、図４・１に示されたように、認知ボード上でさまざまに活性化された（これについてはスキーマレベルで説明した）スキーマに対して、さらに、注意資源の配分が行われるという（Reason はこの働きは「注意コントロールシステム」が行うとしている）。注意資源は、図４・２に示されるように、全体としての容量は制限されているが、特定スキーマに集中したり複数スキーマに拡がったりと柔軟に配分可能な注意のかたまりのようなものである。あるスキーマに対して注意資源が特に多く配分されるということは、そのスキーマの活性化が特に高められることになることもしくはそのスキーマの活性化が特に抑制されることのいずれかを意味していることになる。したがって、自動化されたような行動に対しては注意資源はほとんど配分される必要はない。他方、高次な精神活動が伴うような行動に対しては、多くの注意資源を配分する必要が起こる。この資源の配分が適切なものになっていない時には、必要なスキーマの活性化がなされなかったり、不必要なスキーマの活性化がなされることにより、エラーが生ずるというわけである。

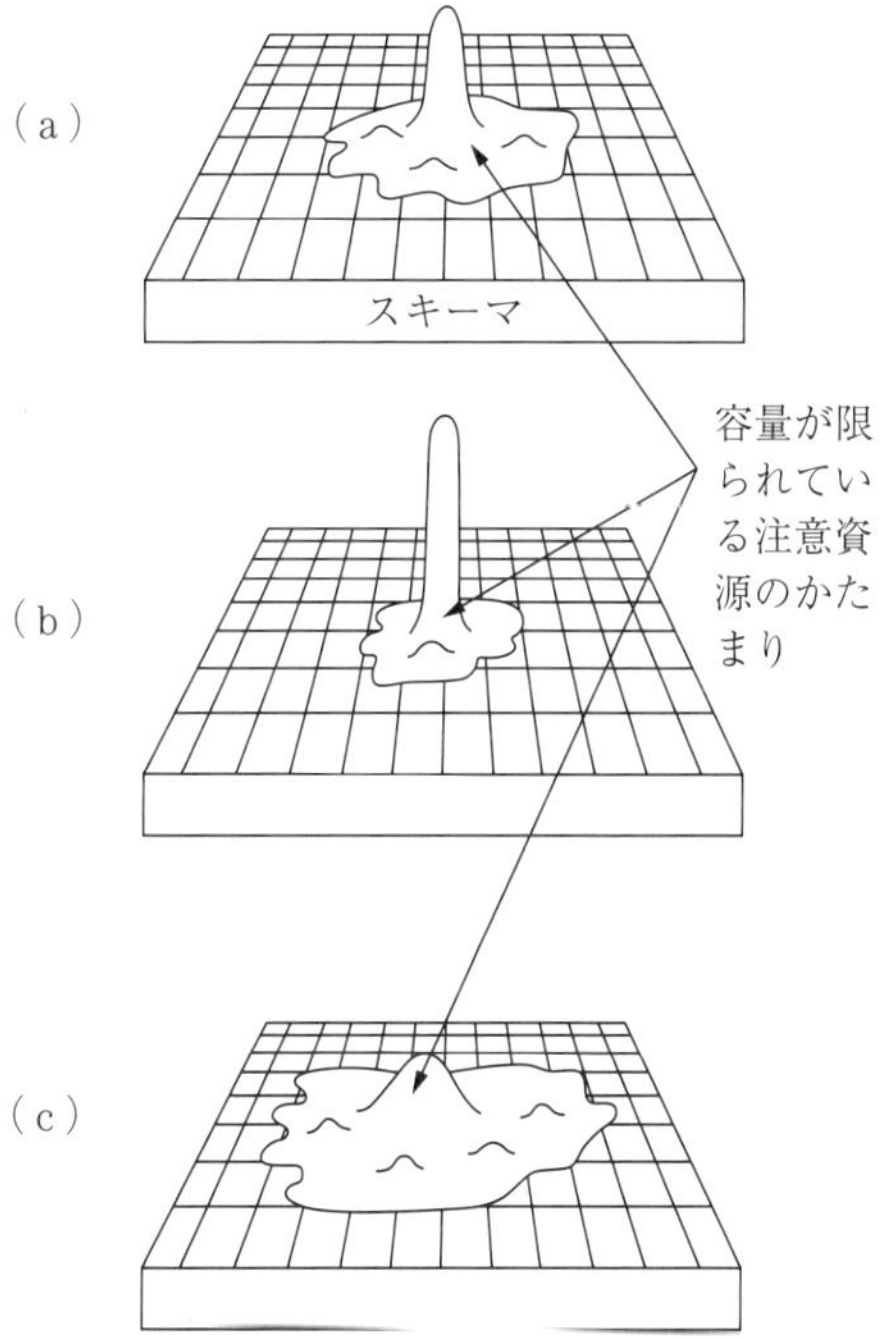

例えば，(a)→(b)→(c)といった具合に瞬時瞬時に分布が変わっていく。高く立っているところに，より注意が集中している。

図4.2 認知ボード上での注意資源の分布の変化〔Reason, 1984より〕

3 「認知療法」における「ＩＣＳ 理論」

Beck の開発した「認知療法（cognitive therapy）」に関しては、これまで多くの研究がなされてきている。これらの研究を展望・総括することは、筆者の能力をはるかに超えることであり、また本書の目的とするところでもない。しかし、最近、この領域で関心を持たれている「ＩＣＳ（Interacting Cognitive Subsystems）理論」は、筆者の関心を引く。なぜならば、この理論は、まったく畑の違う分野で発達した「エラー発生の認知心理学的モデル」と考え方に連結性が感じられるからである。そこで、まず予備知識として Beck らの「認知療法」につき簡単にふれた後に、詳細は別の専門書に譲るとしても、ＩＣＳ 理論につき筆者なりに思い切ったラフ・スケッチを試みることにする。

〔1〕「認知療法」とは

一九七九年に Beck, Rush, Shaw, & Emery（1979）によって体系化されたうつ病に対する心理療法に「認知療法」と呼ばれるものがある。この療法では、患者の示す不適応的行動の根底には、思考やイメージなどの認知過程におけるなんらかの問題があることを想定する。それゆえ、その治療論理は、この問題のある認知過程を変化させることにある。

一九六三年の論文で、Beck（1963）はうつ病患者（五〇名）と健常者（三八名）の思考過程を比較検討した結果を報告している。それによれば、うつ病患者には低い自尊心や過度の自責感や責任感といったような独特な思考内容とともに、独善的な推論や過度の一般化や誇張といったような独特な認知的歪みが見られるという。この発見に基づき、翌一九六四年の論文で、Beck（1964）はこの認知の歪みを患者の有する「スキーマ」の形成における問題点としてとらえている。それゆえ、患者の有する「スキーマ」すなわち認知的構えに問題がないかを検討し、これをより適切なものへと変容させることがうつ病の改善にとって重要であることを指摘している。

考えてみれば、個人の行動や感情は、その個人がそのときの広義の環境すなわちそのときの物理的環境や相手の心的内容をどのようなものと認識するかによって、異なったものとなろう。したがって、この「認識世界」を変えることができれば、おのずと行動や感情の異常さは改善されることになるというわけである。そのためには、世界を認識する際に用いられる「スキーマ」が不適切であれば、より適切な「スキーマ」へと修正ないし取替えを行うことが必要となる。この場合に、一番問題となるのは、「いかにして認識のもとをなす認知的構え（すなわちスキーマ）の転換を行うのか」ということになろう。

Freeman（1989）の挙げた「認知療法」の有する二つの特徴から考えると、この転換にはつぎのような一般的方法が用いられているようである。一つは、認知療法家が積極的に患者との相互作用を持つように働きかけることにより、患者が受動的に治療を受けるのではなく、能動的に治療活動に参加するように仕向けることである。この認知療法家と患者の間の積極的共同作業の経緯の中で、「認知的構え」の転換が図られるのである。もう一つは、「現在」の問題すなわち治療作業中の思考や感情に患者の注意を集中させることである。このことにより、過去経験により形成された「先入観」という「認知的構え」からの離脱が図られるのである。

前述の「認知的構え」の転換のための一般的方法を構成する具体的技法について、Freemanのまとめたものの中からいくつかを挙げてみれば、認知療法家と患者とが一緒になって、行動に他の選択の余地がないかを検討してみたり、あるいは想像される結果を予測・検討してみたり、あるいは行動のプラス面とマイナス面の両者を比較検討してみたりというような方法が使われている。また、場合によっては、患者が頭で考えていることを声に出して表現させてみるとか、患者の一週間の活動スケジュール表を作成させてみるというような方法なども用いられるようである。このほかにもさまざまな技法が工夫されている。このようなやりとりの中から、一次元的、絶対的、不変的、非可逆的な患者の「硬い」思考様式を多次元的、相対的、可変的、可逆的な「柔らかな」思考様式へと変容させることが目指されているのである。すなわち、多様な「認知的構え」を用い得るような（多視点において物事を認識できるような）思考様式の学習が目指されているのである。

〔2〕「ICS 理論」とは

この理論（Teasdale & Barmard, 1993；Teardale, Segal, & Wikkiamas, 1995；勝倉、二〇〇三）では、われわれの経験に関する情報には質を異にする四種類の情報（「心的コード」）があるとされる。これらの質というかレベルを異にする諸情報を扱う認知的サブシステムは相互作用する諸過程と考えられている（それゆえ、「相互作用性認知的サブシステム（Interacting Cognitive Subsystems）理論」と表現することができる)。これらの諸情報とは、最も低次の認知レベルに属する感覚レベルの情報(「感覚コード」)から最も高次の認知レベルに属する意味レベルの情報(「含意性コード」)までの四種類が想定されている(残り二種類の情報はこれら二つの認知レベルの中間レベルに位置するものである)。意味レベルの含意性情報は相当に「包括的な」ものであり、感情とも関わるものである。そのうえで、この理論は、辛い出来事などの経験によって、「抑うつ的なスキーマ的機能を有する心的モデル」が、上述の意味レベルの含意性コードにより、われわれの中に生成されると考えている。この「抑うつ的なスキーマ的機能を有する心的モデル」に基づいて生成された出力は、再び類似した抑うつ的モデルを生成することになり、抑うつ的循環回路が維持され続けることになる。この循環を断ち切るには、抑うつ的モデルを生成する「含意性コードの断片」を非抑うつ的なスキーマ的機能を有するモデルを生成する回路のほうへ組み込む配置転換を行うことである。上述の循環回路は中枢レベルにある「中央エンジン」の「制御的処理」により支配されており、この中央エンジンの活動には容量のある資源が用いられているとされる。それゆえ、抑うつ的スキーマモデルの使用を抑制するためには、抑うつとは無関係な課題情報の処理にこの中央エンジンの資源を配分することが考えられる。しかし、この方法では、循環回路に回される資源の量が減るというだけで、回路が断ち切られたわけではないから、長期的な効果の持続にはつながらない。

そこで、長期的効果のためには、前にふれたように、抑うつ的スキーマモデルを生成する「含意性コードの断片」を非抑うつ的スキーマモデル生成のほうに組み込むことが大事となるのである。

問題は、どのようにしたら、この「配置換え」が実行されるのかという点であろう。また、この手段の開発こそが「心理『療法』」の「療法」たるポイントであろう。この点についての考察は、本章で問題にしたい論点と離れるので、ＩＣＳ モデルについての記述はここまでにとどめる。

4 「エラーモデル」と「ＩＣＳ モデル」との連結性

これまで見てきた「ＩＣＳ モデル」は、エラー出現に関するReasonの「認知ボード・モデル」やNormanの「ＡＴＳ モデル」と、その考え方においてきわめて共通した点が認められ、その意味で、これらのモデルは連結関係にあると思われる。

どの点が共通しているかは、いままでの記述を読めば、おのずと明らかではあるが、以下にそのいくつかにつき、箇条書き風に述べてみることにする。

① 「リーズン・モデル」も「ノーマン・モデル」も「ＩＣＳ モデル」も『スキーマ』という認知変数を用いたモデルである。

② 「リーズン・モデル」の『中枢プロセッサ』は「ＩＣＳ モデル」の『中央エンジン』に対応する。

③ 「リーズン・モデル」では、複数のスキーマの活性化に対し、『処理資源』の配分を想定している。他方、「ＩＣＳ モデル」でも中央エンジンがかかわる複数の処理活動の活性化に対し、容量に上限のある『資源』の配分を想定している。

④「ノーマン・モデル」における『親スキーマ』と『子スキーマ』の関係は、「ＩＣＳ モデル」における『意味レベルの含意性コードにより生成されるスキーマ的機能を有する心的モデル』と『その下位にある含意性コードの断片』との関係に対応付けられる。

⑤「ノーマン・モデル」では、別個の『親スキーマ』がその時の活動に関連して活性化された『子スキーマ』を共有することから、この同じ『子スキーマ』の活性化により、本来の『親スキーマ』でないほうの『親スキーマ』が活性化され、別の行為であるエラー行動を引き起こすと考えている。これに対し、ＩＣＳ モデルでは、同じ『子スキーマ』を共有していたこの別の『親スキーマ』の活性化をむしろ積極的に生起させることにより、適応的行動（「ノーマン・モデル」ではエラー行動に相当）を引き出すことにより、この『子スキーマ』に連結していた本来的な『親スキーマ』（抑うつ行動を引き起こすスキーマ）を切り離すことが目指されるのである。すなわち、両者のモデルは類似した構造を有しているが、モデル利用の発想の方向がたがいに逆になっているのである。

第5章 「二重符号化理論」と「二重処理理論」と「ワーキングメモリ理論」と「処理資源理論」との連結性

1 「二重符号化理論」とはなにか

〔1〕 二つのサブシステムの存在を考える

「二重符号化理論」（dual coding theory）は、Pavio（Pavio, 1971, 1986 ; Clark & Pavio, 1991）により唱えられたものである。前記文献に基づき少し彼の考え方についてみてみよう。

二重符号化理論における大前提は、認知過程には独立した二つのサブシステムが存在するということである。一つは、物体や事象に関する非言語的なすなわちイメージ的な情報を取り扱うものであり、もう一つは言語的情報を取り扱うものである。両者は、それぞれが単独にかつ並列的に活性化できる。しかし、両者はたがいに連絡もされており、一方のシステムの活動が他方のシステムの活動を促すことも起こり得る。また、この両システムで取り扱われる表象は長期記憶に貯えられている比較的安定度の良い情報と考えられる。いってみれば、言語的であれ、非言語的であれ、対象物や活動に関する「知覚的に」識別可能な二種類の表象を想定しているようである。これらの表象は外から適切に入力された刺激により活性化される（encoding）が、一方の表象により他方の表象が活性化される（recording）こともあるというわけである。さらに，これらの表象は，それぞれのサブシステムの中で，組織化されたり，精緻化されたり，変形されたり，なにかの操作を受けたりする。また，一方のサブシステムにより情報を検索されたりもする。

二つのサブシステムの間の関係は，比喩的にいえば，「一方のサブシステムの中の情報が他方のサブシステムの中へと流入していく」と表現するより，むしろ「一方のサブシステムが他方のサブシステムの中の活動をトリガー（trigger）する」と表現するほうが良いようなものである。これはどういうことかというと，一方の影響が他方に及ぶのは，その場の条件にかかわりなく自動的に波及していくのではなく，各サブシステムの中の表象がある条件を備えた時にはじめて「アクセス・ルート」が開かれるようなものだということである。例えば，言語的刺激である「机」という具象名詞に対して，なにかの机のイメージ像（非言語的表象）を思い浮かべる（活性化する）ことはしようと思えばできるが，必要がない時はあえてすることはないであろう。すなわち，このイメージ像の活性化は，つねにまた自動的に行われるようなものではないのである。逆の場合も同じである。あるシーンを見た際に，そのシーンをそのまま視覚的イメージ（非言語的表象）として取り込むとともに頭の中で言語的に記述（言語的表象）することもしようと思えばできるが，必要がない時は後者の言語的記述についてはあえてすることはないであろう。このような関係が維持されていることがまさに「独立的であるとともに連結的でもある」という一見矛盾するような働きを可能にさせているのである。

それゆえ、抽象語を刺激として作られる言語的表象や言語的表象の難しいシーンを刺激として作られる非言語的（イメージ的）表象については、二つのサブシステムの間の連結的機能の恩恵を受けることなく、その活動はそれぞれのサブシステム内のものに止まることになる。

〔2〕 二つのサブシステムによる三種類の情報処理

二つのサブシステムについていえば、三つの異なった情報処理の種類を区別することができる。すなわち、表象的（representational）な処理、照合的（referential）な処理、連合的（associative）な処理である。

① 表象的な処理

表象的な処理とは、言語刺激による言語的表象や、非言語刺激による非言語的表象における直接的な活動を指している。

② 照合的な処理

照合的な処理とは、言語刺激による非言語的サブシステムの活性化、もしくはその逆の、非言語刺激による言語的サブシステムの活性化を指している。具象名詞の単語に対してその対象物の視覚的イメージを思い浮かべることは前者の良き例であり、目で見た対象物をその名称で表現することは後者の良き例である。すなわち、前者の例では、単語刺激に対してまず言語的表象（後に、その単語の発生器という意味合いを含めて、「ロゴジェン（logogen）」という呼び名が付されている）が活性化された後に、非言語的なイメージ的表象（後に、当該イメージの発生器という意味合いを含めて、「イマジェン（imagen）」という呼び名が付されている）の活性化が起こり、その結果当該のイメージが経験されることになる。また後者の例では、対象物を目で見た際にまずイマジェンの活性化が生起しその後にロゴジェンの活性化が起こることになる。

③　連合的な処理

連合的な処理とは、一方のサブシステム内にある表象が同一のサブシステム内の他の表象により活性化されることを指す。例えば、ある言語のロゴジェンが連合関係にある別の語のロゴジェンを活性化する場合はこれにあたる。同様に、あるシーンを目にした時このシーンに対するイマジェンと連合関係にある別のシーンのイマジェンが活性化され想起される場合も、これに相当する。

④　三つの情報処理すべてがかかわる場合

先に見てきたこれら三つの情報処理すべてがかかわるようなケースもある。例えば、ある人に提示された「夫」という単語は言語的サブシステムの中のそれに対応するロゴジェンを活性化させる。さらに、言語的に連合していると思われる「妻」という単語のロゴジェンもまた活性化させる。一方で、サブシステム間の連絡路を通じて非言語的サブシステムの中の「夫」に関連したイマジェンを活性化させる。ということは、同じ経路を通じて「妻」に関連したイマジェンも活性化されることがあろう。結果として、この人には、夫婦団らんのイメージが経験されるというわけである。もちろん、一つのロゴジェンから活性化されるイマジェンは多数あろうし、一つのイマジェンから活性化されるロゴジェンも多数あろう。どのイマジェンやロゴジェンが想起されるのかは、刺激文脈の内容（条件）により「確率的に」決定されるものと考えられている。

〔3〕「二重符号化理論」の諸特徴

以上に見てきたような「二重符号化理論」は、細部については気にせずに、大きくラフ・スケッチするならば、その特徴は以下の十一項目に集約できよう。

① 人間は情報を二種の処理システムを用いて処理している。

② 二種の処理システムのうちの一つは言語的な情報を取り扱うものであり、もう一つは非言語的（イメージ的）な情報を取り扱うものである。

③ これら二種の処理システムはそれぞれが独立に存在している。

④ 各処理システムは、そのシステムにとって適切な刺激が与えられると、システム内に対応する表象を生み出す。

⑤ これら二種の処理システムを連結するルートが存在する。

⑥ このルートを通じて各処理システムの中の表象は他方の処理システムの中の関連した表象を活性化させることがある。

⑦ ⑥の活性化は、つねに自動的になされるようなものではなく、刺激文脈の条件に依存してトリガーされるようなものである。

⑧ ⑥の活性化が及ぼされる表象は複数存在し得るが、その活性化は、刺激およびその刺激に随伴した文脈内容により確率的に決まる。

⑨　④における活性化と⑥における活性化とは加算的に効果を及ぼす。

⑩　各システム内の表象は、同一システム内の他の表象を活性化させることがある。

⑪　⑩の活性化が及ぼされる表象は複数存在し得るが、その活性化は、刺激およびその刺激に随伴した文脈内容により確率的に決まる。

このように見てくると、「二重符号化理論」はきわめてわれわれの直観に合う受け入れやすい考え方といえよう。もっとも、二つのシステムのうち、特に非言語的システムが扱うイメージ表象の中身をどのようなものと考えたら良いのかという問題は残るが。この問題については、Pylyshynら（例えば、Pylyshyn, 1981；Anderson & Bower, 1973；Simon, 1972）の研究を受けて始まった、かの有名な一九七〇年代のいわゆる「イメージ論争」を想起させる。最近はあまり声高に論じられることはないが、この論争も、いまだ決着がついているとはとうてい思われない。

2　「二重処理理論」とはなにか

この理論は、「二重符号化理論」と「ワーキングメモリ理論」との両者を結合させたような考え方に立つ。Mayerら（Mayer, 1997, 2001；Mayer & Moreno, 1998）は、Baddeleyら（Baddeley, 1986, 1990, 1992；Baddeley & Logie, 1999）が「ワーキングメモリ」には視覚性の「視・空間スケッチパッド（visuo-spatial sketchpad）」と聴覚性の「音韻ループ（phonological loop）」というたがいに独立したサブシステムが存在するとした考え方を採り入れている。例えば、マルチメディア学習事態においては、外的に学習者に提示される情報には、たがいに独立な「言語性のもの」（ナレーション）と「視覚性のもの」（アニメーション）とがあるが、これらの情報はワーキングメモリ内に取り込まれた際にそれぞれ独立した認知的処理システムの中でそれぞれの心的表象を構成することになるとしている。前者の処理システムにより「言語性符号化（verbal encoding）」が行われ、後者の処理システムにより「視覚性符号化（visual encoding）」が行われると考えるのである。

ここまでの話は、特段に新しい考え方というわけではないが、興味深いのはつぎに出てくる考え方である。すなわち、これら両者の心的表象を関係付ける機能をワーキングメモリ内の仕事として想定している点である。この両者の表象内容を照合し関係付ける働きが十分に遂行されることが、学習者の理解を高めるためには、非常に重要な要件となってくる。ここで取り上げている「二重処理理論」は、いってみれば、マルチメディア学習事態への適用を想定して考想されたものである。学習事態における学習者の反応として最も大事なことは、単に知識を保持するだけでなく、他の場面に対してもこれらの知識を転用して「問題解決ができる」ことであろう。Pavio の「二重符号化理論」は、このレベルすなわち、パフォーマンスまでの影響というものを包含して考想されてはいないようである。ここに、「二重符号化理論」と「ワーキングメモリ」との連結を考えるうえで、「二重処理理論」が果たす媒介的役割が生ずることになる。

さらに、「二重処理理論」に見られる、言語性表象と視覚性表象両者を照合し関係付ける働きというものに注目するならば、当然のことながら、内容的に関連を有する言語性情報と視覚性情報とはできるだけ接近して提示するほうが、この働きの効率を高めることになろう。

3　「二重処理理論」と「ワーキングメモリ理論」との連結

ワーキングメモリの処理容量には限界があることが知られている。このことから、「二重処理理論」に立つ研究者達は、学習者に対する認知処理上の負荷を軽減することが大事だと説いている。そのための具体的工夫として、言語性情報と視覚性情報とを異なったモダリティで提示することを提案している。彼ら（Mayer & Moreno, 1998）のロジックはこうである。

いま、画像と文章とが視覚的に与えられたとしよう。この時、注意を分割する必要が起こることから、視覚性のワーキングメモリは加重負荷となり、その結果として、学習者が取り扱える関連情報の量が減るという。他方、文章は音声化し聴覚モダリティによりインプットし、画像は視覚モダリティによりインプットするとどうなるのであろうか。この時は、視覚性のワーキングメモリは画像の表象の保持に用いられ、聴覚性のワーキングメモリは文章の表象の保持に用いられることになる。そして、ここから先のロジックが論文中の表現として出てこないので、筆者にはよくわからないところではあるが、したがって以下は筆者の推測であるが、文章と画像を異モダリティを用いて提示する時は各モダリティの中で注意の分割はなされていないので、両者を同一モダリティである視覚により提示する時に比べ、ワーキングメモリは加重負荷に陥らないということらしい。さらに筆者の推測を進めるならば、文章と画像の両者が視覚提示される時は、視覚モダリティの中では注意が分割された（split-attention）状態となり、このモダリティの中で用いられる注意資源の総量は通常量を越え足りなくなることから、Baddeley のいう「中央実行系（central executive）」から不足分の注意資源を回してもらうことになる。その結果として、文章情報と画像情報両者の表象を照合し関連付けることにより十分に組織化したり、両者の表象を十分に統合することにまわす資源が「中央実行系」に残されなくなると考えているらしい。少なくとも、そう考えているように筆者には思われる。このことは、今後の考察にとって大事なことなのでもう一度記述し直しておこう。すなわち

「学習者が文章を聴覚性のワーキングメモリに保持し、画像を視覚性のワーキングメモリに保持する時は、これら両者の関係を構築する作業に注意資源をより十分に回すことが可能であるが、文章と画像の両者が視覚的に与えられ注意が分割された事態では、視覚性のワーキングメモリが加重負荷となり、学習課題として与えられた問題の解決に必要な首尾一貫したメンタル・モデルを構築する作業に関わる学習者の力を減少させてしまう」

というわけである。Baddeley のいうように、ワーキングメモリの中にたがいに独立したサブシステムとして、聴覚性のものと視覚性のものとが存在すると考えることは理解できるとしても、しかし、なぜ、「文章と画像を異なったモダリティに提示する時は注意が分割された状態にならない」と考えるのであろうか。また、どうして、「文章情報が音声化により『音韻ループ』（バッドレイ・モデルにおける聴覚性情報を受け持つサブシステム）に取り込まれ、画像情報のほうは『視・空間

スケッチパッド』（バッドレイ・モデルにおける視覚性情報を受け持つサブシステム）に取り込まれるときのほうが（この時両モダリティで必要とした注意資源が当初に『中央実行系』より配分されているとすれば、その両者の配分合計量が）、両者の情報がともに視・空間スケッチパッドに取り込まれる場合に比べ（この時は文章情報は視覚化されていることになり視覚モダリティで必要な注意資源が不足するので中央実行系から足りない分を追加配分してもらうとのことらしいが、そうであればその際の当初と追加両者の注意資源の配分合計量に比べ）、中央実行系にかける注意資源配分の負担度が少なく、それだけ中央実行系において文章情報と画像情報の関係付けといった認知的操作に回せる注意資源が多く残る」と考えるのであろうか。ここのところのロジックの詰めがまだ不十分のままに残されていると筆者には思われるのである。

4 「ワーキングメモリ理論」と「処理資源理論」との連結

先に言及した「注意資源」は認知心理学でいうところの「処理資源」と同じものと考えられる。そこで、つぎに、「ワーキングメモリ」の働きを支える「処理資源」をどのように考えたらよいのかという問題が生ずる。この問題については、筆者の知る限りにおいて、現在のところいまだ十分な議論がなされてはいない。しかし、理論的にいえば、今後、この点についてのなんらかのモデルもしくは考え方の提示が必要となることは間違いあるまい。そこで、以下において、若干この問題について予備的な考察を試みてみよう。

さて、前述の「二重処理理論」の考え方の中で推測された「『中央実行系』による注意資源（すなわち処理資源）の配分」に関する内容は、ある意味で、「単一資源理論（single-resource theory）」に立ったものといえる。そうであれば、つぎのように考えることができるのではあるまいか。

一つのサブシステムに二つの情報処理が課されれば、一つの情報処理が課された時に必要な資源よりより多くの資源が必要となろう。二つのサブシステムにそれぞれ一つずつの情報処理が課された際は、各サブシステムが必要とする資源量は少なくなっても、両者のサブシステムの必要量を合わせれば、同量の処理資源が必要となろう。すなわち、資源の「胴元」である「中央実行系」にしてみれば、配分先が一か所であろうと二か所であろうと、資源の出費の大きさは変わらず同じなのである。

それでは、「多重資源理論（multiple-resource theory）」の立場に立てばどのようになろうか。この理論では、資源はたがいに独立である数種類のものが存在するとされる。となると、処理資源はワーキングメモリの中で、例えばBaddeleyのいう三つのサブシステムにそれぞれ「独立に」属して存在するとの考えが出てこよう。もしそうであれば、ワーキングメモリ内の三つのサブシステムにおいて、「音韻ループ」の中に取り込まれている言語情報と「視・空間スケッチパッド」の中に取り込まれている視覚情報の両者に関する照合や関連付けの認知的作業は「中央実行系」によってなされることになろうから、この作業に用いられる資源は「中央実行系」に存在する資源の中から割り当てられることになる。したがって、前二者のサブシステムにおける処理に必要な資源とは独立に照合・関連付け作業に必要な資源は中央実行系において十分に確保されることができよう。

しかし、画像情報と文章情報の両者が視覚モダリティにより両者ともに「視・空間スケッチパッド」に取り込まれた場合を考えるとどうなるのであろうか。このサブシステムにおける処理資源が特有なもので上限が存在するのであれば、両者の情報の処理が十分に行われない可能性が生ずる。すなわち、両者の情報の照合や関連付けの作業に要する資源は「中央実行系」に十分に存在していても、それ以前の情報処理が十分に遂行されないということになる。

いまのところ、「多重資源理論」に立った「モダリティ効果」の説明として残っているのはこの種のロジックしかない。しかしながら、他方で、視覚モダリティから入力された文章情報が入力段階ではワーキングメモリの「視・空間スケッチパッド」に取り込まれるとしても、その後の処理段階ではむしろ言語情報として「音韻ループ」での処理に委ねられる可能性もまた存在する。それゆえ、そこには単純な説明ロジックではカバーしきれないなにやら複雑な様相が垣間見られるのである。

現在の「資源理論」は歴史的に見ても「多重資源理論」に立っているように思われる。前述したように、「資源理論」と「ワーキングメモリ理論」を包含するような認知理論の構築はいまだほとんど手をつけられておらず、これから緊急になされねばならない非常に重要な問題である。したがって、独立した複数の処理資源とワーキングメモリの中の複数のサブシステムの間の関係は実際はいまのところ不明である。しかし、「対応する種類の資源が対応するサブシステムの中に独立して個別に属する」と考えようと（「多重資源理論」的考え方）、もう一つの可能な考え方である「中央実行系にすべて資源が属し、必要に応じて必要な量の資源を該当サブシステムに供給する」と考えようと（「単一資源理論」的考え方）、「モダリティ効果（modality effect）」の説明ロジックは十分に成立しているとはいい難い。

しかし、事実として、言語情報は聴覚モダリティにより、画像情報は視覚モダリティにより提示する場合のほうが、両者の情報を視覚モダリティ単独に提示する場合より、学習効果は上がっているのである。

こう見てくると、よく知られた「モダリティ効果」でさえ、現象の存在を立証するような研究はこれまでにしっかりとなされてきていても、理論的説明をすっきりとさせるような研究はこれから に残されていることに気がつこう。それゆえ、われわれの認知過程について理論的に詰めていく「認知理学」とでも呼べるような学問分野の活性化がこれまで以上に求められるのである。

第6章　「注意の瞬き現象（ＡＢ現象）」と「ワーキングメモリ」と「処理資源」との連結性

1　注意の瞬き現象とはなにか

注意の瞬き（attentional blink）現象は、高速連続視覚提示（rapid serial visual presentation ; RSVP）事態に埋め込まれた第一刺激 T_1 の処理が第二刺激 T_2 の処理に及ぼす順向性の干渉効果を指している。継時提示される二刺激間の干渉効果という意味では、一九八〇年代にすでに多くの研究によりこの種の現象の存在は指摘されてきているので（例えば、Broadbent & Broadbent, 1987 ; Kanwisher, 1987 ; Kanwisher & Potter, 1989, 1990 ; Reeves & Sperling, 1986 ; Weichselgartner & Sperling, 1987 等）特段新しい発見というものではないが、最近の情報処理の分野では理論的観点から多くの研究者の関心を呼んでいる（例えば、Raymond, Shapiro, & Arnell, 1992）。ＡＢ現象の典型例として Raymond ら（1992）の行った実験の大まかな内容を述べておく。

アルファベットの大文字がコンピュータディスプレイ上に毎秒約十一文字の高速で一字ずつ同じ場所に提示された。一つの試行で用いられる刺激は連続提示される文字系列から成り立っており、アルファベットの各文字が一度だけ提示された。この文字系列は一字だけが白色となっており、残りはすべて黒色であった。白文字（target）の提示前には七から十五（ランダムに選んだ数が用いられる）の黒文字（pre-target item；ミリ秒）が連続提示され、白文字の提示後はつねに九つの黒文字（post-target item；ミリ秒）が提示された。この九つの黒文字の中には*X* 文字が含まれている場合と含まれていない場合とがあった（半々の構成でランダムに提示）。それゆえ、一試行は十七から二十五の間で変化する文字の連続提示系列となった。当然のことながら、*X* 文字はpre-target itemとしては出現せず、またpost-target itemとして出現する試行でも一回のみの出現となる。実験条件において各試行ごとに課せられた被験者の作業は、アルファベット文字の連続提示系列を観察した後に、白文字がなんという文字であったかということ（第一課題）と、*X* 文字の有無（第二課題）とを判断することであった（第一課題、第二課題からなる二重課題事態）。統制条件

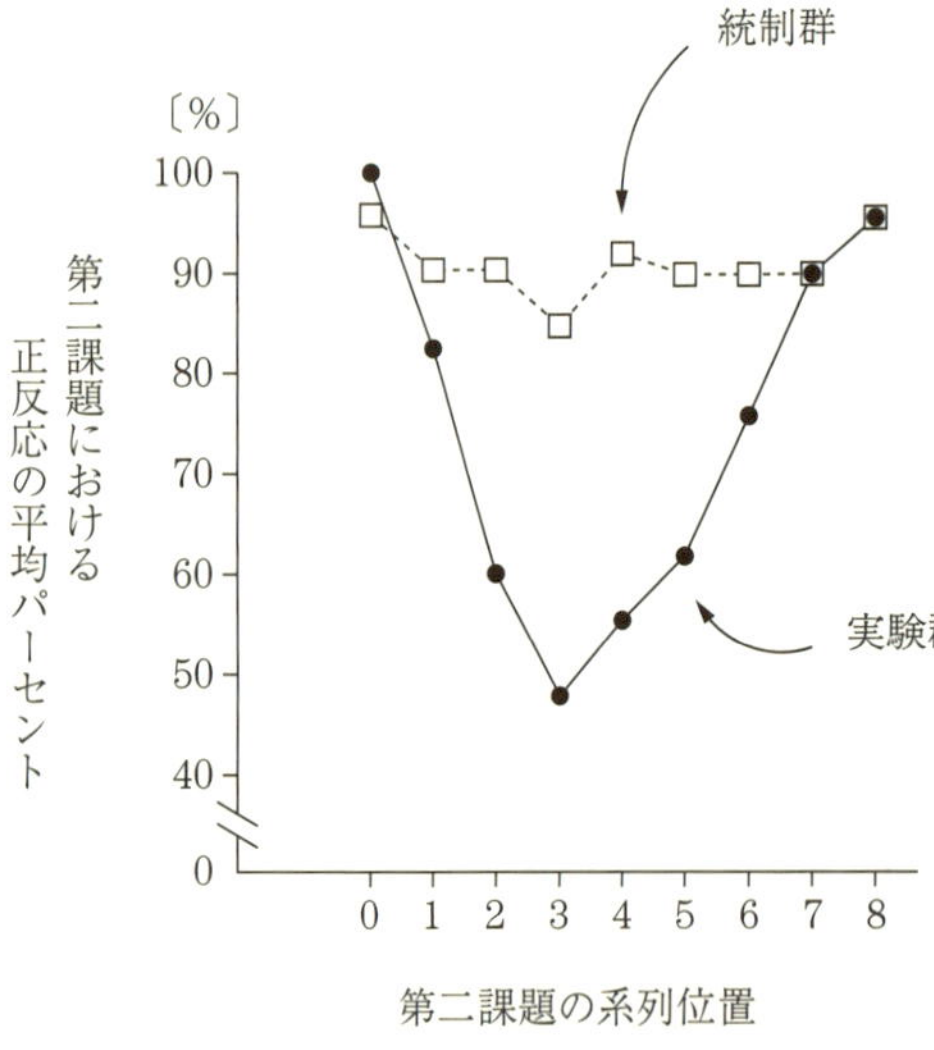

図 6.1 Raymond らの実験の結果〔Raymond, Shapiro, & Arnell（1992）における実験 2 の結果図を一部改変〕

では、白文字を無視して、X 文字の有無を判断することであった（第二課題のみの単一課題事態）。結果は、実験群では post-target item の系列において X 文字が target から一八〇から四五〇ミリ秒の時間間隔を持って提示されたあたりに対応した系列位置において課題成績が顕著に落ち込んだのに対し、統制群においてはこの種の課題成績の落ち込みは生起しなかった（図6・1）。この実験群における落ち込みが AB 現象と呼ばれているものである。

2　AB 現象の典型的説明モデル

この現象の生起メカニズムに関してはいくつかのモデルが考えられているようである。ここでは、Jolicoeur（1998）の指摘した五つのモデルにつき、若干ふれておくことにする。

〔1〕　注意のゲート・モデル（attentional gate model）

これは前述の Raymond ら（1992）のとった考え方である。T_1 刺激（白文字）を識別するという第一課題の遂行には当然注意過程が関与することになる。T_1 刺激の識別作業が遂行されている間は、注意のゲートが閉じることにより、その後に連続して高速提示されている視覚刺激の処理が一時的に抑制されるというわけである。T_1 刺激の識別作業が終了に向かうにつれ注意のゲートが再び開きつぎの刺激の作業が順調に進行することになる。彼らによれば、「瞬きのアナロジーでいえば、ゲートを閉じることはちょうどまぶたを閉じることに例えられる」ことになる。

この考え方は、時期的にいえばまず最初に提案されたものであることから、考慮せねばならない実験的事実の制約も少なく、かなり素朴な理論ともいえよう。

〔2〕 類似性理論（similarity theory）

Shapiro らが、その後明らかにされた実験結果（Shapiro, Raymond, & Arnell, 1994 ; Shapiro & Raymond, 1994）に整合するように、新たに提示したモデルである。

彼らは、RSVP 中の T_1 刺激として前の時（Raymond, Shapiro, & Arnell, 1992）のように文字パターン刺激を用いるかわりに、単にブランク・フィールドを提示してみた。結果は、AB 現象の顕著な減少であった。一見すると、今回のブランク・フィールドの検出という第一課題は、前の時の白色文字の検出という課題に比べて、作業がやさしすぎたのではないかという疑問も生じよう。しかし、第一課題のエラーの出現率を見る限り、両者において難易度に差があったとは思えないものであった。ということは、T_1 刺激がパターン刺激であることが AB 現象生起のための必要条件ということになろう。

そこで彼らはつぎのような鋳型モデルとでもいえるような考え方を提案している。視野内に順次系列的に提示された各刺激に対して、まず表象が並列的過程の中で作られる。この過程の中で作られた表象は順次選択用の鋳型（selection template）との照合にかけられる。この表象と選択用の鋳型との類似性（similarity）が大きいと、この表象は容量に限界がある視覚性短期記憶（visual short-term memory ; VSTM）の中に納められる。類似性が小さいと VSTM に入ることが難しくなる。一方、VSTM に入ることのできた表象に対しては、重み付けがなされる。この時の重み付けは、ＶＳＴＭに収納された表象が再び取り出され反応を形づくる（例えば白文字があったと報告する）確率を決めるようなものらしい。

ＶＳＴＭの中に入ることのできた表象に付与されるこの重みの大きさに影響を及ぼす重要な要因として、ＶＳＴＭ内における処理資源の容量には限界があることが挙げられる。ＲＳＶＰ事態においてＶＳＴＭに先着順位で入った表象には、処理資源に余裕があることからより大きな重みが与えられる。それよりかなり後に入った表象には、先に入った表象によって処理資源が使われてしまうのでより小さな重みとなる。したがって、その間の、まだ十分な資源が残っている間にＶＳＴＭに入った表象に対しては、等しい大きさのウエイトが与えられることになる。この考え方は、記憶に見られる系列位置効果の中の初頭効果の説明論理と同じである。

ＶＳＴＭから取り出されアウトプットとして反応に出てくるかどうかの確率はこの重みの大きさによって決まる。それゆえ、第一課題や第二課題に対応する表象でない表象であっても、付与された重みの大きさよっては、ＶＳＴＭから取り出され反応を生み出すこともあり得る。このことが課題遂行の成績を減少させることになる。すなわち、ＶＳＴＭの中に収納されている表象の数と、それら表象に付与された重みの大きさが課題遂行の成績を決めるというわけである。この考え方によれば、ＡＢ現象というものは、刺激提示後四五〇ミリ秒ほどの時間が経過すると、先に入っている第一課題に関連した表象が衰退してしまうかもしくはＶＳＴＭから流れ出してほかのシステムに移動してしまう結果、第二課題の遂行成績が回復する過程を示していることになる。

〔3〕 注意滞留モデル（attentional dwell model）

注意というものを、たとえてみればサーチライトのように高速で動くものと想定せずに、むしろしっかりと腰を据えて当該対象物の表象形成に携わる働きとして考える立場（Duncan, Ward, & Shapiro, 1994 ; Ward, Duncan, & Shapiro, 1996）から考えられたモデルである。このモデルの骨子は以下のようなものである。

刺激対象がどのようなものであるのかを識別するのに用いられる視覚処理のための注意資源の容量には限りがあるので、数百ミリ秒（およそ五〇〇ミリ秒と思われる）の時間範囲内に入る系列提示された複数の刺激対象の処理については、この限りのある資源をたがいに分け合って使用しなければならなくなる。その場合、時間的に早く提示された刺激対象に対し注意資源は優先的に使用される。また、並列処理されている複数の刺激対象の間では、目的とされるターゲットにどの程度マッチしているかによって注意資源の割り当てについての競争が行われる。この注意資源の割り当て競争からの回復に五〇〇ミリ秒ほどの時間（AB 現象の生起している時間）必要なのだという。しかし、二〇〇から三〇〇ミリ秒のあたりで T_2 の処理の落ち込みが最大になることの説明はどのように考えたらよいのであろうか。消費可能な当初の資源量が単調減少する一方で、割り当て競争から解放されるにつれて単調増加する回復資源を想定し、両者を加算したものがその時点において使用可能な資源量とでも考えるのであろうか（この場合には、合算した資源量は U 字曲線を描くことになるので、その底を二〇〇から三〇〇ミリ秒のところに想定することは可能となる）。

〔4〕 二段階モデル（two-stage model）

Chun & Potter（1995）によって提案されたもので、視覚情報の処理過程を二段階に分けて考えている。視覚情報の処理過程を前処理の段階と後処理の段階との二つに分けて考想することは、Neisser（1967）や Broadbent & Broadbent（1987）はじめそれ以後の多くの研究者達によって以前より想定されてきた立場である。Chun らの考えは、この流れに沿ったものであり、AB現象はこれら二段階のうちの後のほうの処理段階で生起するものと考えているところがその特徴となっている。

第一段階は、「急速検知（rapid detection）」の段階である。各刺激の提示時間が一〇〇ミリ秒ほどになっているRSVP事態においてはほぼすべての刺激が識別され、ターゲットの検知に必要な特徴の分析が遂行される。そして分析に基づいて第二段階に送られ、さらなる処理を受ける表象が選択されることになる。ここで留意すべきことは、この第一段階における各刺激項目の表象の内、上述の選択に残らなかった表象は、RSVP状態においてつぎからつぎへと入ってくる刺激項目の表象によって干渉を受けその後急速に忘却させられてしまうと考えている点である（Potter, 1976, 1993）。

第二段階は、「容量に限界のある処理過程（capacity-limited processing）」である。この段階を想定するうえで留意すべき点は、第一段階で作られた表象に基づいて課題に対する反応が生起することはなく、さらなる処理が施された第二段階で作られた表象に基づいて初めて口や手で応答するという反応が引き起こされるとする点である（Chun & Potter, 1995）。すなわち，第一段階で一過性に活性化され第二段階に送られた表象（ターゲット刺激の候補者）は，この段階で言語記憶で想定されている STM における表象のように，より長く持続するものになり，反応の生起に役立てられるようになるというわけである。この第二段階に特徴的なのが容量に限界があるという点である。そのため，RSVP の速度が大になると，第二段階に第一段階よりつぎつぎと入ってくる刺激対象の処理がこの容量の限界を超えてしまうことになる。第二段階の処理の開始は，刺激提示によってではなく，第一段階の処理が生み出した注意的反応によってなされる。この注意的反応がターゲットの選択やその後のさらなる処理を推し進めるという（Nakayama & Mackeben, 1989 ; Weichselgartner & Sperling, 1987）。第二段階が先行的刺激表象の処理作業に従事している間は，第一段階で作られたつぎの刺激表象はそのまま第一段階に足どめされる。この足どめの時間が長引くと，第一段階に足どめされていた表象は急速に失われていく。このことにより AB 現象が引き起こされるというわけである。

〔5〕 **中枢干渉理論**（**central interference theory**）

この考え方は，Jolicoeur（1998）が，これまでの諸モデルを詳細に検討することによって提案したものである。その特徴を二つ挙げることができる。一つは，その名称に表れているように第一課題の処理と第二課題の処理との干渉を中枢レベルで考えたことである。すなわち，これまでのモデルが干渉の発生場所について必ずしも「中枢レベル」と明言していなかったのに対し，この理論では、課題に対する反応の出現に直接結びついた中枢レベルの処理過程における干渉を明確に想定している点である。もう一つは、この中枢における過程は処理能力に限界があるので第一課題の処理と第二課題の処理とが同時に進行することはなく、第一課題の処理が終了するまで第二課題の処理が待たされることにより干渉が生起すると想定している点である。

第二課題の処理を待ち状態にさせる第一課題の中枢における処理とはなんなのであろうか。この処理として Jolicoeur はいくつかのものを考えている。一つは、「短期固定（short-term consolidation）」である。「短期固定」とは、刺激項目を符号化して短期記憶へ送り込む処理を意味している。もう一つは、「反応選択（response selection）」に関する処理である。ほかにもメンタルローテーション（Ruthruff, Miller, & Lachmann, 1995 ; Van Selst & Jolicoeur, 1994）や長期記憶からの検索（Carrier & Pasher, 1995）や課題の切り替え（Rogers & Monsell, 1995）も第二課題の処理を遅らせる干渉効果を有するという。しかし、ここで注意すべきは、待ちを余儀なくされる第二課題の中枢における処理過程は第二課題の「短期固定」であると考えている点である。それゆえ、AB 現象は第一課題の「短期固定」もしくは第一課題の「反応選択」の処理が進行している間第二課題の「短期固定」の処理が待ち状態に置かれ、その間に第二課題の表象が衰退してしまうことによって生ずると考えられている。ということは、AB 現象の生起因として

① 第一課題の「短期固定」によって第二課題の「短期固定」が待ち状態に置かれること。

② 第一課題の「反応選択」によって第二課題の「短期固定」が待ち状態に置かれること。

の二つのケースが考えられることになる。しかし、いずれの場合も第二課題の処理についていえば、第二課題の「短期固定」の入り口の段階で足止めされているわけであるから、AB 現象を生み出す第二課題におけるプロセスの存在場所は一か所ということになる。

「中枢干渉理論」と前出の「二段階モデル」および「注意滞留モデル」には類似している点がある。いずれも、① 容量に限界のある処理過程の存在を考えており、② しかもその存在部分を、一連の処理の流れのうちの感覚的・知覚的レベルの処理がなされる前段階にではなく、むしろそれに続いてなされる後段階の処理過程に置いているという点である。それでは、中枢干渉理論が他の理論と特徴的に異なる点はなんなのであろうか。それは、「二段階モデル」の場合も「注意滞留モデル」の場合も、容量に限界のある後段階の処理過程を、短期記憶へ向けて表象を符号化する「短期固定」の働き一つに限って仮定しているのに対して、中枢干渉理論では、複数の処理過程を仮定している点である。すなわち、「短期固定」の働きと、どのような反応を産出するかを決める「反応選択」の働きとの両者に対して容量の限界を仮定している点である。このことが最も特徴的な相違点といえよう。

3　記憶理論と AB 現象

情報の処理の流れを前段階と後段階とに分けて考えてみる。前段階は網膜上に投映された刺激に対し、色や肌理や輪郭といった類のパターン的処理をする過程を指している。この段階の主要な働きは、これらのパターン的処理の結果から、ターゲット刺激の候補となる表象を形づくる（符号化する）ことにある。この考え方はなにも新しいものではなく、同じカテゴリーに入る考え方がいまでも多くの研究者達によって指摘されてきている（例えば、Neisser, 1967 ; Kahneman, 1973 ; Bundesen, 1990）。この段階の処理は瞬間の固視状態下の刺激内容に対するものであり、ある対象物から別の対象物へと視点を動かすことによって場面全体の表象を形づくる処理を指してはいない。この場面全体の表象を形づくる処理は後段階ものとして考えられている。では、前段階の処理をすませた表象は、そのまますぐに、一般に後段階に属すると考えられている短期記憶に入るのであろうか。この点について、中枢干渉理論では、さらに、もう一つの処理を経ることを想定している。「短期固定」がそれにあたる。この処理は前段階の処理をすませた表象が短期記憶の中で十分に維持され得るようなしっかりとした表象にする作業を指している。注意すべきは、この処理は後段階のものとして中枢においてなされることを想定している点である。そして、この中枢における作業に対して容量の制約を想定している点であろう。

ＡＢ 現象は、ＲＳＶＰ 事態の中に二つの認知課題を埋め込んだ二重課題法の下で見出されている。これまでに用いられてきた二重課題の内容は、色の検知やパターンの認知といった比較的シンプルな課題が多い。しかし、処理時間の問題があるので、その内容には工夫が求められようが、表象に対しなんらかの操作を必要とするようなパターン認知課題を用いてみたらどうなるのであろうか。おそらくこの場合にも ＡＢ 現象は出現すると思われる。さらに、ＡＢ 現象の出現の基礎が先述したように感覚的・知覚的レベルの処理がなされる前段階にではなく，容量に限界のある後段階の処理過程にあると想定されることや，「反応選択」の作業というものを考えるならば，ＡＢ現象に関わる短期性記憶は「短期記憶」と表現するより「ワーキングメモリ」と表現するほうがより適切なように思われる。このように，「ＡＢ現象」と「ワーキングメモリ」の間には連結性が認められるのである。

4　ＡＢ現象とワーキングメモリ

その理由についてはあまりに専門的に過ぎて本書の守備を超えるので割愛するが，いまのところ最も説明力が高いとの主張の見られる「中枢干渉理論」（Jolicoeur, 1998）に基づき，ＡＢ現象とワーキングメモリとの接点についてもう少し考えてみよう。

「中枢干渉理論」では，第一課題の処理が中枢で行われている間に第二課題の処理が待たされることがＡＢ現象の生起因としている。問題は，待たせる原因となる処理容量の制約を，どのような中枢性の処理に考えるのかという点である。中枢干渉理論では，これらを，「短期固定」と「反応選択」に想定している点が一つの特徴といえよう。「短期固定」が中枢性のものであり，この処理容量に制約があるという点は，中枢干渉理論にとって大事な点となる。さらに，この「短期固定」がリハーサル（例えば，Craik & Watkins, 1973 ; Atkinson & Shiffrin, 1974 ; Waugh & Norman, 1965）とは別のものとする点も重要である。これらの特性については，Jolicoeur & Dell'Acqua

（1998）により詳細な吟味がなされている。彼らによれば，両者は別のものであり，「短期固定」は短期記憶に向けての作業であり，リハーサルは長期記憶に向けての作業なのである。

この点は理解できるとして「短期固定」はワーキングメモリの一部と考えられないのであろうか。「短期固定」が自動的に耐久性のある表象を創り出す過程とは思われないような実験結果も存在する（Jolicoeur & Dell'Acqua, 1998, 1999）。考えてみれば，この種の作業は，課題の目的に応じて被験者によって能動的に採られる戦略の下で初めてその効果が生じるようなものであろう。しかも，この働きは，「反応選択」のような認知的操作と同じ中枢レベルの活動として処理容量の制約を受けると考えられている。ということは，「短期固定」はワーキングメモリの働きと相当に重なった役割を果たしているということにならないであろうか。また，前に見たように，「反応選択」についていえば，ワーキングメモリの中で行われる作業の一つと考えざるを得まい。

5 資源理論とAB現象

〔1〕 処 理 資 源

処理資源とは，容量（capacity），注意（attention），努力（effort）と同義の概念であり，タイム・シェアリングの有効性を説明する構成概念である。すなわち，人間が二つの課題を同時に遂行する際に，単独で遂行する時と比較すると，どの程度の遂行成績が可能であるのかを説明する（Wickens, 1984）。人間は処理のための資源を持ち，ある課題を遂行する際にはそのために必要な量の資源を配分していると仮定される。資源の総量にはある一定の限界があり、資源の限界内で、各課題は遂行されると考えられる。

同時により多くの課題を遂行すると、それだけ多くの資源が消費されることになる。それらの活動に必要な資源の量が、各人の保有する資源の総量を超えてしまうと、各活動には十分な資源が配分されないことになる。このため、課題間で干渉が生じて、課題の成績が低下すると考えられる。資源理論は、このようにして、人間の課題の遂行能力の限界を説明するために構成された概念である。

〔2〕 単一資源理論

資源理論では、最初に、人間には限界のある資源が一種類だけ存在するという理論が提唱された。この単一資源理論（single-resource theory）によれば、一種類の資源が、同時に遂行される課題の間で配分される。どのような課題も同一の資源を消費する。そして、各課題の遂行に必要な量の資源が配分されないと、その課題の遂行成績は低下することになる。

〔3〕 多重資源理論

資源理論を検証するために、二重課題法を用いて課題間の干渉量を吟味した実験が行われているが、単一資源理論の予測とは異なる結果が得られている（Navon & Gopher, 1979 ; Wickens, 1980, 1984）。その結果、多重資源理論（multiple-resource theory）が提唱されるようになった。この考え方に立てば、資源の種類をある次元に基づいて分類することになる。例えば、Wickens（1984）

の多重資源のモデルによると、資源の構造は

①　処理ステージ
②　処理コード
③　処理モダリティ

という三つの次元からなる。

資源理論については、現在はどのように考えられているのであろうか。資源という概念を用いることについては、現在では常識化しており最近は声高に資源論について論じている論文は見かけない。ただし、資源の性質については、「二重課題法」というパラダイムが開発されて以来、単一資源理論から多重資源理論への軸足の移行が見られた経緯（Friedman, Polson, & Dafoe, 1988 ; Friedman, Polson, Dafoe, & Gaskill, 1982 ; Navon & Gopher, 1979 ; Polson & Friedman, 1988 ; Wickens, 1980, 1984, 1987 ; Wickens & Liu, 1988）は、まだ現在も継続中と考えられる。他方で、同じ「二重課題法」パラダイムが、ワーキングメモリの下位システムを切り出す作業においても有効なツールとしてよく使われている。このパラダイムの共有は、資源理論とワーキングメモリ理論との間の強い連結性を生み出している。なぜならば、「二重課題法」により資源の切り出しを行うということは、見方によればワーキングメモリにおいて用いられる資源の種類を切り出しているともいえるからである。

Klapp & Netick（1988）は、二重課題を遂行中のワーキングメモリの働きについて資源論の立場

から接近した興味深い研究を行っている。彼らの実験結果は，課題の性質によって，二重課題遂行時の処理作業に消費される資源を別々のものと考えたほうが良いケースがあること，また，課題に用いられる刺激の保持に消費される資源もまた別々のものと考えたほうが良いケースがあることを示している。このことは，ワーキングメモリには，資源的にみても，処理と保持を異にする少なくとも二つのサブシステムが存在することを示しているように思われる。これは彼らのアナロジーを用いれば，並列回路を内蔵している一台のコンピュータを用いてある種の二つの課題を同時に遂行する際には，二つの課題が同じ一つの中央処理ユニットを共用するのではなく，それぞれが別々の中央処理ユニットを用い，かつ記憶ユニットについても一つのものを共用するのではなく別々のものを用いているという状況に例えられる。

ワーキングメモリが複数の下位システムを収納しているという考え方は，ワーキングメモリの研究分野でも，例えばBaddeleyらの一連の研究に見られるように，すでに指摘されてきていることではある。しかし，多重資源理論の立場からの指摘ということで興味を引く。

〔4〕 AB 現象に関与する資源はなにか

AB 現象生起の説明は入力刺激に関する課題遂行において処理容量に制約が生ずることに帰されている。処理容量における制約という考え方は，資源理論と同じ立場である。しかし，AB 現象における資源は，多重資源を想定しているというよりむしろ単一資源を想定しているように思われる。モダリティでいえば，入力刺激は視覚上のものであり，遂行すべき課題も視覚上の認知課題である。その意味で，ＡＢ 現象は，Wickens 流の多重資源において，視覚モダリティの資源に限定して用いられている場合と考えられる。例えば，Duncan, Martens, & Ward（1997）の結果はこのことを示唆しているように思われる。しかし，Klapp & Netick（1988）が指摘したように，同一モダリティ内においても多重の資源を想定する必要があるのであれば，ＡＢ 現象に関与する資源はなにかという問題が生じてこよう。この問題については，ＡＢ パラダイムにおける第一課題と第二課題の課題内容を操作することにより吟味可能と思われる。現在のところ，筆者の知る限りにおいては，このような視点で吟味された実験は見当たらない。

人間の認知活動は時間軸を抜きにしては存在し得ない。それゆえ，認知活動の時間軸上の相互作用に関する詳細な実験的検討は人間の認知メカニズムを解明していくうえで非常に重要な手がかりとなる。近年関心が持たれている ＡＢ 現象は，このような時間軸上の相互作用を示す典型的現象の一つである。

本章におけるこれまでの考察を通じて，ＡＢ 現象は，ワーキングメモリ，処理資源といった認知活動の基礎を支える諸理論（もしくは，諸「認知変数」）と密接な連結性を有していることがわかる。なぜならば，ＡＢ 現象の説明モデル構築を試みるうえで，これらの諸理論（諸「認知変数」）抜きには作業が進められないからである。

第7章　「ワーキングメモリ」と「長期記憶」の連結性

ワーキングメモリと短期記憶との関係についていえば、両者があまり明確に区別されることなく用いられるときもあるので、両者の連結性や関連性が問題にされるというよりむしろその逆の両者の「概念的」な差異について問題にされる場合のほうが多い。ゆえに、ここではワーキングメモリとそのような短期記憶との関係ではなく、ワーキングメモリと長期記憶との関係のほうを取り上げることにする。

一般的にいえば、一時的・動的な役割を果たすワーキングメモリと維持的・固定的な役割を果たす長期記憶とが相互に密接な「機能的」連結性を有することによってはじめて人間としての生き生きとした記憶活動が可能となっているのである。ここでは、その種の連結性の一面を示していると思われる現象例について述べる。

1　ワーキングメモリに関するバッドレイ・モデル

Baddeley ら（Baddeley & Hitch, 1974；Baddeley, 1986, 1990）は、ワーキングメモリというシステムは情報の種類によって担当が分かれるいくつかのサブシステムを持っていると考えている。一つは「音韻ループ（phonological loop）」と名付けられており、もう一つは「視・空間スケッチパッド（visuo-spatial sketchpad）」と名付けられている。前者は音声に基づくような情報を取り扱うサブシステムである。後者は視・空間的情報を取り扱うサブシステムであり、視覚的・空間的イメージのセットアップや操作を担う。となれば、ワーキングメモリに取り込まれた情報をこれら両者のサブシステムへ割り付けたり、「必要に応じて長期記憶に蓄積された情報をこれら二つのサブシステムのいずれかに取り込んだり」というようなサブシステムを適切に管理運営する部署も必要となろう。この役割を果たすワーキングメモリ内の部署は、「中央実行系（central executive）」と名付けられている。この部署もワーキングメモリ内の一つのサブシステムと考えられるから、ワーキングメモリには合計三つのサブシステムが存在することになる。

しかし、その後、「音韻ループ」をさらにつぎのような二つのサブシステムに分ける考え方が現れている。一つは「音韻貯蔵庫（phonological store）」（Baddeley, 1990）と呼ばれるものであり、もう一つは「構音制御プロセス（articulatory control process）」（Baddeley, 1990）と呼ばれているものである。構音制御プロセスが、音声化（実際の音声を伴わない「内言（inner speech）」を含む）によって言語情報を取り扱う能動的サブシステムなのに対し、音韻貯蔵庫は発声に関わらない音響的な情報を収納する受動的サブシステムと想定されている。すなわち、音韻貯蔵庫では単なる聴覚的・音響的特性として表象された情報が貯蔵されることになる。したがって、音韻貯蔵庫の中の記憶痕跡を読み出し声に出さずにリハーサルすることで再び痕跡を新たにするはたらきや、文章を読んで音韻コードに変換し音韻貯蔵庫に登録するはたらきは、構音制御プロセスによって行われることになる。

こう記述してくると、内容がなにやら複雑な様相を帯びてきたが、ワーキングメモリを構成する四つのサブシステムの各機能特性は簡単にいってしまえば、構音制御プロセスは「内なる口」、音韻貯蔵庫は「内なる耳」、視・空間スケッチパッドは「内なる目」、中央実行系は「内なる頭脳」、ということになるまいか。そうであれば、われわれ人間の中には「『ワーキングメモリ』人」というもう一人の「内なる人間」が住んでいるとでもいえようか。

2 「視・空間スケッチパッド」と長期記憶

先に見てきたように、中央実行系はワーキングメモリに取り込まれた情報を視・空間スケッチパッドや音韻ループというサブシステムへ割り付けたり、「必要に応じて長期記憶に蓄積された情報をこれら二つのサブシステムのいずれかに取り込んだり」という役割を担うと想定されている。

いま、なにかの形状を有する視覚刺激が次々と入力され、これら一連の刺激系列に基づいてなにかの判断や行為を行うとしよう。例えば、次々と指されるチェスや将棋の展開場面を想像すればよい。相手のこれまでの指し手を参考にしてつぎの一手を十分に考えられるかどうかは、ワーキングメモリの限られた処理容量（処理資源）をどれだけ有効に利用できるかどうかにかかっている。いわゆる「エキスパート（expert）」と呼ばれる人々は、これまでの経験に基づいた豊富な知識を長期記憶に貯蔵している。この長期記憶の知識は、必要に応じてワーキングメモリ内のサブシステムに取り込まれ利用に供される。例えば、長期記憶に貯蔵されていた過去に負けを経験した一連の指し手の展開パターンの視覚的イメージといったものは、中央実行系により視・空間スケッチパッドに取り込まれ、現在進行中のつぎの指し手を決める際に利用されよう。この時、現在進行中の展開パターンを十分な長さ（量）と正確さにおいて視・空間スケッチパッド内に維持できているのかどうかということが良き判断を行うための重要な条件となる。エキスパートと呼ばれる人々はこの条件を備えていると思われる。

例えば、チェスのエキスパートのワーキングメモリ容量は一般の人々よりも大きいといわれている（Chase & Simon, 1973）。しかしながら、現在進行中の指し手のパターンや長期記憶からの過去における指し手のパターンといった膨大な情報を維持するためには相当に大きな容量が必要であるから、これをすべてワーキングメモリ自体の容量に帰することには論理的に無理があろう（例えば、Ericsson & Kintsch, 1995；Cantor & Engle, 1993）。そこには、なんらかの情報処理上の仕掛けが存在することが考えられる（例えば、Daneman & Carpenter, 1980）。

このような仕掛けにつき若干考察しておこう。

3　読書による物語理解とワーキングメモリ

物語全体の流れを理解しつつスムーズに読書を行うためには、読み進むにつれ次々と現れる断片的情報を「統合」していくはたらきがきわめて重要な役割を果たす。このような「情報統合

(information integration)」のはたらきには二つのタイプのものがあろう。一つは、読書の進行につれて次々と入力される断片的情報に関し、適度な区切り区切りにおいて、先に入力され処理が行われた情報を後に入力される情報が処理される時まで保持し、それらを統合することにより、区切り区切りの内容を構成していくはたらきである。もう一つは、その時々の区切りのためというより、物語全体の流れを把握し続けるために必要なより大局的な次元でなされる情報統合のはたらきである。この種の大局的な情報統合は、区切り区切りでなされた局所的な情報統合の結果がさらに統合されることにより達成されることになろう。

ワーキングメモリというものは、入力された情報をいつでも想起状態に持ち込めるように作動した状態に保ったり、またそのような状態にある情報にさまざまな操作活動を行う記憶貯蔵庫と考えられている。それゆえ、これら両タイプの情報統合の役割はワーキングメモリにより担われていると思われる。ワーキングメモリの容量が十分大きく余裕があるときには、この容量を両タイプの情報統合のために分割しても、それぞれの作業は滞りなく遂行されよう。しかし、ワーキングメモリの容量が大きくないときには、片方の作業に多くの容量を割り当ててしまえば、残りの作業に回す容量を十分に確保できなくなる。局所的、大局的いずれの作業が不十分になっても、読書による物語理解という人間にだけに許されている知的営みは成り立たなくなるのである。ましてや両者の作業がともに不十分な容量下に置かれる時は、このことを改めていうに及ぶまい。

そこで、もしワーキングメモリ容量への負担を減らすためのなんらかの情報処理上の「仕掛け」

が与えられるならば、ワーキングメモリ容量の小さい者はこの容量が大きい者よりもこの「仕掛け」をより多く用いて読書による物語理解を上げることが推測される。

Lee-Sammons & Whitney（1991）は、物語理解のための一種のスキーマと考えられる「パースペクティヴ（perspective）」（眺望、展望）の用いられ方とワーキングメモリ容量との関係に関する興味深い検討を行っている。彼らは、文章課題（本書では内容についての言及は割愛）によりあらかじめワーキングメモリの容量を測定し、その結果に基づき容量が小、中、大の三グループを設定した。そしてこれらのグループに対し読書課題を課した。読書課題の文章は五一一単語からなる二十八の文であり、そのうちの十三の文がそれぞれの「パースペクティヴ」に関連する情報を含んでいた。被験者への教示は、「人がある物語についてどのように考え、記憶するのかということを実験してみる」といういい方がなされた。被験者に与える「パースペクティヴ」は、主要概念を覚えるのを助けるものであると説明され

①　泥棒

②　家の買い手

という二つが設けられた。そして、それぞれの「パースペクティヴ」から各文の関連について考えながら物語を読むように指示された。文章を読む時間は二分間であり、その五分後に再生テストが実施された（詳細は割愛）。被験者の再生した文についてそれらの文中に主要概念のユニットがいくつ存在しているのかを二人の評定者が得点化した結果から、おおまかにいえば、以下の二つのこ

とが明らかになった。

① ワーキングメモリの容量が小→大になるにつれ物語の再生成績は良くなる。

② ワーキングメモリの容量の大きい者はあまり「パースペクティヴ」に依存しない。

前者については当然の結果として、ここでは後者の傾向が興味を引く。文章材料を理解する際に情報の局所的な整合性とストーリー全体に対する整合性との両者の吟味において、ワーキングメモリの容量の大きい者は容量が大きいがゆえに十分に両者の作業を遂行することができる。しかしワーキングメモリの容量の小さい者は、容量が小さいがゆえにその種の作業に対しなんらかの支援ツールが必要となろう。この支援ツールとして、Lee-Sammonsらは「パースペクティヴ」と呼んでいるが、聞き慣れた用語でいうならば一種の「スキーマ」が利用され、長期記憶に貯蔵されたこのスキーマに関連しているさまざまな活性化された知識が動員されることにより、記憶の効率化が図られるものと考えられる。この「仕掛け」は、まさに、ワーキングメモリと長期記憶との機能的連結を示す一つの良き例であろう。

4 「視・空間スケッチパッド」における情報圧縮の仕掛け

ワーキングメモリと長期記憶との機能的連結を示す例をもう一つ挙げておこう。水野（一九九六）は、ワーキングメモリの中のサブシステムの一つである「視・空間スケッチパッド」での形態情報の処理に長期記憶が強いかかわりを有することを実験的に示してみせた。このことは、ワーキングメモリに入力された形態情報が見慣れたものである場合とそうでない場合とで処理の仕方が異なってくるかどうかを見ることにより検証できよう。

水野（一九九六）は図7・1(a)の図形列と(b)の図形列とを用いて大変興味深い実験を行っている。(a)の図形列は形態的に見慣れたもの、すなわち形態的な長期記憶量が豊富な図形である。(b)の図形列は形態的に見慣れないもの、すなわち形態的な長期記憶量が少ない図形である。

この場合に、見慣れた図形は、見慣れない図形に比べ、命名が容易であり音韻処理の可能性が高いことが考えられる。そこで、水野の実験では、上述の図形の違いの二条件と、「あいうえお」と間断なく発声させる同時構音課題の有無とを掛け合わせた四条件を設けたデザインが採用されている。ここでは、読者にわかりやすいように、同時構音課題が課された場合のみを取り上げ、この事態下における見慣れた図形列条件と見慣れない図形列条件の間の記憶成績の違いについてのみ見てみることにしよう。この時採用された、図形列を記憶するという課題を遂行しつつ同時に構音課題を課す「二重課題」の操作は、意識的にせよ自動的にせよ命名という行為の発現により「音韻ループ」というワーキングメモリ内のもう一つのサブシステムのはたらきが実験事態に滲入してくることを抑えかったからである。このことにより、「視・空間スケッ

図 7.1　水野の実験で用いられた図形列〔水野, 1996 より。一部改変〕

チパッド」のはたらきのみを取り出すことが目指された。

　各図形列（a）、（b）をなす七つの図形は、パソコンのディスプレイ画面中央に四センチ×四センチの大きさで一二〇〇ミリ秒ごとにつぎからつぎへとランダムに提示された。被験者にはこれら七つの図形を系列順に記憶することが求められた。それと同時に、最初の図形の提示開始から最後の図形の消失まで各図形が提示されるたびに一回の割合で、被験者は「あいうえお」と実験者に聞こえる程度の声で間断なくいい続けねばならなかった。この手続きは、図形の提示順を変えて、系列（a）、（b）につき、八回繰り返された。この結果が図7・2に示されている。この図は、横軸に系列内の提示位置を取り、縦軸にそれぞれの提示位置における図形の平均想起率をプロットしたものである。この整理の仕方は、いわゆる「記憶における系列位置効果（serial position

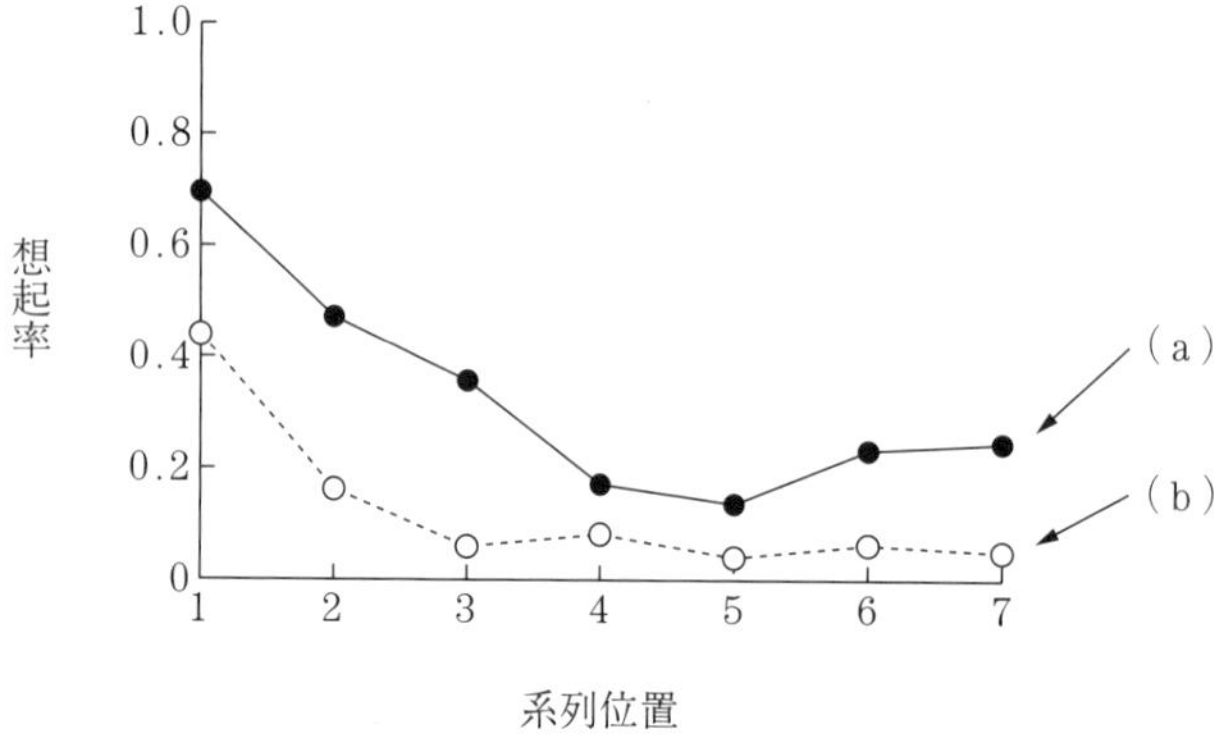

図7.2　水野の実験における見慣れた図形列（a）と見慣れない図形列（b）に対する各系列位置における平均想起率〔水野, 1996より。図2の一部を取り出し改変〕

effect）」と呼ばれる現象を検討する際に標準的に取られる手法である。この効果には，一般的に

①　系列の初頭部における想起率の上昇（「初頭効果（primacy effect）」）。

②　系列の終わりのほうの新近部における想起率の上昇（「新近性効果（recency effect）」）。

という二つの効果が存在することが知られている。水野の実験結果では，見慣れた図形列についてはは①の初頭部の効果と②の新近部の効果の両者が認められたが，見慣れない図形については①の初頭部の効果しか認められなかった。この，図形条件により新近性効果の出現の有無が分岐する点が非常におもしろい発見である。なぜなら，この原因を考えるうえで，「視・空間スケッチパッド」と長期記憶とのかかわりを想定せざるを得なくなるからである。

水野の説明ロジックを筆者なりに簡略化しさらに翻案して表現してみるならば，こうなる。「視・空間スケッチパッド」の中での見慣れた図形に関する形態情報の処理には，見慣れている分だけ長期記憶内の情報が利用されやすい。そして，その長期記憶における情報を利用するためには，これを検索するためのなんらかの手がかりが必要である。この「形態に関する検索手がかり」は，もとの形態情報よりも容量が少なくなっていると思われる。したがって，見慣れた図形の場合には，「視・空間スケッチパッド」の中での処理にもとの図形のかかわりにこの検索手がかりが利用されるならば，もとの図形と検索手がかりの差の分だけ「視・空間スケッチパッド」の容量に余裕が生まれることになる。その余裕の影響が，系列の順次の処理の中で，再生直前の系列後部の形態情報の処理にまでいわば玉突き的に回し送りされてきた結果，系列終了近辺の新近部において保持が良く

なりその分再生率が上昇したというわけである。しかるに，見慣れない図形においては，見慣れた図形の場合のような「形態に関する検索手がかり」が存在しない。それゆえ，前述のような情報の圧縮ができず，結果として新近性効果も生起しなかったと考えられる。

他方，初頭効果については，ワーキングメモリ容量が百パーセント使用可能な状態で情報の入力が行われたことがその生起因と考えられる。それゆえ，この効果は両種の図形列においてともに生起したと解釈される。しかも情報圧縮が可能な図形列（a）のほうが，そうでない図形列（b）よりも全体としての想起率はより良いものとなろう。

このように見てくると，ここで提案されている考え方は，まさに「視・空間スケッチパッド」と長期記憶との機能的連結を示す典型的な一つの例といえよう。

5　検索手がかりと「長期ワーキングメモリ」

「長期ワーキングメモリ（long-term working memory）」とは聞き慣れない用語であるが，言語的情報に関する長期記憶とワーキングメモリとの間のやりとりを検討する過程の中から提案された記憶内容を意味している（Ericsson & Kintsch, 1995；三宅，二〇〇〇；齊藤・三宅，二〇〇〇）。この記憶内容は，これまでのいわゆる「長期記憶」に蓄積された情報のうちで，「ワーキングメモリ」の中に保持されている「検索手がかり（retrieval cue）」の媒介の下に，必要な時にすばやくワーキングメモリの利用に供され得る情報部分を指している（齊藤，二〇〇一）。それゆえ，長期記憶の中に貯蔵されている情報が、この検索手がかりにより効率的に引き出されるような構造を有するようになることが大事な問題となる。

ここで言及された検索手がかりは、前述の「視・空間スケッチパッド」と長期記憶との情報のやりとりにおいて想定された図形に関する検索手がかりと同種の概念と思われる。

この「長期ワーキングメモリ」と非常に類似したものとして、「仮想短期記憶（virtual short-term memory）」と呼ばれる概念も提案されている（Cowan, 1995, 1999）。長期記憶の中にあたかも仮想上の短期記憶が存在するように利用され得る情報部分が存在しているとの考えであるが、前者が長期記憶内の情報の利用に領域固有性を想定しているのに対し、後者はそのような制約を想定せずすべての領域における情報の利用が可能と考えている点で、両者の概念は異なるとされている（齊藤、二〇〇一）。

6 ワーキングメモリと長期記憶との連結における「中央実行系」の役割

ワーキングメモリの中の一つのサブシステムである「視・空間スケッチパッド」と長期記憶とのやりとりは両者の間で直接になされるのであろうか。バッドレイ・モデルによれば、ワーキングメモリに取り込まれた情報を「視・空間スケッチパッド」や「音韻ループ」という二つのサブシステムへ割り付けたり、必要に応じて長期記憶に蓄積された情報をこれら二つのサブシステムのいずれかに取り込んだりするような制御的・司令塔的はたらきは、「中央実行系」というもう一つのサブシステムによりなされるという。そうであるとすると、先に見てきた「視・空間スケッチパッド」と長期記憶との間の情報のやりとりや、「音韻ループ」と長期記憶との間の情報のやりとりは、直接的ルートでなされるのであろうか。それとも「中央実行系」を経由した間接的ルートでなされるのであろうか。この問題は、「視・空間スケッチパッド」と「音韻ループ」というサブシステムの制御的機能を受け持つ部門が、それぞれのサブシステムの中に存在するのか、それとも各サブシステムに付属しない一つの独立部門（これも一つのサブシステムと考えられる）をなしているのかという問題に置き換えて考えることができる。

「中央実行系」を想定するこれまでのバッドレイ・モデルの考え方は、いうまでもなく後者の立場に立っている。完全な前者の立場に立つモデルについては筆者は知識を持たない。しかしながら、前者と後者の中間ぐらいの立場があり得ることは、その後、Baddeley 自身によっても記述されている。これは、それぞれのサブシステムに従属した制御過程に相当する部分が単に頭出しをし寄り集まったものを束ねた「委員会のような」形態を構想したものであるが、その可能性については今後の研究に残された問題であろう（Baddeley, 1996）。

7　ワーキングメモリと長期記憶との連結における「エピソード・バッファ」の役割

最近、Baddeley は、従来の「視・空間スケッチパッド」、「音韻ループ」、「中央実行系」という三つのサブシステムに追加して、「エピソード・バッファ（episodic buffer）」という新たなサブシステムを提案している（Baddeley, 2000, 2001）。このサブシステムも、「視・空間スケッチパッド」や「音韻ループ」と同様に「中央実行系」の司令下におかれていると考えられている。このサブシステムは、「視・空間スケッチパッド」や「音韻ループ」や長期記憶から引き出された、コードの異なるさまざまな情報を統合するようなはたらきをするシステムと考えられている。すなわち、「エピソード・バッファ」という名前が付けられていることからも容易に推測されるように、このシステムは、特に言語や文章の理解といった情報処理過程を考えるうえで従来のモデルでは明確にされてきていなかった、複数の情報源からの情報を統合し一つの意味のあるエピソードを作り上げるような役割を受け持つことが想定されている。

この種の複数情報を統合するようなはたらきは、従来のモデルでは明示的に記述されてはいないが、複数のサブシステムに対して必要な情報を出し入れする司令塔的・制御的なはたらきの延長上にあることから、「中央実行系」の守備範囲に属すると暗黙裏に考えられていたように思われる。これまでのバッドレイ・モデルでは、「視・空間スケッチパッド」と「音韻ループ」以外の残余？のはたらきはすべて「中央実行系」に帰属させていたきらいがある。「エピソード・バッファ」はそこから新たに切り出された一つのサブシステムともいえる。この種の、複数情報の統合的機能を担う独立したサブシステムを想定するモデルが多くの認知心理学研究者のコンセサスを得られるかどうかはこれからの問題であろうが、少なくとも、このサブシステムがワーキングメモリと長期記憶とを連結するはたらきを有することは、改めていうまでもないことであろう。

第8章　「ストループ効果」と「ワーキングメモリ」と「処理資源」との連結性

1　ストループ効果（Stroop effect）とはなにか

これは、「言葉の意味とは異なる色のついた色名単語の色を命名する際に（例えば、赤色のインクで書かれた青という文字に対してアカと命名する）、単なる色パッチを命名するよりも反応が遅くなる現象のこと」（渡辺、一九九九）をいう。発見者のStroop（1935）の名を付け「ストループ効果（現象）」と呼ばれているが、発表以来多くの心理学研究者の関心を呼びよく知られるようになった現象である。

ストループ効果は、「色」に関連した刺激事態を超えてさらに一般化して考えるならば、なんらかの情報を処理する際にその情報内容に葛藤が含まれているときに生ずる現象と考えられる。したがって、色名課題以外にもさまざまな課題が工夫できる。つぎにこれらの課題例をいくつか挙げてみよう。

①　意味の相反する刺激対を同時に提示し、一方のみへの反応を求める。例えば［↑下］のような

図において、矢印の方向をいうことが求められる。すなわち、この場合には「ウエ」と反応することが求められる。

②　例えば図8・1のような箱の中に何個の数字が含まれているかを声に出していうことが求められる。

③　ある物を描いた線画の中に他の物を表す単語が埋め込まれた刺激図を見て、線画で描かれた物がなにかその名前をいうことが求められる（図-単語課題）。例えば、ネコの線画の真ん中に「イヌ」という単語が書かれている図を見て、「ネコ」と反応することが求められる。

先に挙げた三つの課題においては、色名課題の時の「単なる色パッチ」に相当するいわゆる「コントロール条件」はいかなる内容のものになるのであろうか。いくつかの内容が工夫できるかもしれない

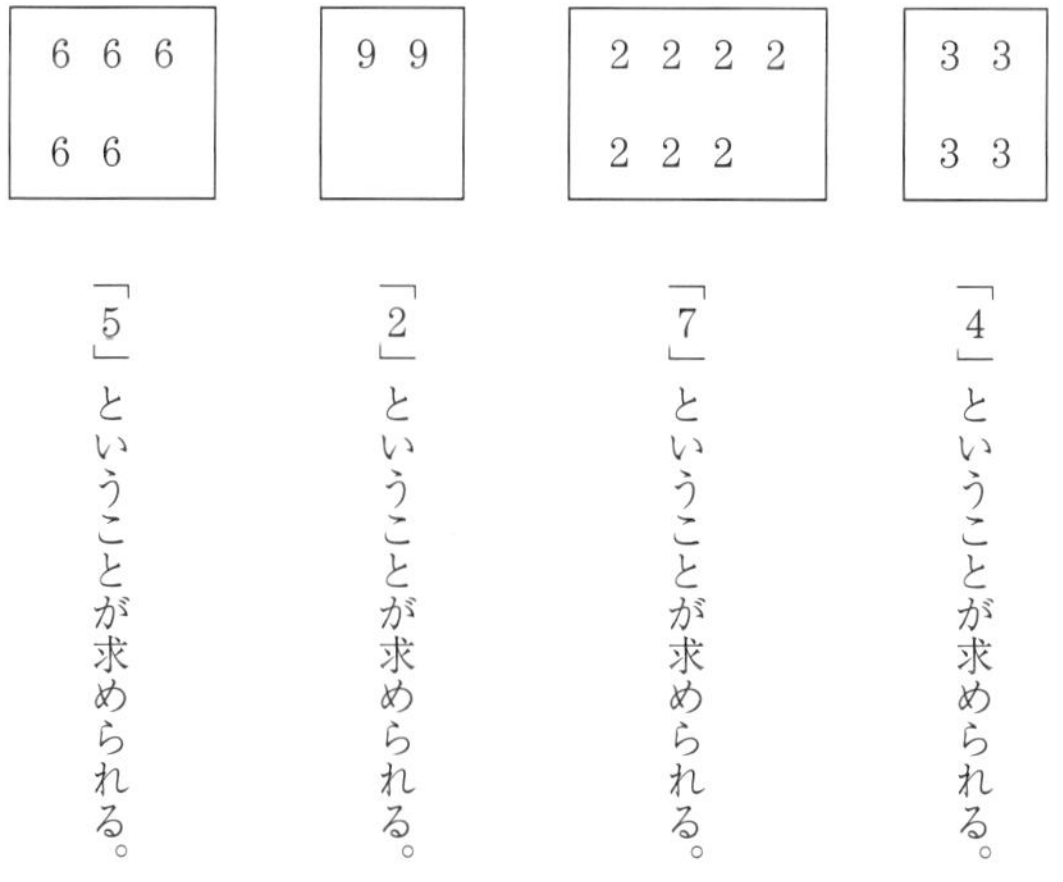
3 3
3 3
「4」ということが求められる。
2 2 2 2
2 2 2
「7」ということが求められる。
9 9
「2」ということが求められる。
6 6 6
6 6
「5」ということが求められる。

図8.1　ストループ課題の例

が、例えば、つぎのようなものが考えられる。

① については、↑小 といったもの。

② については、数字のかわりに◯印を並べたもの。

③ については、線画の中に単語を埋め込むかわりに×印を文字のごとく埋め込んだもの。

2 ストループ効果のこれまでの説明理論

ストループ効果は、人間における視覚情報処理のなかには、同一の対象（例えば色名単語）における属性（例えば色）に注意を向けた場合であっても、その対象の他の属性（例えば意味）も同時に処理を受けてしまうような「非モジュール的」処理もまた存在するということを示している。

こういったストループ効果を説明する理論は歴史的にたどればいろいろなものがあろうが、その中で情報処理心理学的視点から見て典型的と思われる立場を大きくカテゴライズするならば、以下の三つに区分できる（嶋田、一九九四）。

① 知覚的コード化説
② 反応競合説
③ 自動的処理説

〔1〕 知覚的コード化説

人間にインプットされた視覚刺激を処理する際に、まずこの刺激のさまざまな属性（例えば色や音韻や意味等々）に関するコーディング（符号化）が行われる。この説では、この時、課題に関係のある属性と関係のない属性とでコード化の処理の時間が異なるとする。すなわち、前者の処理時間のほうが後者の処理時間より大になると考えるのである。それゆえ、この説はコード化の初期の段階で干渉が生ずるという立場である。

しかしながらこの考え方から予測される結果のようにならない場合があることが知られている。

〔2〕 反応競合説

単語と色とは同時に処理されるが、反応を産出するためのバッファに向けていずれの情報が先に到達するのかという競争事態を想定する立場である。先に反応用バッファに到着した情報が後からくる情報に対し干渉すると考えている。すなわち、色名単語の意味情報（課題に無関係な情報）のほうが色情報（課題に関係した情報）より先に反応用バッファに到着しそのまま先にその中に入ってしまい、後からくる色情報に干渉するというわけである。このとき留意すべきは、この干渉の原因を反応用バッファの容量に制限があるということに置いている点である。

処理時間（処理速度）の大小が関連した考え方であるという点では知覚的コード化説と類似してはいるが、知覚的コード化説では時間差の影響が出る場所（すなわち干渉の発生場所）をコード化という情報処理の初期のステージに想定したのに対し、反応競合説では反応の産出という情報処理の最終ステージに想定している点で基本的に異なっている。
最近の研究動向ではこの考え方も採用されてはいないようである。

〔3〕 自動的処理説

知覚的コード化説と反応競合説は、干渉の生起する場所に着目して発想された説であるが、自動的処理説は注意理論から派生した「処理の自動化」に着目して発想された説である。この考えは、Cattell（1886）に基づいたMacLeod（1990）のつぎの説明によく表現されている。

この立場は、「単語の読みのほうがインクの色をいうよりはるかに練習されているということに力点をおく。この十分な練習によって読みは自動化され、意図でコントロールできる範囲を越え、注意せずにできるようになる。それに対し、インクの色をいう課題はコントロールが必要な課題であり、注意も必要である。自動化された処理は自動化されていない処理を妨害するが、その逆ではない。したがって、非対称的な干渉が生ずるのである。」（MacLeod, 1990〔野島訳、一九九八〕）

「自動的処理説」は認知心理学的研究の展開とともに、その後も支持者を増やしてきているようである。この立場は、当初、「単語の音韻情報と色情報がその処理のために速さを競って長期記憶内の辞書ユニットにアクセスする事態」を想定していた。それゆえ、この様子を評して、「競馬モデル」と呼ぶ人々もいた（Dunbar & MacLeod, 1984）。

しかし、その後の研究によれば、「処理の相対的速度による説明ではすべてのデータは説明できず」、例えば、「ゆっくりだが自動化の程度が高い処理が、速いが自動化の程度は低い処理に影響を及ぼし得る」（MacLeod, 1990［野島 訳、一九九八］）ことの存在が知られている。すなわち、このことは、干渉効果の決定因が「自動化の程度」であることを示唆しているように思われる。

３　ストループ効果の最近の説明理論

これまで見てきた考え方に対して、最近、別の視点に立った考え方も提案されている。嶋田（一九九四）は、ストループ効果は、反応が遅れるにせよたいていの場合は、正しい反応がなされる（正しい反応をするよう求められている課題である）ことに注目して、われわれの認知機能をモニターないしスーパーバイズする「メタ認知」の働きからアプローチするモデルを提案している。

この考え方の詳細は嶋田（一九九四）にゆずるとして、彼のつぎの一節はこのモデルをラフ・スケッチしていよう。

「われわれはストループ課題を、上位のシステムが下位のシステムを統合することが困難な課題であると捉える。下位の言語系は独立して処理が行われるべく簡略化、効率化されている。最適化が進んでいるといってもよい。これに対して、色の命名を行うには、知覚系と言語系の二つのシステムを統合する処理が行われなければならない。さらに課題では、一部の処理系がオーバーラップしており、最適化された言語系を利用するのを排除するように上位の処理系がモニターする。その結果干渉が生ずるのである。」（嶋田、一九九四）

あるいはまた、「語を無視し、色に反応する」という課題目標を、課題遂行中にいかにしっかり

容量とを連結させた考え方に立つ研究者もいる（Kane & Engle, 2003）。ストループ効果とワーキングメモリと「ワーキングメモリ」内に維持できるのかという発想から、ストループ効果とワーキングメモリ

4　ストループ効果とワーキングメモリと処理資源

考えてみれば、ここでいうモニタリングの作業とは、視覚的に入力された刺激情報を短期記憶に一時留め置き、長期記憶内の情報を参照しつつ、与えられた課題をエラーしないように頭の中で常にチェックする作業ということになろうから、ワーキングメモリのはたらきともいえる。

また、視点を変えて、この問題を「処理資源理論」との関連において考えることもできる。なぜなら、ストループ事態は教示内容としては色の命名という一つの課題（第一課題）であっても、情報を処理するモジュールの面から考えれば、単語を読むという課題（第二課題）が教示にはないが同時的に進行する「立派な」二重課題事態に相当しているといえないであろうか。第二課題は「自動化」しているという表現がとられるとはいえ、長期記憶内の辞書ユニットにアクセスするわけであるから、たとえその量は小さなものであっても消費される処理資源がゼロとは考えにくい。ましてや、この章の冒頭において言及したように、ストループ事態を「色」に関連した刺激事態を超えてもっと一般化して考えるならばなおさらのことである。その場合には、第二課題が「自動化」しているとの表現は、意識的処理の程度が第一課題との相対的関係においていえばかなり小さいということを意味しているにすぎないと解すべきであって、その程度がまったくのゼロとなっているこ

とを意味していると考えるべきではない。「処理資源理論」の視点からすれば，二重課題事態ということになれば，当然のことながら「資源の配分」の問題が生ずる。

色名課題事態では，単語を描いている色情報の処理作業に消費される資源は大であるが，単語の表す意味情報の処理作業に消費される資源はかなり小となっている事態ということになる。

いま，「資源」を便宜的に「注意」と置き換えて考えてみるならば，情報処理の比較的初期の段階においても「注意」の媒介があってはじめてさらに先の処理へと進めることが示唆されている（Treisman & Gelade, 1980 ; Kahneman & Henik, 1981）。

それでは，「処理資源（注意）の消費量を反映する『自動化の程度』」と「処理速度の大きさ」との関係はどうなるのであろうか。一般的にいえば，「ゆっくりだが自動化の程度が高い処理が，速いが自動化の程度は低い処理に影響を及ぼし得る」（MacLeod, 1990［野島 訳，一九九八］）ことは既に先において言及した。

考えてみれば，自動化というのは資源の消費量にかかわる概念であり，処理自体の速さとは別の概念である。それゆえ，「課題の処理に資源を少ししか消費しないけれども処理速度が上がらない事態」も，その逆の「課題の処理に資源を多く消費するのに処理速度を高いままに維持できる事態」も当然に起こり得るのである。

ここで注意すべきは，前者の事態が後者の事態に対し干渉効果を及ぼすことがあるという点である。この場合はこう考えられまいか。すなわち，限られた資源を二つの処理過程で分け合う際に，資源を少ししか必要としない処理のほうがたとえ処理に時間がかかっても十分な作業の遂行が可能となるので、それだけ完成度の高い処理結果を反応バッファに向けて産出できることから、エラーを回避するためのモニタリング作業の負荷は小さくてすむ。結果として反応バッファからの出力は速くなる。他方、多くの資源を必要とする処理のほうはたとえ処理に時間がかからないとしても必ずしも十分な作業遂行が可能になるとは限らず、それだけ完成度の低い処理結果を反応バッファに向けて産出せざるを得ないことから、エラーを回避するためのモニタリング作業の負荷が大きくなる。結果として、反応バッファからの出力は遅くなる。

いずれにしても、このあたりの説明ロジックの緻《ち》密な吟味は、今後に残された重要な研究課題であろう。

第9章　「プライミング効果」と「ストループ効果」の連結性

1　「プライミング効果」とはなにか

プライミング効果とはプライム（prime）と呼ばれる先行刺激の情報処理過程が、ターゲット（target）と呼ばれる後行刺激の情報処理過程に及ぼす影響を指して用いられている。例えば、プライムとして提示された単語と意味的に関連した単語をターゲットにすると、意味的に無関連な単語をターゲットにした場合に比べ、その単語を同定するまでの反応時間が短くなるといった現象はこの効果に該当する。

プライミング効果というと一般に前述のようないわゆる「促進効果」を及ぼす「正のプライミング効果（positive priming）」の場合が取り上げられているが、条件によっては、反応時間が長くなる「抑制効果」が存在することが知られている。この種の抑制作用を示すプライミング効果は正のプライミング効果に対し「負のプライミング効果（negative priming）」と呼ばれている。

本章では、この負のプライミング効果とストループ効果との連結性について若干の考察を試みる。なぜなら、ストループ効果も抑制効果の一種であり、この効果の生起事態には、負のプライミング効果の生起事態と条件的に重なる部分が見あたるからである。

2 「負のプライミング効果」とはなにか

負のプライミング効果とは、先行して提示されたプライムの影響によって、後続提示されるターゲットへの反応が抑制される効果を指している。例えば、この事態を、Tipper（1985）におけるパラダイムを援用して永井・横澤・高野（二〇〇〇）が用いた実験条件の一つにのせて説明するならこうなる。

彼らは、図9・1に示すように、灰色（実験時は水色）と白色で描かれた二文字を用い、それらの一部分を重ねて提示刺激を作成した。これらの文字は四つの母音のカタカナ文字ア、イ、ウ、オから選択された。もちろん、いずれの色の文字を前面に提示するのかとか、どの位置に提示するのかとか、四種類の文字の出現回数や二文字の組合せの出現回数といった条件については、問題のない十分なコントロール操作が行われている。

大事なのは被験者に課される課題であるが、これは文字の同定ということになる。この同定作業はあらかじめ四文字に対応して決められた四つのキーを用いた四肢強制選択のキー押し反応であった。被験者はあらかじめ灰色と白色のいずれの色がそれぞれターゲットとディストラクターとを示すのかを指示された。そのうえで、被験者はディストラクター文字を無視し、できるだけ速くターゲット文字を同定し、対応するキーを押すことが求められたのである。

この種の作業が連続して遂行され、その連続試行における第N試行をプライム、第N+1試行をプローブとして定義した。一試行は、二五〇ミリ秒の注視点の提示↓被験者の反応と同時に刺激文字の消失↓一五〇ミリ秒のブランク↓次試行の注視点の提示、という設定で構成された。このような試行の連続系列の中から、実験条件とコントロール条件に該当するN、N+1試行のセットを取り出し分析対象として用いている。

この場合、実験条件とは図9・1の右側の「無視反復条件」に相当する。すなわち、プライムの中ではディストラクターとして無視された文字が、プローブの中ではターゲットとなっている条件のことである。コントロール条件とは、図9・1の左側のように、プライムとプローブの刺激の間にその種の関連が存在しない場合である。これら両条件を比較すると、コントロール条件よりも無視反復条件のほうが文字を同定するまでの反応時間がより長くなる。この抑制効果を指し「負のプライミング効果」と呼んでいるのである。

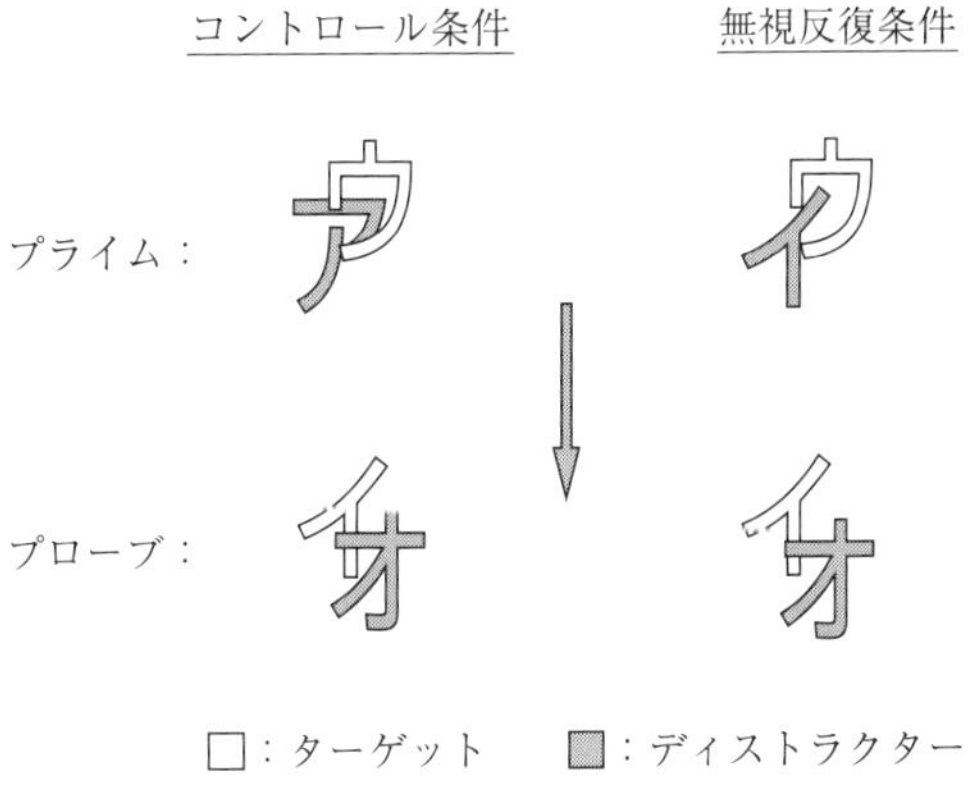

プライムやプローブにおける各文字は所定の色で描かれている。

図9.1　永井らの実験の一部で用いられた刺激の例〔永井・横澤・高野, 2000より。図1のAを取り出したもの〕

この種の妨害効果は、前述の例のように、プライムのディストラクターとプローブのターゲットとが同一文字（前述の例では「イ」）になっている場合に限定されず、両刺激が意味的に関連しているような条件においても出現するという（Tipper, 1985）。前者は「同一的な負のプライミング（identity negative priming）」と呼ばれ、後者は「意味的な負のプライミング（semantic negative priming）」と呼ばれている。

3 「ストループ効果」とはなにか

この効果については、すでに第八章において取り上げているので、ここでは、ごく簡単にふれるにとどめる。

この効果は、例えば、青色のラインを用いて「赤」という文字を描いてある刺激に対して、このラインの色（すなわち青）が何色なのかを反応させる場合（naming 課題）に見られる現象である。すなわち、この時の反応時間は、単に色文字を読む場合（reading 課題）に比べて、より大になる。

この例からもわかるように、ストループ事態では、多次元からなる刺激においてそのうちの一つの次元についての判断が求められる。その際に重要なことは、ここで用いられる刺激には、判断次元と葛藤関係にある他の次元もまた存在しているという点である。この例では、この葛藤関係にある次元は、赤という単語の形状すなわちパターンそのものということになる。そして、このパターンが色に関する「意味」を有しており、しかもその意味する色が、判断次元の色（すなわち、この場合は青色）と異なっているという葛藤状況にあることがストループ効果を生み出す条件となっているのである。

４　ストループ効果に見られる特色

前節で見たように、ストループ効果を調べる際には、例えば（他の種類の課題もある）、種々なる色インクで書かれた色彩語が刺激として用いられる。この場合には、被験者の遂行する作業として二種類のものが考えられる。一つは「単語を単に読む」作業であり、もう一つは「単語を描いているインクの色をいう」作業である。そして、単語を読む作業に対しては、その単語を描いているインクの色からなんらかの「干渉効果」が及ぼされるという気配は認められない。しかし、単語を描いているインクの色をいう（命名）する作業に対しては、インクの色と単語が意味する色とが不一致な場合には、妨害的な干渉効果が及ぼされる。この干渉効果が「ストループ効果」ということになる。

さて、考えてみるに、このストループ効果の課題事態で重要なことは、命名作業では単語の意味を「無視する」ということが正反応を生起させるための必要条件になっているという点である。さらに、同時に、インクの色のほうに「注意を向ける」ことが求められているという点である。

そこで、これらのことに関連させて、ストループ効果の生起事態が備えている条件を整理し、箇条書きにしてみると以下のようになる。

①「無視すべき」刺激次元が存在する。
②「注意すべき」刺激次元が存在する。
④③①と②は同一刺激における二属性という様相をとって実現されている。
③の条件は、「無視すべき」刺激対象と「注意すべき」刺激対象とが同時的に提示されていることを意味している。
⑤「無視すべき」刺激次元の処理が無視しようという意図にもかかわらず「自動的」に処理されてしまう。
⑥⑤により、「注意すべき」刺激次元の処理に対する妨害的な干渉効果が生起する。

5 負のプライミング効果に見られる特色

それでは、今度は、先に見た負のプライミング効果の生起例について、この事態が備えている条件を前節のストループ効果の特色に対応させつつ記述してみるならつぎのようになる。

①プライムの中に「無視すべき」刺激語と「注意すべき」刺激語とが存在する。
②ターゲットの中に「注意すべき」刺激語と「無視すべき」刺激語とが存在する。
③①と②は別々の独立した二刺激となっている。
④③の条件における各刺激では、「無視すべき」刺激語と「注意すべき」刺激語とが同時的に提示されている。

⑤　プライムの中の「無視すべき」刺激語に対する抑制的処理の効果が，プローブの中で今度は「注意すべき」刺激語となった同一単語の処理に対して「自動的」に及んでしまう。
⑥　⑤により，プローブの中の「注意すべき」刺激語の処理に対する妨害的な干渉効果が生起する。

6　ストループ効果と負のプライミング効果の共通性

これまでにそれぞれ見てきたストループ効果の特色と負のプライミング効果の特色とを比較することにより，両者の間に見られる共通点と異なる点について以下に改めて整理しておこう。

共通点としては，まず，両効果とも，それぞれの効果を生み出すプロセスの中に「無視すべき」処理と「注意すべき」処理との両種の処理を内包しているという点が挙げられる。さらには，両効果とも，これらの処理のうちの「無視すべき」処理に基づいて生起したものであり，しかも妨害的な干渉効果であるという点がある。そして，両効果とも，意識的に遂行されるプロセスというより，無意識的・自動的に遂行されるプロセスであるという点である。

異なる点としては，ストループ効果ではこの効果の出現に直接かかわる「無視すべき」情報と「注意すべき」情報とが同一刺激の有する二属性であるのに対し，負のプライミング効果ではプライムとプローブという時間的に分離した別々の独立刺激の中に存在する。すなわち，関連刺激の提示という点についていえば，負のプライミング効果は時間軸に沿った継時的なものであり，ストループ効果では同時的なものとなっているのである。

前述のことをひとまとめにして表現するならば，「『両効果は関連情報のインプットの時間軸に関しては差異があるにしても，二つの処理の間の非モジュール性に基づく抑制効果の波及現象である』という点では密接な連結性を有している」といえよう。

7 プライミング効果における「速さ」と「正確さ」の要因

負のプライミング効果は，被験者に対し，どちらかといえば「速さ」よりも「正確さ」を優先するような教示を与えたときに明確な形をとって現れることが知られている（Neill & Westberry, 1987 ; Neumann & DeSchepper, 1992）。他方，その逆に，被験者に対し「正確さ」よりも「速さ」を優先した反応を行うように教示すると，この場合には負のプライミング効果ではなくむしろ正のプライミング効果が生起することが多いという（Neill, 1977 ; Neill & Westberry, 1987 ; Neumann & DeSchepper, 1992）。

このことは，一体どのように考えたらよいのであろうか。一つは，プライミング効果の発生事態には興奮と抑制の二種類のプロセスが関与していると想定することである。そして，反応が生起する早い時期においてはむしろ反応生起を促進させる方向の興奮過程がまず作用し，抑制過程はもっと後になってから現れると仮定することである。この仮定に立てば，プローブへの反応が十分に速い場合には、まだプライムにおける興奮過程が持続しているので、プローブの反応はこの位相に重なって準備されることになる。それゆえ、反応の生起に対し促進効果が及ぼされる。他方、反応が十分な速さに達していない場合には、今度はプライムに対する抑制過程の位相に重なってプローブの反応生起が準備されるので、反応の遅延がもたらされるというわけである。

もう一つは、「速さ」よりも「正確さ」を優先するように教示された被験者は、エラーをしないようにするためにつねに認知プロセスの中の「モニタリング・システム」を活性化しておくという特性に着目した考え方をとることである。すなわち、認知プロセスにおける「メタ認知」の働きが十分に機能することが反応の「正確さ」を維持するためには必要となるという点に注目して説明理論を考えていく立場である。この、われわれの認知機能をモニターないしスーパーバイズする「メタ認知」の働きから説明モデルを構築していく試みは、第八章で言及したようにストループ効果においてはすでにその適用可能性が検討されているものである。この種の考え方が、負のプライミング効果の説明モデル構築の場に持ち込めるものであるかどうかは、今後の検討課題であろう。しかし、もし持ち込めるのであれば、この種の考え方は「負のプライミング効果」と「ストループ効果」の両効果を連結させる媒介的役割を果たすだけではなく、これらの両効果に加えてさらに「ワーキングメモリ」の働きや「処理資源」の容量の影響といった事柄にまでその連結の輪を広げていく可能性を秘めているのである。

第10章　「展望的記憶」と「ワーキングメモリ」の連結性

1　「展望的記憶」とはなんだろうか

将来の行動に関する記憶（Cohen, 1989）は、「展望的記憶（prospective memory）」（もしくは「予定記憶」、「未来記憶」ということもある）と呼ばれている。

「将来」の「行動」ということは、この記憶には

①「いつの時期」に

②「いかなる行動」を行うのか

という二種類の情報が必ず含まれていることを意味している。そのいずれの情報が欠落しても「こと」はうまく進まないのである。この種の記憶は、しかるべき行動がしかるべき時期に遂行されたときには、あたりまえのこととして「記憶」が関係していたことさえわれわれの意識にあまりのぼることがない。

この種の記憶の存在が強く意識されるのは、むしろ、前述の二種類の情報の内容が適切に想起されず、「こと」が失敗に帰したときである。例えば、職場で昼休みに人に会う約束をしていたことを忘れて他の人と昼食にいってしまい信用を失墜したとか、出版社に原稿をメールで送るぎりぎり

の締め切り日だったことをすっかり忘れて久しぶりに尋ねてきた友人と飲みに行ってしまい翌日編集者にたいそう怒られたとかいったような事態に遭遇したときである。したがって、展望的記憶の問題は、「『プラン』の実行」を忘れるという「エラー」の問題と密接に連関している。

2 展望的記憶とワーキングメモリの類似性

展望的記憶と「ワーキングメモリ」との間には類似した点が見受けられる。思いつくままに、以下にこれらの類似点をいくつか列挙してみよう。

① 展望的記憶は一種の情報である「プラン」を貯蔵している。ワーキングメモリも「情報」を貯蔵するシステムである。

② 展望的記憶はプランを「一時的」に貯蔵している。ワーキングメモリも「一時的」貯蔵庫である。

③ 展望的記憶は「プラン」の変化型を作り出したり、別の「代替プラン」を選択するといった情報の操作を行っている。ワーキングメモリも貯蔵した情報を操作する機能を有している。

④ 展望的記憶において③で言及したような情報の操作がうまく行われているということは、この種の作業を管理運営するなんらかのはたらきが展望的記憶には存在することになる。この種の機能は、ワーキングメモリに関するバッドレイ・モデルでいえば、サブシステムの一つである「中央実行系」のそれに相当する。

しかし、他方で、展望的記憶とワーキングメモリ両者で異なっている特徴もまた認められる。例えば以下の二点である。

① 展望的記憶では、一時的とはいえ貯蔵時間が相当に長い場合が多い。

② ワーキングメモリの特殊なサブシステムに相当する区別が、展望的記憶の「プラン」では明確ではない。

① については、いい換えれば、貯蔵時間が短いものほど展望的記憶とワーキングメモリとの差がなくなるということでもある。② についても、厳密にいえば、展望的記憶とワーキングメモリとで異なっているといい切れない側面も見受けられる。プランの内容の表現が言語・音声的になされている場合と、イメージを用いて視・空間的になされている場合とに区別できる点に注目してみればよい。これらの区別はまさに、ワーキングメモリに見られた「音韻ループ」と「視・空間スケッチパッド」というサブシステムが、それぞれ分担して受け持った情報内容の区別に相当してくるのである。

いずれにしても、このように見てくると、展望的記憶とワーキングメモリとの間の緊密な連結性を推測せざるを得ない。そこで、前述の二つの指摘のうち、特に重要な点と思われる ① につき、次節においてさらに若干の考察を加えておくことにする。

3 展望的記憶と時間軸との関係

前節後半の ① で指摘したことは，貯蔵時間が短いものほど展望的記憶とワーキングメモリとの差がなくなるということであった。例えば A さんのつぎの例はこのことをよく示していよう。

『朝食の際に会社に行く途中で投函するよう妻から頼まれた手紙をポケットに入れ，玄関を出る。最寄り駅まで十五分ほど歩くことになる。通勤経路の中でポストはこの間一〇分ほど行った途中にある酒屋の角をいつもと反対の側に少し曲がったところにしかない。そこで，頭の中で「手紙，手紙，酒屋で曲がる」といい続けながら歩き始める。門を出て五分ほど行ったあたりで通学途上の自転車に乗った近所の高校生が停車中の乗用車を追い抜こうとしている場面に遭遇する。「対向車は来ないか，車の陰に歩行者はいないか」と気になりずっと目で追う。しかし，手紙を投函することは頭の片隅に置くよう努める。そのうち，「自分の息子も来年は高校受験だが，勉強は大丈夫だろうか」といった考えがいつのまにか頭を占める。息子のことをあれこれ考えながら，酒屋の角をいつもの側に曲がり駅に着く。改札を通過するため定期カードを取り出そうとポケットにいれた手が手紙に触れる。「あっ！　手紙だ」と投函を忘れたことに気がつく。』

これは，一体展望的記憶の問題なのであろうか，それともワーキングメモリの問題なのであろうか。

「酒屋の前の角に来たらいつもと反対側に曲がり手紙を投函する」という一〇分ほど先の行為に

関するプランの記憶保持の問題と考えれば，典型的な展望的記憶に属する問題のように思える。

　他方で，「手紙，手紙，酒屋で曲がる」とリハーサルしながら駅に向けての歩行行動を遂行するという事態や，このリハーサルを維持しつつ眼前の高校生の空間移動に関する視覚的情報の処理を並列的に遂行する営みは典型的なワーキングメモリの問題とも思える。なぜなら，忘れないように「手紙，手紙，酒屋で曲がる」とリハーサルすることは，ワーキングメモリ内のサブシステムの一つである「音韻ループ」，さらに厳密にいえば「音韻ループ」の中の「構音制御プロセス」(Baddeley, 1990) という処理システムが受け持つとされる典型的なはたらきに相当するからである。そして，その種のリハーサル活動を「音韻ループ」で行いつつ同時に遂行する眼前の高校生の空間移動に関する視覚的情報の処理は，ワーキングメモリ内の別のサブシステムである「視・空間スケッチパッド」が受け持つ典型的なはたらきに相当するからである。

　このように見てくると，展望的記憶という機能が問題なく維持されるためには，少なくとも時間軸がある程度短期的な場合には，ワーキングメモリと密接に関連せざるを得ないことは改めて指摘するまでもない事柄のように思われる。

4　展望的記憶に関する理論モデル

　前節で取り上げた問題は，展望的記憶の研究分野において現在も議論が続いている大事な問題と重なり合ってくる。それは，展望的記憶の課題遂行が基づくプロセスのモデルに関する問題であ

る。これには可能性として

① 自動的プロセスに依存するモデル
② 制御的プロセスに依存するモデル
③ 条件付きの下で自動的プロセスと制御的プロセスの両者に依存するモデル

という三つの選択肢が考えられる。ここでいう制御的プロセスとはワーキングメモリといい換えてよい。ゆえに，②と③の立場では展望的記憶とワーキングメモリとの連結を想定することになる。

これらの選択肢の検討は，制御的処理の能力差をワーキングメモリの能力差に置き換えられ得るものとしてなされている。すなわち，ワーキングメモリの能力の大きさが展望的記憶課題の遂行にいかなる影響を及ぼすのかという問題設定の下にさまざまな実験的吟味が行われているのである。

結果は複雑な様相を呈しているが，ワーキングメモリの能力というものをいかなる課題により測定するのかという枠組みで整理するならば，以下に見るようにもう少しわかりやすいかたちとなる（Smith & Bayen, 2005）。

単純な課題を用いた場合には，この成績と展望的記憶課題の成績とが正の相関関係を有する結果（Cherry & LeCompte, 1999）と，その種の相関を見出さない結果（Brandimonte & Passolunghi, 1994 ; Maylor, 1990）との両者が存在するという。しかし，Smith & Bayen（2005）によれば，用いられた単純な課題はワーキングメモリの「貯蔵能力」を測定するもので，展望的記憶がうまくはたらくのに重要な「課題遂行の切り替え能力（task-switching ability）」（Daneman & Merikle, 1996）を測定しておらず、そのためにまちまちな結果が得られた可能性があるという。

考えてみれば、展望的記憶課題が成功裡に終了するためには、現在進行中の課題の遂行から展望的記憶課題の遂行へと切り替えることが必要となる（Maylor, 1996）。それゆえ、この切り替えを制御するはたらき（ワーキングメモリでいえば「中央実行系」が受け持つはたらきと考えられる）を反映するような課題によりワーキングメモリの能力は測定されるべきである。この種の複雑な課題を用いた場合には、展望的記憶課題の遂行とワーキングメモリの能力との間に正の相関関係が見出されてきている（Einstein, McDaniel, Manzi, Cochran, & Baker, 2000 ; Reese & Cherry, 2002 ; Smith, 2003 ; West & Craik, 2001）。

この種の切り替え作業がうまく機能するためには、展望的記憶課題の遂行に対する「レディネス（readiness）」（準備のできている状態のこと）がつねに維持されているべきだとの考えが生じよう。Smith & Bayen（2005）によれば、この種の「準備プロセス（preparatory process）」には、展望的記憶課題の遂行を知らせる（トリガーする）なんらかのターゲット（刺激もしくは事象といったもの）をモニターするはたらきがつねにある程度包含されているという。だがこのことは、つねにこのチェッキング・プロセスが意識にのぼっていることを意味しているのではない。その種の程度や性質は、展望的記憶課題の特性や、この課題の遂行をわれわれに知らせる環境内の刺激（ターゲット）のタイプや、われわれ自身の個人変数などにより変化する。しかし、「準備プロセス」は決して自動的なプロセスではないという。それゆえに、このプロセスは、われわれの限られた認知的資源の一部が分割され、現在進行中の課題ではなく展望的記憶課題に対する準備のほうにつねに回されていることを必要とするという。ということは、ここで言及されたSmithらの考えは、先述した、展望的記憶の課題遂行が基づくプロセスに関するモデルの三つの選択肢でいえば、②の「制御的プロセスに依存する」モデルの典型例に相当しよう。

つぎに、①の「自動的プロセスに依存するモデル」を想定する立場について若干考えてみよう。この立場では、展望的記憶課題の遂行をトリガーするターゲット刺激（環境内に埋め込まれている）にわれわれが遭遇した際に、そこでなにをするのかの検索が自発的になされることを想定する（McDaniel & Einstein, 2000 ; McDaniel, Guynn, Einstein, & Breneiser, 2004）。すなわち、この立場では、ターゲット刺激を求めて環境をモニターするはたらきを想定せずに、かわりに、ターゲット刺激の出現により検索プロセスが自発的に起動された時に展望的課題の想起が起こることを想定する。そして、自発的に起動されることからして、この検索プロセスに対する実行用資源というものは想定していない。この種の典型的理論に「反射-連合理論（reflexive-associative theory）」と呼ばれるものがある（McDaniel & Einstein, 2000 ; McDaniel, Robinson-Riegler, & Einstein, 1998 ; McDaniel, Guynn, Einstein, & Breneiser, 2004）。この理論によれば、われわれは展望的記憶課題に関するプランを立てる際に、この課題を想起させる手がかりとなるターゲット刺激とそこでなされるべき行為との間に連合を形成する。そして、その後このターゲット刺激に遭遇すると、自動的連合システムにスイッチが入り、なされるべき行為が意識にのぼることになるという。それゆえ、この理論では、検索プロセスというものはすばやく反射的に生起するようなどちらかといえば自動的なもので、その実行に認知的資源をほとんど必要としないと想定しているようである。

それでは、最後に残った③の「条件付きの下で自動的プロセスと制御的プロセスの両者に依存するモデル」を想定する立場としてはいかなる内容を考えたらよいのであろうか。この立場は、モニタリングに基づく検索プロセス（制御的プロセスの一種）と自発的な検索プロセス（自動的プロセスの一種）の両者の関与を想定する、いってみれば「多重プロセス理論」とでも表現できるような考え方をとる。ここでは、人がモニタリングに基づく検索プロセスを用いるのか自発的な検索プロセスを用いるのかは、展望的記憶課題の属性とか、現在進行中の課題の属性とか、個人属性といった諸要因の条件がどのようになっているのかによって決まるとされる（McDaniel & Einstein, 2000）。McDaniel & Einstein（2000）が指摘するように、日々の営みにおける展望的記憶の重要性を鑑みるなら、たとえ複数のメカニズムに基づいても、展望的記憶の検索に対し柔軟なシステムが用いられるほうがより適応的と考えられる。すなわち、ワーキングメモリの処理資源を多大に消費してしまうモニタリング・プロセスにもっぱら依存するようなことは適応的とはいい難い。というのも、実験事態と異なり日常生活事態においては、われわれは展望的記憶課題にいつも一つずつかかわっているわけではなく、同時的にいくつもの展望的記憶課題を有している場合のほうが一般的である。さらには、展望的記憶に基づく行為の実行までの時間が短い場合よりある程度以上長い場合のほうが一般的である。これらの条件下で一方的にモニタリング・プロセスに依存することは、ワーキングメモリの処理資源に対しその負担を過重に課すことになる。ワーキングメモリの処理資源は使用可能な容量に限界があるので、多くの状況で消費されるならすぐに底をついてしまう可能性が生じる。それゆえ、現実世界においては、モニタリング検索プロセスと自発的検索プロセスとが、それぞれに適した役割を有しているように思われる。例えば、われわれの日常生活における短期的な展望的記憶に対しては資源を消費するモニタリング検索プロセスが用いられ、長期的な展望的記憶に対しては資源を消費しない自発的検索プロセスが用いられるというようなことが考えられる（Einstein, McDaniel, Thomas, Mayfield, Shank, & Morrisette, 2005 ; Marsh, Hicks, Cook, Hansen, & Pallos, 2003 ; Bargh & Chartrand, 1999）。

5　「『展望的記憶』における制御的プロセス」と「『ワーキングメモリ』におけるバッドレイ・モデル」との連結

前節で言及された、展望的記憶における「制御的プロセス」とは一体どのようなものなのであろうか。このプロセスを想定した理論構築の試みは、ワーキングメモリに関して Baddeley（1986, 1992 等）が提案したモデルとの連結性を強めるように思われる。バッドレイ・モデルについては、第七章でラフ・スケッチしてあるので説明はそちらに譲るが、ここで注目すべきは、このモデルにおいて想定されている「音韻ループ」と「視・空間スケッチパッド」と「中央実行系」という三つのサブシステムである。

展望的記憶課題の遂行を課すとともにその間他の課題を同時に持続して遂行することを求める二重課題事態を用いた実験において、この投入された持続的課題の性質によっては（すなわち、展望的記憶課題の性質と投入課題の性質の組み合わせがどのようなものになるのかによって）、展望的記憶課題の遂行が低下したりしなかったりする結果が得られている（例えば、Einstein & McDaniel, 1996 ; Otani, Landau, Libkuman, St. Louis, & Kazen, 1997）。

これらの結果の食い違いを説明する理論的枠組みとして二つの立場が考えられる。一つは「処理資源」という認知的構成概念に連結させる立場である。もう一つは「ワーキングメモリ」という認知的構成概念に連結させる立場である。前者では、展望的記憶課題と同時的遂行課題の両者が、たがいに独立した処理資源を用いて遂行された場合にはそこには資源需要の競合が起こらず、したがって展望的記憶課題の遂行を低下させるという干渉効果は生起しないという「多重資源理論」を援用したロジックを用いることになる。この考え方については、第十一章においてふれる。

ここで取り上げたいのは後者の立場である。Einstein & McDaniel（1990）は巧みな実験パラダイムを工夫し、展望的記憶課題の遂行と現在進行中の課題の遂行との間に見られるダイナミズムについて、じつに興味深い研究を行っている。この種のパラダイムの一例を最近の研究から取り上げてみるならこうなる（Einstein, McDaniel, Thomas, Mayfield, Shank, Morrisette, & Breneiser, 2005）。現在進行中の課題として、単語の分類課題を課す。この作業は、画面上の右側に提示されている小文字の単語が左側に提示されている大文字の単語が意味するカテゴリーに属するのかどうかを判断するというものである。この判断はできるだけ速くすることが求められ、あらかじめ“yes”と“no”に対応して決められていたキーボード上のキーを押すことにより反応時間の測定が可能となる。他方、展望的記憶課題としては、あらかじめ指示された例えば“history”という小文字の単語が画面右側に出現したことに気がつくやいなや（たとえ数試行が経過した後に気がついたとしても）できるだけ速く所定のキーを押すことが課される（この展望的課題遂行中には単語の分類課題のほうは無視して良いとされる）。このようにして、こちらの課題においても反応時間を測定することができる。

前述のごとき事態において、展望的記憶課題と現在進行中の課題の性質をいろいろと操作した場合に両課題の反応時間がどのように変化するのかをのぞき窓として、これらの課題遂行の背後にあるメカニズムの解明に接近できるというわけである。一般的にいえば、このような事態においては、現在進行中の課題遂行への負荷が高まれば展望的記憶課題の遂行が低下する（反応時間が大になる）と考えられる。しかしながら、そのようにはならない結果を得ている研究もある（例えば、Otani, Landau, Libkuman, St. Louis, & Kazen, 1997）。

Otani ら（Otani, Landau, Libkuman, St. Louis, & Kazen, 1997）の実験操作は、Baddeley（1986, 1992）流のワーキングメモリのはたらきと関連づけて考えることができる。Otani らは現在進行中の課題として例えば“the”という単語を声に出していい続けるといった課題を用いている。ワーキングメモリに関するこれまでの研究によりこの種の構音作業はそれと同時に遂行される課題の処理が「音韻ループ」（ワーキングメモリ内の一つのサブシステム）の受け持ち範囲である時には「抑制的」効果を及ぼすが，他のサブシステムである「視・空間スケッチパッド」や「中央実行系」の処理を受ける課題に対しては干渉効果を及ぼさないとされている。そこで，一般的にいえば展望的記憶課題の減少が生起するような場合には，展望的記憶課題と同時的遂行課題の両者が「音韻ループ」もしくは「視・空間スケッチパッド」もしくは「中央実行系」のいずれかのサブシステムに対し，共通にかかわっていることによって前述の抑制的干渉効果が生起することになる。しかし，この考え方をさらに煮詰めれば，両者の課題が「音韻ループ」や「視・空間スケッチパッド」といったワーキングメモリの中の特異的な処理を受け持つサブシステムのいずれかに共通に関わると考えるより，むしろ「中央実行系」というワーキングメモリ全体の処理能力を制御するような役割を受け持つサブシステムに共通に関わると想定するほうがこの種の説明の適用力をより高めることになるまいか。事実，このような考え方に沿うと思われる結果を報告している研究も見受けられる（Marsh & Hicks, 1998）。

6　展望的記憶の分類

展望的記憶の分類にはいくつかのやり方があり得ようが，「時間に基づいた展望的記憶（time-based prospective memory）」と「事象に基づいた展望的記憶（event-based prospective memory）」

とに分けるのが最も一般的であろう（Einstein & McDaniel, 1990 ; Einstein, McDaniel, Richardson, Guynn, & Cunfer, 1995）。

本章におけるこれまでの考察は、特に明示的にことわらずにきたが、事象に基づいた展望的記憶をイメージして記述された内容が多い。

「時間に基づいた展望的記憶」とは、将来におけるある特定な時期に意図された行為が実行されることに関連した記憶のことである。例えば、朝、電話でアポイントメントを取った午後二時に取引先のお店を訪ね新製品につき説明するとか、いまから十五分後に電話をかけ直すとかいうようなことはこの例にあたろう。

「事象に基づいた展望的記憶」とは、環境の中である特定な事象が生起した際に、それが手がかりとなって意図された行為が実行されることに関連した記憶のことである。例えば、同僚に出会った際に来月の営業会議日がいつかを尋ねるとか、雨が降ってきたら裏庭に干してある洗濯物を取り込むといったようなことはこの例にあたろう。

これら二つのカテゴリーに加えて、第三番目のカテゴリーとして「活動に基づいた展望的記憶（activity-based prospective memory）」というものを考える研究者もいる（Kvavilashvili & Ellis, 1996）。このカテゴリーに属する展望的記憶とは、外的手がかりの出現により新たな活動の実行がもくろまれるが、そのことによりそれまで遂行されていた活動が妨害されることなくその後も連続してスムーズに行われていくような場合に関連した記憶のことのようである。それゆえ、いってみれば、「事象に基づいた展望的記憶」の特殊なケースと考えられなくもない。例えば、ピッタリしているかどうかはわからないが、車の運転中に前方の交差点の信号が赤になったのでブレーキを踏むとか、外出のため玄関を出る際に扉の鍵をかけるとかいったようなことはこの例に相当するのではなかろうか。

これら展望的記憶の種類に関係した興味深い知見も存在する。例えば、一般に、「時間に基づいた展望的記憶」課題の遂行は、「事象に基づいた展望的記憶」課題の遂行よりもより困難になると考えられている。なぜならば、「時間に基づいた展望的記憶」課題の遂行は通常は外的手がかりの助けがない条件でなされねばならないので、課題の想起に際してそれだけ多く自己発生的検索プロセスに依存せざるを得なくなるからである（Einstein & McDaniel, 1990）。しかしながら、交通事故等による脳損傷患者について調べた研究の中には、上述の三種類の展望的記憶のいずれもが健常な人々に比べて低下したにもかかわらず、時間に基づいた展望的記憶課題の遂行についてだけはその低下度が驚くほどのものではなかったことを見出したものもある（Shum, Valentine, & Cutmore, 1999）。

7　展望的記憶の実験室的研究事態

現在なされている展望的記憶研究は多くの場合実験室の中で行われている。そこでは共通した実験パラダイムが採用されているように思われる。それゆえ、その種の標準的実験事態につきここで若干ふれておくことにする。なぜならば，展望的記憶に関して本書が言及している知見は，この種のパラダイムを用いて見いだされた実験結果にその多くを拠っているからである。

われわれの日常的経験を振り返ればわかるように，展望的記憶においては，「そうしよう」と行為が意図された時と実際にその行為が実行される時との間に時間差が存在するので，その間に他のさまざまな行為が介在してくることになる。それゆえ，場合によっては，意図されていた行為を実行に移す際に，その時点においてそれ以前より継続して現在遂行中の他の行為を中断することになる。

したがって，実験室事態で展望的記憶を研究するパラダイムには，このような展望的記憶の有する一般的性質を備えていることが求められる。通常はパソコンの類のコンピュータを使用してその種の実験事態の実現が図られる。そこでは，現在進行中の課題として，例えば，ディスプレイ画面に提示された語彙の分類とか，単語の具象性や熟知性の評定などを行い，その結果をキーボード上の決められたキーを押すことにより反応するといった作業が課せられる。他方，展望的記憶課題としては，あらかじめ指示された特定の単語が出現した際にキーボード上の決められたキーを押すといったことが求められる。このように，展望的記憶研究の実験設定は，被験者に対し「展望的記憶課題」と「現在進行中の課題」の両者を課すいわゆる「二重課題事態」の下になされることになる。それゆえに，展望的記憶のメカニズムを明らかにしていくことを目指す基礎的研究においては，これら両課題が相互に及ぼす影響を研究対象として取り上げていくことが必須の条件となろう。

前述のような，パソコンのディスプレイ画面を利用して両課題を操作し，それらの課題遂行の指標としてそれぞれの課題の反応時間をキーボード上のキー押しにより測定するといった方法は、この条件を満たすパラダイムといえる。従来の研究では、どちらかといえば「現在進行中の課題」が「展望的記憶課題」に及ぼす影響のほうに関心が傾斜していた嫌いがあった。しかしながら、この種のパラダイムを用いることによって、「展望的記憶課題」が「現在進行中の課題」に及ぼす影響をも包含した両課題間の双方向の影響を手がかりにした理論モデル構築が可能となる。そこで、最近では、展望的記憶の問題を「ワーキングメモリ」や「処理資源」といった『情報処理心理学』における主要な構成概念に連結させて考察する研究志向が生まれてきている。

第11章 「展望的記憶」と「回想的記憶」の連結性

1 展望的記憶は普通の記憶とどこが違う？

展望的記憶に対して、過去に経験した出来事の記憶は「回想的記憶（reflective memory）」（もしくは「反省記憶」、「過去記憶」ということもある）と呼ばれている。ふつう、われわれが「記憶」というときにはこちらを指して用いられている場合が多い。

展望的記憶と回想的記憶とは二つの基本的特性において異なっている。一つは、展望的記憶には明確な形をとった「記憶材料の記銘」という様相が見あたらないという点である。すなわち「プラン」の作成は、われわれが自分の頭の中でみずから考えて作り上げるものであるから、外在する記憶材料（自分の経験内容を含む）を反復して（場合によっては一度のこともある）学習するという回想的記憶に見られるような記銘過程は存在しない。それゆえ、両者の記憶は符号化の段階で何か異なった様相を帯びている可能性がある。

両者の記憶におけるもう一つの相違は、想起過程における「評価基準」が明らかに異なっているという点である。すなわち、回想的記憶では、再生内容の正確さや再認の完全さというものが、記憶者当人にとっても、また記憶者周辺の人々にとっても、その想起が成功したのか失敗したのかの評価基準となる。他方、展望的記憶では、プランの適切な実行が、すなわち「しかるべき」行為が「しかるべき」時期に実行されたのかどうかということが、その記憶の成功・失敗を決める評価基準となる。

2 展望的記憶と回想的記憶との関係性

展望的記憶も回想的記憶もともに「エピソード」を記憶するという共通した側面を内包しているという点において連結性を有している。ただし、その内包の状況には相違が認められる。すなわち、展望的記憶には、①「ある行為を遂行するという意図」を記憶すること、および、②「その行為の内容」を記憶すること、という二種の側面が包含されている。①は「展望的記憶」の特徴として一般性を有する側面であり、②は「回想的記憶」に属する諸記憶のうちのひとつである「エピソード記憶（episodic memory）」が有する側面である。他方、回想的記憶についていえば、「なにかの内容」を記憶するという②と同類の側面しかない。それゆえに、「展望的記憶と回想的記憶は連結しつつも重ならない点もある」との表現が両者の関係をもっとも適切に示していよう。

しかしながら、従来はどちらかといえば後者の相違点のほうに一義的意味付けが置かれた結果そちらに多くの関心が向けられ、重なる部分すなわち両者の連結性についての考察が十分になされてきているようには思われない。

その中で、展望的記憶と回想的記憶とを区別することにあまり大きな概念的必然性を認めない考え方の存在は注目に値しよう（Crowder, 1996 ; Roediger, 1996）。この立場では，回想的記憶が過去に為された事柄のリストを取り扱うものとして理解されるのとまったく同様のやり方で，展望的記憶というものを将来為すべき事柄のリストを取り扱うものとして理解する。

この種の立場を勢いづける一つの傍証に，展望的記憶課題の遂行成績と回想的記憶課題の遂行成績との間に有意な相関関係を見いだした研究の存在がある（Cherry, Martin, Simmons-D'Gerolamo, Pinkston, Griffing, & Gouvier, 2001 ; Huppert, Johnson, & Nickson, 2000 ; Reese & Cherry, 2002 ; Salthouse, Berish, & Siedlecki, 2004）。この結果は展望的記憶と回想的記憶との間に連結関係が存在する可能性を示唆している。このことは，先に言及したように，展望的記憶においても回想的記憶と重なるところの，「行為内容を記憶する」という側面が存在することを鑑みるならば，了解可能な考え方のように思われる。

それゆえに，展望的記憶課題において回想的記憶の側面をコントロールする操作がなされるならば，両記憶の間の連結強度が減少し，結果として展望的記憶課題の遂行成績と回想的記憶課題の遂行成績との間の相関関係が弱められることになる（Graf, Uttl, & Dixon, 2002）。

3　臨床的研究による両記憶の関係

さらには，最近なされたアルツハイマー病の前段階における臨床的研究においても，前述の内容と整合的な知見が得られている。すなわち，アルツハイマー病の前段階に見られるエピソード記憶の損傷というものが、展望的側面と回想的側面の両者を有するいわゆる「展望的記憶」においても、符号化（encoding）と貯蔵（storage）と検索（retrieval）の諸プロセスを有するいわゆる「回想的記憶」においても認められるという（Jones, Livner, & Bäckman, 2006）。

これまでに見てきたことは、一般に展望的記憶と名付けられている記憶は二種類の構成素から成り立っていることを意味している。すなわち、一つは「展望的記憶の特徴を強く担う部分」（この後は「展望的成分（prospective component）」と呼ぶ）であり、もう一つは「回想的記憶と重なる部分」（この後は「回想的成分（reflective component）」と呼ぶ）である。そして、この「回想的成分」の存在こそが展望的記憶と回想的記憶の連結性を媒介しているといえるのである。

展望的成分とは意図の検索、すなわち、なにかをせねばならないことを覚えているということにかかわる成分である。他方、回想的成分とは意図された行為がなんであるかということや、その行為がどんな状況下で遂行されることになるのかということを覚えていることにかかわる成分である。

4　両記憶と加齢効果

展望的記憶に対し、加齢（aging）という要因がいかなる効果を及ぼすのかということについては、これまでにさまざまな研究がなされてきている。結果はまちまちで、例えば「事象に基づいた展望的記憶（event-based prospective memory）」についていえば、加齢効果を見出した研究もあれば（Cohen, Dixon, Lindsay, & Masson, 2003 ; Cohen, West, & Craik, 2001 ; d'Ydewalle, Luwel, &

Brunfaut, 1999 ; Kliegel, McDaniel, & Einstein, 2000 ; Maylor, Smith, Sala, & Logie, 2002 ; West & Craik, 2001 等）、見出さなかった研究（Reese & Cherry, 2002 ; Cherry & LeCompte, 1999 ; Einstein & McDaniel, 1990 ; Einstein, McDaniel, Richardson, Guynn, & Cunfer, 1995 等）もある。

こういったもつれを解くための試みもなされている。例えば、Einstein, Holland, McDaniel, & Guynn（1992）は興味深い研究を行っている。彼らは展望的記憶のターゲット（対象となるもの）の数を操作してみた。すなわち、展望的記憶課題の複雑さの程度を変えてみたのである。すると、複雑性の高い条件であるターゲットが四つの場合には年齢の高い者の遂行成績が年齢の低い者より低下するという差異が見出されたが、複雑性の低い条件であるターゲットが一つの場合にはそのような差異は見出されなかった。彼らによれば、これらの結果より、展望的記憶課題の複雑性が増加するとそれに伴い回想的成分の困難度が上がるので、このことが年齢の高い者の展望的記憶課題の遂行を妨げているとの解釈が生まれるという。この考え方は、ごく素直に一般性を持ち得るものとして了解できる内容に思われるが、大事な点は展望的記憶に見られる年齢差を、その構成部分である「回想的成分」における年齢差に少なくとも原因の一つがあるとしていることである。

5　別個になされた両記憶研究間の相関

展望的記憶におけるこの「回想的成分」の存在を間接的に示していると思われる別の類の研究もある。これらの研究は、前にも言及したように、展望的記憶課題の遂行成績と、この課題とは別個になされた想起や再認に関する回想的記憶課題の遂行成績とを比較するものである。すなわち、両者の間に正の相関的関係が見いだされた結果は（例えば、Reese & Cherry, 2002, Cherry & LeCompte, 1999；Harris & Menzies, 1999）、展望的記憶課題と回想的記憶課題の間になにか共通な要素が存在していることを示唆していると考えられ、これこそが「回想的成分」にあたるというわけである。しかしながら、両種の記憶課題の遂行成績間に正の相関関係を見出さない研究結果もあり（例えば、Brandimonte & Passolunghi, 1994；Einstein & McDaniel, 1990；Maylor, 1990）、根拠としての明確性に欠ける嫌いがある。

6 「二重反応デザイン」による両記憶研究

さらに挙げるなら、展望的記憶に含まれるとされる「展望的成分」と「回想的成分」を「二重反応デザイン（dual-response design）」なる巧妙な操作により分離してそれら成分のはたらきを検討した研究も存在する（Cohen, West, & Craik, 2001；Cohen, Dixon, Lindsay, & Masson, 2003）。

例えば、Cohen らの実験は、絵と単語の対連合学習課題（paired-associates task）を被験者に課している。これら絵—単語対の中のいくつかのものにはさらに「意図（intention）」に相当する内容が書き足されていた。一例を示せば、「医者の絵」と、「医者」という単語と、「私は医者にいかねばならない」という意図を表現した文章ということになる。被験者は後で記憶テストがなされることを告げられたうえで、絵—単語対および意図が書かれている場合はその内容も一緒に記憶するよう求められた。そして、その後の絵を手がかりとした想起テスト（絵が提示され、その絵と対になっていた単語の想起が調べられる）の際には、「意図」を伴っていた絵が提示されたならば、その「意図」の内容を被験者は声に出していわねばならなかった。さらに、もし提示された絵がなんらかの「意図」を伴っていたことは記憶しているがその内容までは覚えていない場合には、そのことも告げるよう求められた。

「意図」の内容を正しくいえようといえまいと、少なくとも「意図」が随伴していた絵であることに関して正しく認知できた反応の割合は、展望的記憶における「展望的成分」を反映していると考えられる。他方、「意図」を伴っていた絵が提示された時に正しい「意図」の内容をいえたということは、「なにがなされるべきかの内容」を正しく記憶していたことを意味するわけであるから、この反応の割合は展望的記憶における「回想的成分」を反映していると思われる。これらの成分間で比較すると、年齢の効果は「回想的成分」におけるより、「展望的成分」においてより大きなものになったという。

しかし、この実験結果に対しても問題が残る。なぜなら、Cohen らの手続きにおいて展望的記憶の中の「展望的成分」として切り分けられた成分には、厳密にいえば、依然としてまだ「回想的成分」との混交が解消されずに残っているからである。それは、この成分は「なにかがなされねばならぬ」ということを記憶している「展望的成分」を反映するとともに、同時に「そのなにかがいつなされるべきか」というむしろ「回想的成分」に属する情報もまた反映しているからである。

第12章 「展望的記憶」と「処理資源」の連結性

1 「準備的注意プロセス」と資源

こういった袋小路から抜け出る試みとして、発想の転換を行い、展望的記憶の構成素として「展望的成分」と「回想的成分」を考えることをやめ、かわりに「準備的注意プロセス（preparatory attentional processes）」と「回想的記憶プロセス（retrospective memory processes）」という二つの構成素を想定することにより展望的記憶の理論化を目指す研究もある（Smith, 2003 ; Smith & Bayen, 2004 ; Smith & Bayen, 2006）。人は「準備的注意プロセス」がはたらくことで、はじめて意図された行為が遂行されるべき機会を知らせてくれるターゲットを認知できるという。すなわち、「準備的注意プロセス」はこの種のターゲットを検出するために環境をつねにモニターするはたらきや、その際になされるべき行為に関する意図をつねに維持し続けるはたらきを担っていることになる。

この立場の最大の特徴は、そのようなはたらきのためにこの「準備的注意プロセス」は注意資源をつねに消費し続けると考えた点である。ということは、この「準備的注意プロセス」に消費される注意資源と、展望的記憶課題と無関係な現在進行中の課題に消費される注意資源との間に、トレードオフ（trade-off）の関係が存在することになる（Marsh, Hicks, Cook, Hansen, & Pallos, 2003 ;

Smith, 2003 ; Smith & Bayen, 2004 ; West, Krompinger, & Bowry, 2005)。

注意資源という認知変数を導入し，前述のように課題間の資源消費量にトレードオフの関係を想定するといった理論的展開は，そこに否応なくいわゆる「ワーキングメモリ容量」との関係を考えざるを得なくなる（ここにも，第九章で考察した展望的記憶とワーキングメモリとの連結性をかいま見ることができる）。このような考えの下に進められた研究の結果によれば，ワーキングメモリ容量と展望的記憶課題の遂行成績との間には正の相関関係が認められるという（例えば，Reese & Cherry, 2002 ; Smith, 2003 ; Smith & Bayen, 2005 ; West & Craik, 2001）。

2　「準備的注意プロセス」と加齢効果

一般的には，ワーキングメモリ課題の遂行は，成人についていえば，年齢の高い者よりも若い者のほうが成績が良いことが知られている。それゆえ，もし「準備的注意プロセス」がワーキングメモリ容量を用いるのであれば，この「準備的注意プロセス」の遂行についても年齢の高い者は若い者より劣ることになるであろう。ということは，展望的記憶の年齢効果は，「準備的注意プロセス」に回せる注意資源容量の減少に起因している可能性がきわめて大なのである。このことは，年齢の高い者が展望的成分である「意図」を意識下に維持することが困難になることとも良く整合する（Maylor, 1998 ; Vogels, Dekker, Brouwer, & de Jong, 2002 ; West & Craik, 1999 ; West, Murphy, Armilio, Craik, & Stuss, 2002）。

3　展望的記憶と二重課題事態

展望的記憶における「後になになにをしよう」という意図の想起は，環境に埋め込まれているなんらかの手がかりによってトリガーされる。例えば，書き物をしようと書斎に入り仕事をしている最中にふと頭を上げると机の上に置かれたクリップが目に入った。「あっそうだ，あの書類を書かなくちゃ」と前々から予定していた行為を行うことの意図を想起するといったような場合である。この時重要となるのは，展望的記憶課題の遂行に関連したこの種の手がかりの検出もしくは検索にはなんらかの意味で資源が使われるという点である。そして，この展望的記憶課題とは独立に，その時進行中の行為の遂行（先の例では，書き物作業）にも資源が使われているという点である。

その意味では，この事態は，処理資源の種類の切り出しなどにおいてよく用いられる「二重課題法」が用いる事態と同じになっている。ということは，両者の課題の遂行において同じ資源が用いられる場合には，課題遂行上の「干渉効果」が生じることになる。しかしながら，もし両者の課題の遂行において独立した別種類の資源が用いられるなら，この種の干渉効果を想定する必要はない。

4　展望的記憶課題と現在進行中の課題における課題間の性質

そこで，展望的記憶課題と現在進行中の課題における課題間の性質に注目した研究的関心が生まれる。このような問題の検討には，単語課題や文章課題とか，机上でできる簡単な行為などを利用した実験室的研究パラダイムがよく用いられている。例えば，現在進行中の課題としては，語彙判定課題（lexical-decision task）とか，リーディングの理解等の課題事態が工夫されている（例えば，Einstein, McDaniel, Smith, & Shaw, 1998；Ellis, Kvavilashvili, & Milne, 1999；Maylor, 1996；McDaniel, Robinson-Riegler, & Einstein, 1998）。他方，展望的記憶課題として意図される内容としては，キーボード上のキーを押すといったような，行為がよく用いられている。こういった課題は実験室的な簡単なものではあるが，もちろん，現実の日常生活においてなされるさまざまな振る舞いをシミュレートしていることになる。このような類の実験が明らかにした一つの興味深い結果は，現在進行中の課題の重要性が強調されると展望的課題の遂行が悪くなるという点である（Kliegel, Martin, McDaniel, & Einstein, 2001, 2004）。さらに，今度は展望的記憶課題の重要性が強調されると現在進行中の課題の遂行が悪くなるという点である。すなわち，このことは，先に言及したように，両課題で使用される処理資源の間にトレードオフの関係があるということにほかならない。それゆえ，環境内に展望的記憶課題を想起させる手がかりが出現したとしても，その検出もしくは検索の遂行成績はこの資源の配分ポリシーによって変動することになる（例えば，Marsh, Hicks, Cook, Hansen, & Pallos, 2003）。

5　展望的記憶と「多重資源理論」

しかしながら，展望的記憶課題と現在進行中の課題とが同じ資源を用いているのにもかかわらず、前述のような資源消費の競合が起こらない場合があることが知られている（Maylor, 1996, 1998 ; Marsh, Hicks, & Hancock, 2000）。例えば、もしある概念カテゴリーに属する動物を検出するといった意味的処理を行う意図（展望的記憶課題）を遂行しつつ、同時に、同じ意味的処理でもなにか別種の語彙判定課題（現在進行中の課題）を遂行し続けるような事態の検討が行われている。この場合には、例えば、回文（前後いずれから読んでも同じ語句となるような文のこと）を検出するといった綴り字（spelling）の処理を行う意図（展望的記憶）を遂行する条件と比較すると展望的記憶課題の遂行がより良いものとなったという。すなわち、前者の事態では展望的記憶課題と現在進行中の課題とが意味的処理という同一の次元に属することから同じ資源を消費していると考えられるのに対し、後者の事態では両者の課題が一方は綴り字処理であるのに対し他方は意味的処理という異なる次元に属することから異なった種類の資源を消費していると考えられる。そこで、われわれが現在多くの支持を得ている「多重資源理論」の立場に立つのであれば、前者の事態のほうが後者の事態におけるよりも展望的記憶課題の遂行が悪くなるという、むしろこれとは逆の結果となることを予測することになる。この結果の食い違いについてはどう考えたらよいのであろうか。この点は、以下に示すような Marsh, Hicks, & Cook（2005）の指摘を参照するならば、決して矛盾的結果となってはいないことがわかる。

彼らによれば、先に言及した、展望的記憶課題と現在進行中の課題とが同じ資源を用いているにもかかわらず展望的記憶課題の遂行に促進効果を見出したこれまでの研究には、共通した実験操作上の特徴があるという。それは、これらの研究における被験者は、どちらかといえばゆっくりとしたいわば「余裕のある」状況の下で課題の遂行を行っていたという点である。ということは、先のような結果は、処理資源容量上限近くのぎりぎりの状況下の反応というより、かなり処理資源容量に余裕のある状況下の反応において得られた結果といえないだろうか。すなわち、処理資源容量に余裕のある状況下では、同一資源を消費する二重課題事態であっても、そのことが干渉効果を引き起こすことに即つながらないからである。むしろ促進的効果が見いだされたということは、先の場合には、展望的記憶課題と現在進行中の課題が共通な特性を有することから、現在進行中の課題遂行プロセスが展望的記憶課題の遂行プロセスになんらかの「活性化（activation）」を及ぼしたと考えられないであろうか。

他方、処理資源容量上限近くのぎりぎりの状況下では、二重課題事態における両課題は、さらなる成績の上積みを目指すどころか、いずれかの課題の十分な遂行が危ぶまれることになるか、あるいは場合によっては、両課題とも遂行成績を下げざるを得ないということが起ころう。これらのうちのどのような形に落ち着くのかは、両課題に対する資源の配分方針により決まることが推測される。しかしいずれにしても、そこに、課題遂行成績の低下という「干渉的効果」の生起を予測することができるのである。

しかしながら、展望的記憶課題がその遂行に使用する資源と、現在進行中の課題がその遂行に使用する資源とが、「多重資源理論」でいうところの別種の独立した資源であるならば、そこには資源の共有に基づくトレードオフの関係は生じず、いわゆる「干渉効果」も現れないことになる。

先に見た、展望的記憶課題と現在進行中の課題とがいかなる処理特性を持っているのかにより展望的記憶課題の遂行成績に違いが見られた現象は、このように、「展望的記憶」と「処理資源」を連結させる考え方により初めて説明が可能となるのである。

第13章 「リアリティ・モニタリング」と「メタ認知」、「内的記憶」、「外的記憶」、「展望的記憶」、「回想的記憶」、「夢の記憶」、「自伝的記憶」との連結性

1 「リアリティ・モニタリング」とはなにか

頭の中で「しようとしたこと」と、実際に「したこと」の区別がつかなくなることがある。例えば、外出の途中で電気屋さんの看板を目にした際に、「あれっ！ エアコンのスイッチを切ってきたかな？」、「家を出る前には切らなければと思っていたことは覚えている。でも、本当に切ってきたのかどうかはどうもはっきりしない。切ってきたような気もするし、忘れてきたような気もする。」といった経験は日常よく起こる事である。

こうした、現実世界で行われたことと、頭の中で意図されたこととを区別する能力は、「リアリティ・モニタリング（reality monitoring）」と呼ばれる能力に関係している。しようとしていたことの記憶、すなわち時間的に後に遂行することのプランの記憶は「展望的記憶」にかかわる内容である。他方、実際に行ったかどうかの記憶は「回想的記憶」にかかわる内容である。本章では、このリアリティ・モニタリングと諸認知変数もしくは認知的事象との連結性についての考察を試みる。

リアリティ・モニタリングとは、前述のように、外在的刺激の知覚に基づく「外的記憶（external memory）」とイメージのような内的過程によって生み出された表象に基づく「内的記憶（internal memory）」とを区別する際に介在する心的機能を指している（Johnson & Raye, 1981）。リアリティ・モニタリングはわれわれの日常生活においては多忙などにより時々混乱することがあっても、通常は問題なく機能している。しかし、リアリティ・モニタリングの働きが混乱する事態ではさまざまな問題が発生すると考えられる。

この混乱を引き起こす基本的な要因はどのようなものなのであろうか。直観的には、二つの要因がまず思いつこう。一つ目は、何度も確認を繰り返すような強迫傾向である。しかしながら、この種の「強迫性障害（obsessive-compulsive disorder）」とリアリティ・モニタリングの間には、いまのところ、明確な関連は見出されていない（Constants, Foa, Franklin, & Mathews, 1995）。

二つ目は、「自分自身の記憶に対する自信の低さ」という要因である。この要因は、換言すれば、「メタ認知」の働きに関連した要因である。この要因については、その関与を示唆する結果が得られている（McNally & Kohlbeck 1993 ; Brown, Kosslyn, Breiter, Baer, & Jenike, 1994）。ということは、この結果は、リアリティ・モニタリングの働きを十分に理解するためには、「リアリティ・モニタリングとメタ認知との連結性」を考慮することが必要条件になるといっているのにほかならない。

これら以外の、一般性を備えた諸要因については、次節においてふれることにする。

2 リアリティ・モニタリングのモデル

イメージされた事物の記憶と実際の事物の記憶とを弁別するリアリティ・モニタリングというものは、「記憶自体の特性」と「判断過程」という二つの一般的要因の影響を受けることになる(Johnson & Raye, 1981)。Johnson, Foley, Suengas, & Raye（1988）に基づき、両要因について少し説明を加えておこう。

まず、「記憶自体の特性」の要因であるが、これはつぎのようなものである。知覚過程を経た記憶（memory）（筆者には、Johnson らはこの用語により「記憶表象（memory representation）」もしくは「記憶痕跡（memory trace）」を意味させているように思われるので、本章においては、今後も同様の意味で用いる）は、色や音といったより知覚的な情報や、時と場所といったより文脈的な情報を有するであろうし、また、より精緻な意味というものを有するであろう。他方、思考から生み出される記憶は発生因である認知的操作により依存した情報を多く有しているであろう。これらの次元に関する強度差が当該の記憶が「内的記憶」なのか「外的記憶」なのかを判断する際のベースとなろう。例えば、視覚的、空間的な詳細な内容を有しており、意図的に構成された様子がない記憶は「外的記憶」だと判断されよう。

つぎに「判断過程」の要因であるが、これはつぎのようになる。リアリティ・モニタリングにおける決定には、すでに貯蔵されている記憶知識からの付加的情報を得て行われるなんらかの「推論

（inference）」の過程が関与することになる。例えば、ある人との会話が本当にあったことなのか、空想なのかを判断する際に、この人が知らない人であるという知識に基づいて、「空想である」という正しい帰属判断ができるといったことはこの例に該当しよう。さらに、この種の判断過程は

① 他の人々がどのような意見を持っているのか。

② 記憶というものが一般にどのようなはたらき方をするのかということに関する知識をどの程度持っているのか。

といったことによっても影響を受けるであろう。特に、②でいう「メタ記憶（metamemory）」的知識の獲得度が及ぼす影響は重要である。なぜなら②は、換言すれば、「メタ認知」のはたらきを指しているからである。ここでも、「リアリティ・モニタリングとメタ認知との連結性」が垣間見られるのである。

前述のことより、リアリティ・モニタリングが失敗することには

① 当該記憶が本来備えていてよいような特性を示していない（「記憶自体の特性」の要因）。

② 既有知識等により推論が誤って遂行される（「判断過程」の要因）。

という少なくとも二つの一般性を備えた要因が存在することがわかる。

3 リアリティ・モニタリングと「認知的操作」

前節で言及したように Johnson & Raye（1981）のリアリティ・モニタリングのモデルによれば、

当該記憶が「外的記憶」に見られる典型的特性をより強く有しているのか、「内的記憶」に見られる典型的特性をより強く有しているのかということが、当該記憶を正しい種類の記憶に帰属させる判断において重要な役割を果たす。

そこで、いま、「内的記憶」に見られる典型的特性を考えてみよう。Johnson, Kahan, & Raye (1984) の主張によれば、この特性の一つに、「認知的操作（cognitive operations）」というものがあるという。ここでいう「認知的操作」とは、推論、探索、決定、イメージ化といった心的な操作を指している。こういった操作の心的経験、あるいは現象的経験とでもいったら良いのであろうか、その種の主観的な経験の大きさというものは、当然のことながら、「内的記憶」として生み出される事象の内容に依存してさまざまな程度のものとなろう。例えば、床を転がるボールをイメージすることは、空に浮かぶ蒸気機関車をイメージすることに比べれば、より少ない認知的操作ですむであろう。もちろん、知覚を通じて外的情報を獲得する場合においても「認知的操作」は行われよう。しかしこの場合の「認知的操作」は一般に自動的なものであるから、より意識的・自発的になされる前述の場合の「認知的操作」に比べてみれば、記憶作用に対してあまり効果を及ぼさないと考えられる。

Johnson ら (Johnson, Kahan, & Raye, 1984) によれば、この「認知的操作」における差異というものが、「内的記憶」か「外的記憶」かを判断する有力な手がかりになっているという。すなわち、「認知的操作」についての多くの情報を伴っているような記憶は内的に発生されたもの（すなわち、

「内的記憶」）と判断されるし、その種の情報がないような記憶は知覚されたもの（すなわち、「外的記憶」）と判断されることになる。それゆえ、内的に発生された「認知的操作」についての情報をなんらかの方法で増加させる工夫がなされれば、リアリティ・モニタリングの精度を高めることが可能となろう（Johnson, Raye, Foley, & Foley, 1981）。逆に、「認知的操作」をほとんど伴わずに自動的に発生されたような思考内容の記憶は、後になると、実際にあった知覚的内容の記憶と混同しがちになろう。

4　リアリティ・モニタリングと「夢の記憶」の連結性

先に見てきたような Johnson 一派のモデルに基づけば、「夢の記憶」というものが貴重な研究対象となる。なぜなら、夢は意識的な「認知的操作」を含んでいないという点で知覚のような特性を帯びているからだ。それゆえ、純粋に内的に発生された事象であるにもかかわらず、外的に発生された類似した事象との弁別が相当に難しいものとなる。すなわち、夢は内的記憶か外的記憶かを判断する際に用いられる最も有力な手がかりを欠いた研究材料を提供しているのである。

Johnson, Kahan, & Raye（1984）は夢に関するじつに興味深い実験を行っている。その具体的操作や手続きは大変精緻にして巧妙に工夫されたものであるが、ここではそのうちの一つの実験について大枠のところを箇条書きにして言及するにとどめる。つぎにそれらを列挙してみよう。

(a)　被験者は、一緒に暮らしており、夢をしばしばみると報告したペアであった。

(b) 実験手続きは、①夢を記録するためのフェーズ、②実験操作を実施するフェーズ、③記憶内容をテストするフェーズ、というこの順序で遂行された三つのフェーズから構成されていた。

(c) 夢を記録するための第一のフェーズでは、おおよそつぎのようなことがなされた。

① パートナーのペアは、目覚まし時計をセットし、同じ時刻に起きた。
② テープレコーダを回した状態で、自分が昨夜一晩の間にみた夢をその順番にしたがって相手に語って聞かせた。
③ 一人が語りに使用できる時間は五分間であり、この間は聞き役のほうは口をはさまずに黙って聞いた。
④ もし被験者が夢をみなかった時は、自分のコードネーム等とともに、夢をみなかったことを吹き込み、相手の話を聞く役割を果たした。
⑤ この手続きを、四夜分の夢が得られるまで続けた。
⑥ この間、被験者達はテープを聴いたり、夢について語り合ったり、夢の内容を記録したりすることを禁じられた。
⑦ この最初のフェーズは、夢を報告するという作業に被験者を慣れさせるとともに、つぎになされる実験的操作のフェーズのための材料を得るためであった。

(d) 実験操作を実施する第二のフェーズでは、おおよそ以下のようなことがなされた。

①　被験者は、毎晩就寝する前に、あらかじめ渡されていた封筒を開け、翌朝すべきことを指示した教示用紙を読んだ。

②　翌朝すべきことは、以下の三つのうちのいずれかの作業であった。

1）　自分がその夜みた夢（もしみた場合）を覚えておいて翌朝報告する。

2）　寝る前に、他人の夢を記録した文を読み、翌朝この内容を記憶から取り出し報告する。

3）　他人の夢から取り出された四～六個のキーワードやキーフレーズをタイプしてある用紙を読んだ後に、これらをヒントにして自分なりの夢（物語）を作り上げる。そして、翌朝に、前夜作り上げたこの夢を記憶から取り出し報告する。

③　被験者が他人の夢（物語）を読む作業と、キーワードやキーフレーズから自分なりの夢（物語）を作り上げる作業には、それぞれの遂行時間が五分以内という制限が付けられた。

④　被験者は ③ を行う際に、それらの夢（物語）があたかも自分自身が実際にみた夢であるかのようなイメージ化をしつつ作業を遂行するように求められた。

⑤　③ および ④ と同様のことが、翌朝の報告を行う際にも求められた。

⑥　このフェーズは二週間続けられた。

(e)　記憶内容をテストするための第三のフェーズでは、おおよそ以下のようなことがなされた。

①　各被験者は第二フェーズ終了後二週間を経てから個別に実験室を訪れた。

②　そのうえで、まず「起源判定テスト」が行われ、その後に彼らの記憶内容の性格を調べる

「特性評定テスト」が行われた。

③「起源判定テスト」は第二フェーズの報告内容を材料にして作成された。このテストの質問リストは一〇〇項目からなっており，そのうちの三〇項目は当該被験者自身の報告内容から作成され，三〇項目はそのパートナーの報告内容から作成され，残りの四〇項目はディストラクター項目として別のペアの被験者の報告内容から作成された。

④「特性評定テスト」はさまざまな二極次元に関し，七ポイント・スケールで評定するものであった。このテストには，感覚的特性，理解度，組織化の程度，個人的な関連度，精緻性，等々多くの次元が含まれていた。

以上，興味深い手続きであったので，大枠とはいえ，若干詳しい記述となってしまったが，では，以上のごとき手続きの下で得られた結果はどうであったのであろうか。記述が長くなるので「特性評定テスト」の結果は割愛し，ここでは，「起源判定テスト」の結果を示しておこう。図13・1はその結果を示したものである。このグラフからも明らかなように，自分自身のものについていえば，実際にみた夢に関する項目が他の条件の場合に比べ最もその起源に関する正答率が低くなっている（誤りが多くなっている）。すなわち，自分自身が実際にみた夢は最も認知的操作に関する情報が少ないであろうから，それだけ起源に関する混同が多くなっていると考えられる。この解釈は，Johnson 一派の主張するモデルに整合したものであることから，この結果はこのモデルを支持しているといえよう。パートナーのものは認知的操作の量に関していえばいずれの条件も同じであろうから、起源に関する正答率に条件差はあらわれていない。

ただしJohnsonら自身も言及しているように、この結果において一つ問題が残る。それは、自分自身の場合について、他人の夢を記録した文を読んで記憶する条件と、キーワードやキーフレーズから夢を作り上げる条件との間に差が見出せなかった点である。なぜなら、Johnsonらは、当初、夢物語文を読む条件のほうがキーワード等から夢を作り上げる条件よりも「認知的操作」が劣ることから、前者のほうが後者に比べもっと成績が下がると予測していたからである。Johnsonらによれば、これは一つに、両条件において、「あたかも自分自身が実際にみた夢のごとくイメージ化を積極的に遂行するように」強調した教示を与えてしまったがゆえに、結果的に「認知的操作」の程度に差が出なくなってしまった可能性がある

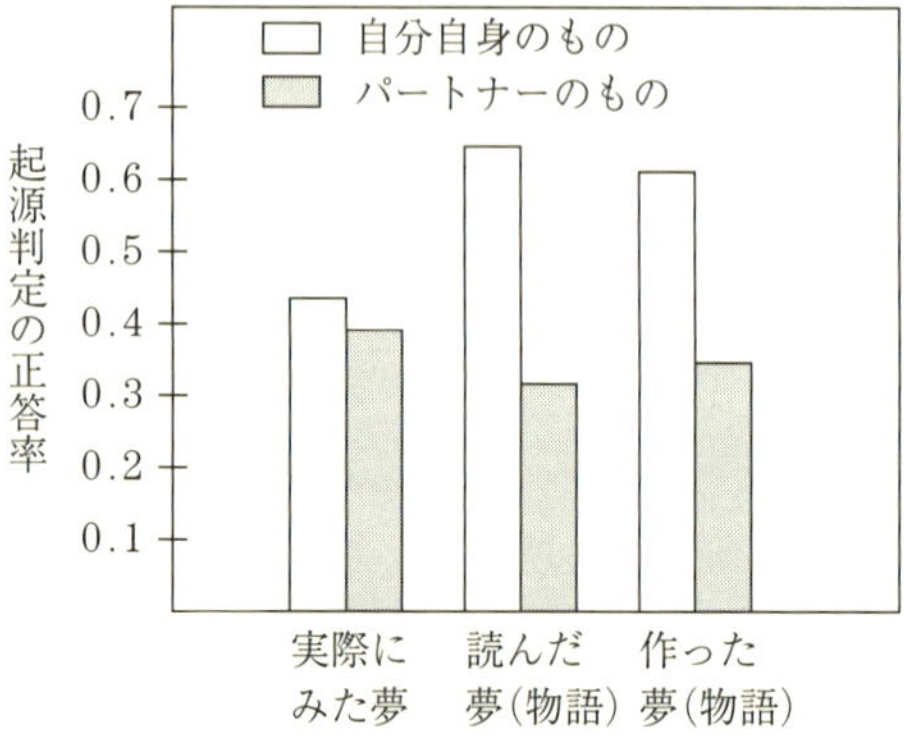

図 13.1　Johnson らの実験における起源判定テストの結果
〔Johnson, Kahan, & Raye (1984) における実験 1 の結果図を一部改変〕

という。さらに挙げるなら、もう一つ、両条件を被験者間の操作にせず、被験者内の操作にしたことが両条件におけるイメージの活動のレベルを全体的に上昇させてしまい、結果的に差を生み出すにいたらなくなった可能性もあるという。

5 リアリティ・モニタリングと「自伝的記憶」の連結性

従来の多くのリアリティ・モニタリングの研究は、実験室の中で単語とか（例えば、Foley, Johnson, & Raye, 1983 ; Johnson, Foley, & Leach, 1988）幾何学的図形や物体の絵とか（例えば、Finke, Johnson, & Shyi, 1988 ; Johnson, Raye, Wang, & Taylor, 1979）線を描画する動作（Anderson, 1984 ; Foley & Johnson, 1985）といったような比較的単純な材料を用いて検討された。しかし、実験室の中で、これらの材料を用いて発見されたような知見（Johnson & Raye, 1981）がもっと自然な状況の中でも該当するのかどうかということが、生態学的妥当性という観点からも非常に大事な要件になろう。前節で取り上げた「夢の記憶」を対象とした研究は、この条件を満たす方向の研究例の一つと考えられる。さらに本節で取り上げる「自伝的記憶（autobiographical memory）」の研究も同様な位置付けができよう。特に「自伝的記憶」は、一般的知識や推論過程などが他の材料に比べより多く入り込む余地を備えた豊かな材料といえる。その意味で「自伝的記憶」は、Johnson & Raye（1981）のモデルにおける ② の要因の吟味にとってきわめて好都合な研究対象であろう。そこで、以下に、Johnson ら（Johnson, Foley, Suengas, & Raye, 1988）によりなされた自伝的記憶の研究とその一部を若干記述しておくことにする。

この研究では、大学生の被験者達が、なんらかの社会的催し（パーティ、ディナー等）に参加した時のことや、図書館を訪れた時のことや、歯科医を訪れた時のことを思い出すように求められた。これらの「知覚的事象（perceived events）」（現実に存在した事象）は社会的交流の程度とか、その内容とか、感情的な入れ込みの具合などについてさまざまなものが選択された。さらに、これらの被験者達は併せて最近見た夢や、最近心の中で思い描いた空想や、意図はしたがまだ実行されていない事柄を思い起こすようにもまた求められた。これらの「想像的事象（imagined events）」（現実には存在しない事象）は意識的構成の程度や実現可能性の程度についてさまざまなものが選択された。

被験者達には、「心理学者達はこれまで長年にわたり実験室的材料を用いて記憶研究を行ってきており、自伝的記憶に関する研究は比較的少ないことや、記憶についてあれこれたずねることが彼らの記憶内容を詳細に引き出すことによりなにか彼らの個人的事柄をあばこうとするものでは決してないこと」が実験を始める前に告げられている。

そのうえで、被験者達はそれぞれがなすべき記憶の想起課題が記載された教示用の用紙と反応用の用紙を受け取り、作業に取りかかった。教示により指示されたタイプの記憶内容を想起するのに使える時間は数分間（several minutes）に制限された。記憶内容の検索時間は与えられる手がかりの性質により変わることが知られている（Reiser, Black, & Abelson, 1985 ; Robinson, 1976）。それらの知見を考慮すれば、「図書館や歯科医を訪れる」といった具体的行為に関する手がかりの下では検索時間はより短くてすむが、夢や空想や意図といった抽象性の高い手がかりの下では検索時間はより長くなることが予測される。このことを勘案して、ここでは両種の検索をカバーできる時間として、「several minutes」（それゆえ、具体的には五～六分?）が選択されたと推測される。

このようにして「知覚的事象」に関する特定の記憶と「想像的事象」に関する特定の記憶とが取り出された後に、被験者達はそれら特定の事象の記憶内容について、あらかじめ用意された質問紙に答えた。この質問紙にはさまざまな記憶特性について測定する項目（二極性次元）が盛られており、被験者は七点尺度によりこれらの項目内容に対し評定を行った。評定項目には、例えば、記憶の鮮明さや色彩の具合などの視覚的な諸特性を問うものや、複雑さや空間的・時間的諸特性を問うものや、感情的諸特性を問うものなどが含まれていた。

これらの評定項目により得られた結果を大きくまとめ箇条書きにして示せば、つぎのようになろう。

① 「知覚的事象」の記憶は「想像的事象」の記憶に比べ、種々の知覚的特性（例えば視覚的特性など）や文脈的特性（例えば時間的特性など）の評定においてより高い得点を示した。

② 「知覚的事象」の記憶は「想像的事象」の記憶に比べ、全体的調子はより確信的であり、ターゲットとなった事象に関連したその前後の事象についてもより多くの情報を含んでいた。

③「想像的事象」の記憶は「知覚的事象」の記憶に比べ、より複雑な内容であり、その時点においてより自分とかかわりがあるように思われ、また、より感情の高ぶりを覚えさせるものであった。さらに、「想像的事象」のほうが事象の生起後もよりしばしば思い出された。

このような、「知覚的事象」の記憶と「想像的事象」の記憶の違いは、Johnson & Raye（1981）が主張したリアリティ・モニタリング・モデルの枠組みに十分に整合するものであろう。

6　リアリティ・モニタリングは「メタ認知」、「内的記憶」、「外的記憶」、「展望的記憶」、「回想的記憶」、「夢の記憶」、「自伝的記憶」との連結子の役割を果たす

リアリティ・モニタリングという認知的機能は、「メタ認知」、「内的記憶」、「外的記憶」、「展望的記憶」、「回想的記憶」、「夢の記憶」、「自伝的記憶」という認知変数もしくは認知的事象の関与の下に成立している働きである。例えば、リアリティ・モニタリングに対する「展望的記憶」と「回想的記憶」の関わりや「メタ認知」の関わりについてはすでに本章冒頭部の二つの節においてふれた。また、リアリティ・モニタリングに対する「内的記憶」と「外的記憶」のかかわりについては本章のいたるところで言及してきた。さらに、「夢の記憶」と「自伝的記憶」についてはそれぞれに一節を設けてすでに考察した。それゆえ、ここでは、別の関連性を二つ追加して指摘するにとどめたい。

そのうちの一つは、「展望的記憶」における「プラン」の記憶というものが、リアリティ・モニ

タリングに関与する「内的記憶」と重なるところがあるという点である。このときのプランというものは、遂行を意図されてはいるがまだ実行されていない行為であるから、まさに「認知的操作」の産物であり、「想像的事象」の記憶そのものであろう。もう一つはリアリティ・モニタリングに関与する「知覚された事象」の記憶とは、過去に実際に存在した事象の記憶を指しているのであるから、まさに「回想的記憶」そのものであるといえよう。

このようにリアリティ・モニタリングの媒介の下にさまざまな認知的事象が連結性を有することになるのである。

7　リアリティ・モニタリングと「目撃証言」の連結性

最後に、リアリティ・モニタリングと「目撃証言（eyewitness testimony）」という事象との連結性について少しふれて、本章を閉じることにしたい。

これまで見てきたように、人には、実際に行ったことと行おうと考えていたこと（そのような「プラン」を持っていたこと）との間の弁別が混乱する場合がある意味ごく当たり前に生起する。すなわち、リアリティ・モニタリングがエラーに帰することが日常的に存在するのである。日常生活ではこういったエラーが生起しても、そのことにより生ずる問題をそれなりに解決しつつ、無事に日々の生活を営んでいる。しかし、この種のエラーがきわめて深刻な問題を引き起こす社会的事態もまた存在する。例えば、裁判時における「目撃証言」はその典型例であろう。この種の問題は、その草分け的研究者であるLoftus以来（例えば、Loftus, 1979）、さまざまな関心からの研究が行われている。それらの関心の中には、①目撃証言の正確さには年齢差というものが存在するのかといった問題があろう。あるいはまた、②トレーニングによって目撃証言の精度が上げられるのかといった問題もあろう。

①については、Cohen & Faulkner（1989）の研究がその典型例となる。彼らは、平均年齢が三十一歳、六十五歳、七十六歳となる三種類の被験者グループを作った。そのうえで各被験者に対し一束の指示カードを渡し、それらを一枚ずつめくりながら、そのカードに記載された「行為」に関する作業を行うように求めた。それらの行為とは、例えば「スプーンを歯ブラシの隣に置きなさい」といった類のものであった。カードの記載内容には三種類のものがあった。すなわち

1）行為を自分で実行する

2）実験者が行う行為を観察する

3）言及された物体（上の例ではスプーンと歯ブラシ）をじっと見てその行為の遂行をイメージする

というものであった。結果は、高齢者は中年者に比べ、自分自身が実際にその行為を行ったのか、だれか他の人がその行為を行い自分はそれを目撃しただけなのかを想起するのが、より困難になるというものであった。また、実際に見るという知覚過程を経た内容である「外的記憶」と、単に想像された内容である「内的記憶」との弁別に関していえば、高齢者は中年者に比べより困難度が増

加した。

②については、Thierry & Spence（2002）が行った研究がその典型例となろう。この研究は、就学前の子供達が簡単な理科実験をライブで見た場合とビデオ映像で見た場合において、両者の記憶を弁別する力がトレーニングにより向上するのかどうかを吟味したものである。ここで採用された「トレーニング」の操作は大変凝ったものであった。詳細は割愛するが、一口でいえば、被験者の子供達が事象を観察する際に、その事象が「実際のもの（ライブのもの）」であるのか「テレビの映像であるのか」という「源（source）」を正しく同定することが重要であるということに自然と彼らの注意を向けさせるような仕掛けであった。結果は、この種のトレーニングが挿入されたグループの子供達は、その種の経験がないコントロール・グループの子供達に比べ、より高い「正しい源の弁別成績」を示した。すなわち、このことは、目撃内容の正確さがトレーニングにより上昇したことを意味していると考えられよう。

いずれにしても、これまで見てきたように、リアリティ・モニタリングと「目撃証言」とは密接な連結性を有している認知的事象なのである。

第14章 「素朴概念」と「心の理論」および「メタ認知」との連結性

1 「素朴概念」とはなにか

日常生活において直観的に獲得された科学的観点からいえば不適切な「知識」は「素朴概念(naive conception)」と呼ばれている。この種の素朴概念は、これまで、例えば、物理学、生物学、化学といった自然科学の諸分野において多様な内容のものが見いだされている。しかし、必ずしも自然科学に限定されるわけではなく、例えば、「経済学的概念」といった社会科学に属する問題についてもその存在が知られている(Burris, 1983)。

素朴概念は特定の少数の人々に限定して観察されるといったものではなく、多くの人々に共通して観察されている。ということは、この種の概念が多くの人々に共通した経験から生み出されていることを意味していよう。

以下に、代表的な素朴概念である「素朴物理学」と「素朴生物学」について若干の記述をしておく。

2　「素朴概念」としての「素朴物理学」

物理学の分野における素朴概念は「素朴物理学（naive physics）」とか「直観物理学（intuitive physics）」とか呼ばれている。これらの用語は，物理学的事象に対しわれわれが直観的レベルで遂行する情報処理活動において用いられる一種の素朴な「心的モデル」を指している。

例えば，さまざまな球技において選手たちは，ボールにいかなる外力を与えるとボールがいかなる軌道を描くのかを，なんらかの「心的モデル」に基づき直観的に判断してプレーしているのである。この時の「心的モデル」は，必ずしも「科学的内容」となっている保証はなく，これまでの日常生活の中で育まれた「素朴な内容」となっている場合が多々存在する。

この種の典型例を「運動力学」的事象から選び，具体的に記述してみよう。読者は，まずMcCloskey, Caramazza, & Green（1980）の行った以下の三つの課題に答えてほしい。

(a)　課題一

図14・1に示す絵は金属製の筒を上から見て描いたものです。この筒の矢印の端から金属球が挿入され，他の端から高速で発射されます。筒を出てから後の金属球のたどる軌道を記入して下さい。なお，空気抵抗はないものとします。また，金属球は筒の中をすべて同じ速度で運動するものとします（McCloskey, Caramazza, & Green（1980）より）。

(b)　課題二

図14・2に示す絵は二本の金属性の筒を上から見て描いたものです。それぞれの筒の矢印の端から金属球が挿入され、それぞれの筒の他の端から高速で発射されます。筒を出てから後の両者の金属球のたどる軌道を記入して下さい。なお、空気抵抗はないものとします。また、金属球は筒の中をすべて同じ速度で運動するものとします（McCloskey, Caramazza, & Green（1980）より）。

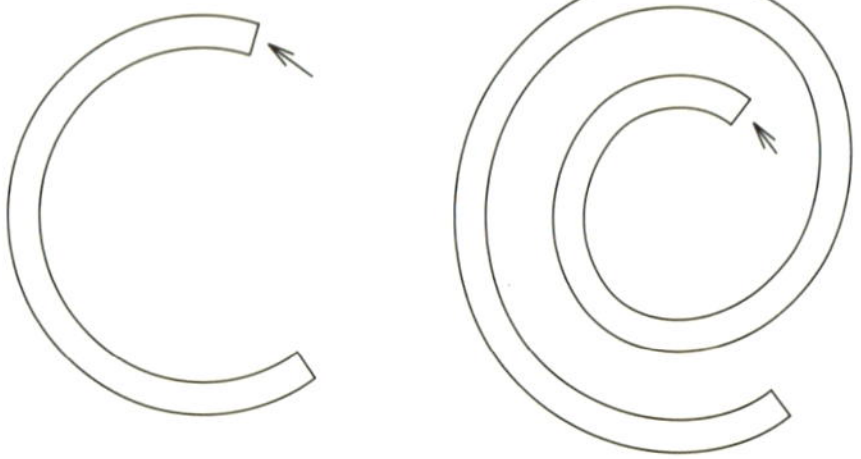

（a） C型筒　　　（b） 渦巻型筒

図 14.1　課題1（C型筒および渦巻型筒と金属球の問題，上から見た図）〔McCloskey, Caramazza, & Green, 1980 より〕

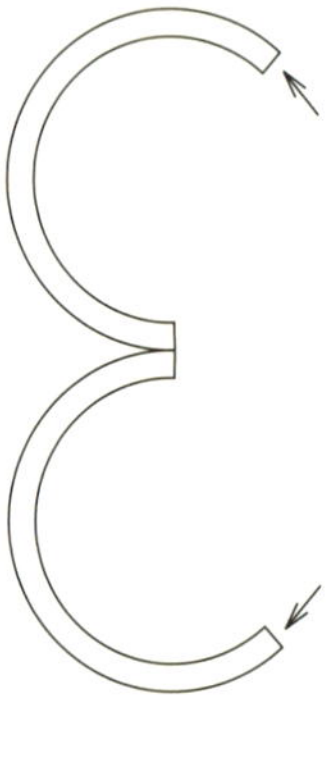

図 14.2　課題2（ω型筒と金属球の問題，上から見た図）〔McCloskey, Caramazza, & Green, 1980 より〕

(c)　課題三

図14・3に示す絵は、ヒモに金属球を取り付け、頭上で円を描くように高速でぐるぐる回転させているところを上から見て描いたものです。円は金属球の描く軌道を表し、矢印は運動方向を示しています。円の中心と金属球とを結ぶ線分はヒモを表しています。ぐるぐる回転する金属球が下の絵に示されている地点に来たところ、ヒモが金属球の取り付け箇所で切れてしまいました。ヒモが切れた後に金属球がたどる軌道を描いて下さい。なお、空気抵抗はないものとします（McCloskey, Caramazza, & Green（1980）より）。

図14・4は、これらの課題に関するジョンズ・ホプキンズ大学の学生たちの結果をラフ・スケッチしたものである。この図における太い実線の矢印は、「自然物理学」の法則にしたがった正解を示している。

われわれは日常生活においてさまざまな力学的事象を経験している。このような経験から、われわれは力と運動の間の関係に関する直観的レベルの「心的モデル」を形成している。この結果は、この種の「素朴概念」としての「直観物理学」の内容が、「科学的概念（scientific concepts）」としての「自然物理学」とは異なった法則、したがって自然物理学か

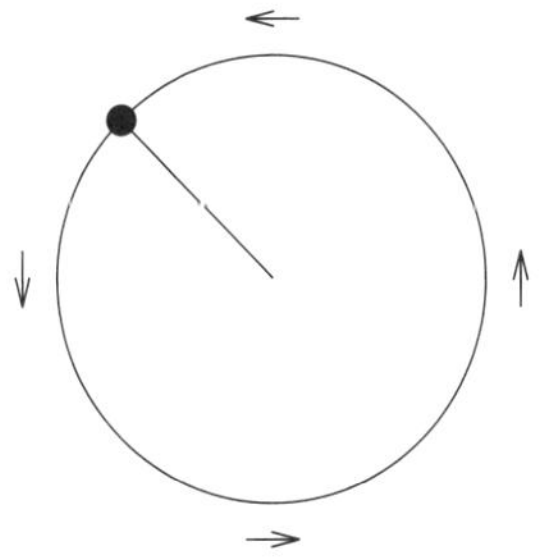

図 14.3　課題3（ハンマー投げタイプの問題，上から見た図）〔McCloskey, Caramazza, & Green, 1980 より〕

らすれば誤った先入観に基づいて成立していることを示している。この例における誤った先入観とは、例えば以下のようなものと考えられまいか。

われわれが日常に経験する現実世界では、摩擦が存在する。そのため、等速運動を維持するためには、同一方向における持続的な力が必要である。その結果、われわれは、等速運動というものはつねにその運動と同一の方向になにか持続的な力を生み出すものであるという主観的世界における「心的モデル」を抱きがちとなる。さらには、あるタイプの運動装置などにより強制的に運動を実行させられた後、この装置的制約がはずされても、依然、前の運動と同一の方向への運動力が維持されるという、より一般化された心的モデルが形成されてくる。このことが渦巻状の筒から発射さ

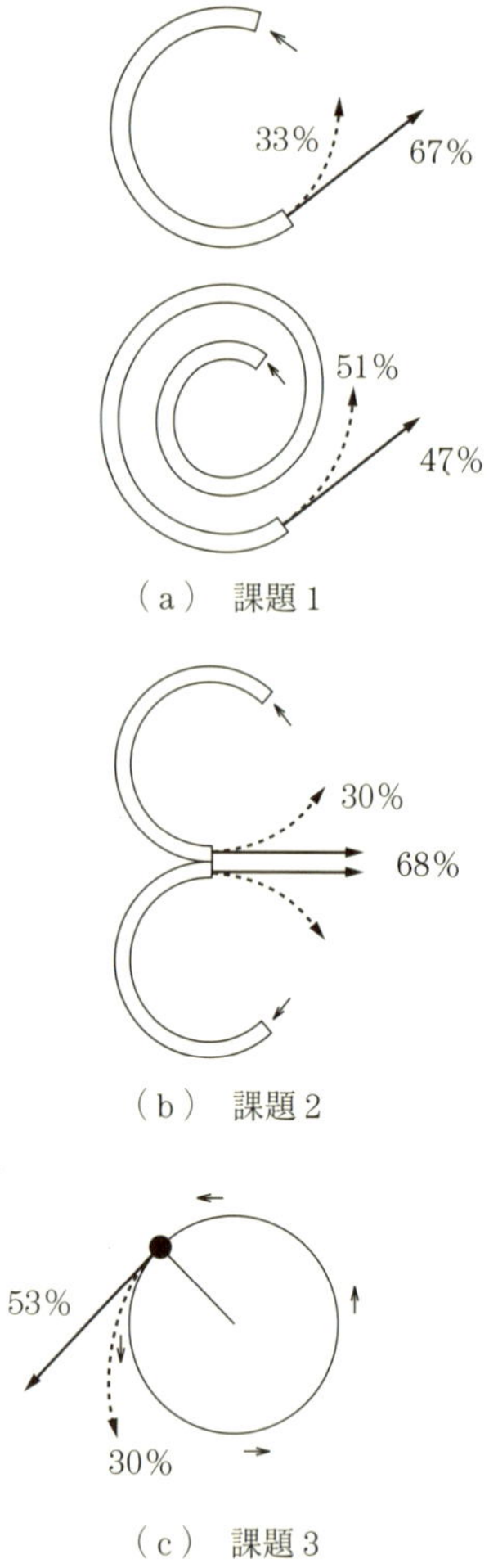

図 14.4 「直観物理学」に関する McCloskey, Caramazza, & Green（1980）の実験結果

れた金属球が，筒から発射された後も渦の方向に湾曲した軌道を描くと多くの人々に思わせ，また，ハンマー投げのごとく，ヒモに結ばれ頭上で回転させられている金属球がヒモの切れた後も円弧を描くと思わせる認識をもたらさせているのであるまいか。

3　「素朴概念」としての「素朴生物学」

生物学の分野における素朴概念は「素朴生物学（naive biology）」とか「直観生物学（intuitive biology）」とか呼ばれている。この分野においては，例えば

① 「生物」と「無生物」の区別はできるのか。
② 人間，動物，植物を「生物」という上位の一つのカテゴリーに統合できるのか。
③ 「成長」や「遺伝」といったものをどのように考えるのか。
④ 特定の身体器官（例えば，心臓，血液）の生物学的メカニズムをどのように考えるのか。

といった類の問題が検討されてきている。

その結果，例えば，① の生物と無生物の区別についていえば，年齢的には非常に早い就学前の時期から可能（例えば，Mandler & McDonough, 1993）であっても，両者の違いを生み出す特性についてはさらに後の就学年齢時（一〇歳ごろ）になるまで十分な理解に至っていない（例えば，Carey, 1985 ; Hatano & Inagaki, 1994）と考えられている。

また，④ の身体器官に関する生物学的メカニズムについていえば，この種の十分な知識を獲得

する段階に至らない早期の子供達は「心臓は人を好きになるためにある」（Carey, 1985）といったように、生理学的・生物学的理由でなく、意図的・心理学的理由に基づいた理解を行うという。それゆえ、心臓の働きを血液と関連付けて、その生物学的メカニズムを十分に説明できるようになるのはさらに後になってからと考えられている。

4 「素朴概念」と「心の理論」の連結性

人は、日常生活において、自分の経験に基づいて他人の行動を直観的レベルで理解しようと試みる。この種の人間の営みは、心の「科学」としての「心理学」の学問的営みとは明確に一線を引き区別されるべきものである。すなわち、ここでいう素朴理論としての直観的レベルの試みとは、他人の心的状態を推論する過程にほかならない。

他の人の有する「『心的状態』を理解しその人の行動を予測するための『なにか』」をだれかが有するのであれば、このことはまさにこのだれかが「『心』の『理論』」を有しているということと同義であろう。このだれかが、一般の人々の場合もあろう。幼い子供達ということもあろう。極端な場合には、動物ということもあり得よう。例えば、チンパンジーが人に対してこの種の「心の理論（theory of mind）」を有しているのかを論じた研究者としてPremack（Premack & Woodruff, 1978）の名はよく知られている。ここでは、子供の心の理論に限定して、発達的観点から若干の記述を試みよう。

子供の「心の理論」を考えるうえで，Piaget の主張はそのための反面教師的きっかけを与えている。すなわち，「子供は自己中心性（egocentrism）からの脱却ができず，自己と外界とが混同される」という彼の主張ほどには子供は自己中心的な存在ではなく，むしろ，他人の心的状態を理解するための「心の理論」を有している社会的存在と考えるべきだといわれている（子安，一九九六）。

この子供達の「心の理論」に接近するためのツールとしてよく知られているものに Wimmer ら（Wimmer & Perner, 1983）が考案した「誤信念課題（false-belief task）」と呼ばれているパラダイムがある。このパラダイムは，子供に一つの話を聞かせ，後にその話に関連した質問をするものであるが，その話の内容に課題的工夫がなされている。用いられるストリーの大筋はつぎのようなものである。

「主人公がチョコレートを戸棚 A にしまい出かけた留守の間に，ほかの人の手でこのチョコレートが戸棚 B に移されてしまっている。帰ってきた主人公がチョコレートを食べようとする時いずれの戸棚を探すのか」

もし子供が「戸棚 A を探す」と答えたのであれば，この子供は「チョコレートは本当は戸棚 B にあるにもかかわらず主人公は戸棚 A にあるとの誤った信念の下に行動している」ということを理解していることになろう。いい換えれば，この子供は他の人の心的状態を理解しその人の行動を予測するための「心の理論」を有していることになる。

それに対し、もし子供が「戸棚 B を探す」と答えたのであれば、この子供にはまだ十分な「心の理論」の構成ができていないことを意味しよう。この種の課題に成功するための「心の理論」の獲得は、三~五歳ごろの年齢変化に伴って徐々に増加していくと考えられている（Wellman, Cross, & Watson, 2001）。

他方、同年齢の子供達の間の比較から、「心の理論」獲得には広い個人差が存在することが知られている（Dunn, Brown, Slomkowski, Tesla, & Youngblade, 1991）。こういった個人差の生起に対する寄与要因としては、家族的背景（例えば、Cutting & Dunn, 1999）や、言語能力（例えば、Astington & Jenkins, 1999）といったものを含むさまざまなものが指摘されている。

いずれにしても、子供達が「心の理論」をどの程度獲得しているのかということは、彼らが家族のみならず、同年代の仲間や、年代の異なる大人などさまざまな人々とスムーズな社会的交流を果たしていくうえで必要不可欠な要件となろう。そして、このような社会的交流の下に、他の人々との間のしっかりとした人間関係が築かれるのである。

しかしながら、逆の考え方もまた可能である。すなわち、社会的交流があって初めて子供達の「心の理論」の獲得が進展するという考え方である。この場合には、社会的交流のほうが子供達が「心の理論」を獲得していくうえでの必要不可欠な要件ということになる。たしかに、「心の理論」を獲得していくためには、生物学的成熟とか言語能力等々のいわゆる子供達の「個人変数」がその基礎を支えるうえで重要な要因となっていよう。しかしながら、社会的交流もしくは社会的相互作用を通じてこそ、子供達はしっかりとした「心の理論」を構成できるのであり、また経験を重ねることによりその内容をより適合的なものに発展させていくことができるという可能性もまたあり得よう。

このような、「心の理論」と「社会的交流」との間の関係についていえば、これまでになされてきた研究の多くは、筆者の目には、両者の間の「因果関係（causality）」というより「相関関係（correlation）」を吟味してきているように映る。両者の間に相関関係が存在することについては異論を唱える研究者は少ないであろうが、因果の関係についてはどうなのであろうか。

筆者には、おそらく事実は両者の考え方とも正しいというものであると思われる。すなわち、「心の理論」と「社会的交流」とはそれらの獲得と発達に関していえば双方向に作用し合うものであり、一方向的関係にはないということである。それゆえ、今後の研究においては、この双方向的作用のダイナミズムがより詳細な形で明らかにされていくことが重要と思われる。

以上のように見てくると、「素朴概念」と「心の理論」とは同一の土俵上で構成された認知的概念であり、その意味で密接な連結性を有しているのである。

5　「素朴概念」と「メタ認知」との連結性

「素朴概念」と「メタ認知」とがどうして連結するのかと不思議に感じる読者もいよう。両者は、学校教育における効果的な教科学習を考える際に連結することになる。

素朴概念は、学校教育の場においては、そこで学ばれた適切な科学的知識により入れ換えられるものか、もしくは修正されるものである。しかしながら、そのようなことはなかなかに難しいようである。例えば、渦巻状の筒から発射された金属球が、筒から発射された後も渦の方向に湾曲した軌道を描くという「素朴概念」は、運動力学に関する正しい科学的知識をそれまでの学校教育で学んできている大学生においても、相当程度に大きい割合で認められている（McCloskey, Caramazza, & Green, 1980）。この例一つを見ても、その困難さを想像するに難くない。素朴概念と科学的概念の併存可能性さえ指摘されているほどである（中山、一九九八）。

　そこで重要となるのが、いかにしてそのように強固な素朴概念に抗して正しい科学的概念を植え付けていくのかという問題である。この種の指導におけるストラテジーを検討した進藤（二〇〇二）の研究は貴重な情報を提供している。彼は、自生的に獲得された不適切な知識である素朴理論（すなわち、素朴概念）と一般性を持った適切な知識である科学的知識とを接合・照合することにより、前者を後者へと修正していく際に留意すべき「五つの教授原則」を提案している。それらを列挙すれば以下のようになる。彼はこの原則の表記において、素朴理論（すなわち、素朴概念）の記述子として $\overline{ru}$ を、また、公理などの一般性を持った命題（すなわち科学的概念）の記述子として ru を用いているので、ここでもそれにならうことにする。

① 先行する焦点事例として $\overline{ru}$ に抵触する問題状況を用いること。
② $\overline{ru}$ による判断が下されやすい日常的問題状況に即して ru を教授すること。

③　学習者のruに対する認識を明確化させておくこと。
④　多様な問題状況に即してruを教授すること。
⑤　学習者が課題関与するような課題を設定すること。

以上の諸原則を俯瞰すると、素朴概念の修正には、まず素朴概念自体の存在を自己認識することと、さらに、科学的概念との間の矛盾を自己認識することが非常に重要な条件となっていることがわかる。このことは、換言すれば、自分の知識に対する「メタ認知的モニタリング」ができるのかどうかということが修正を実現するための鍵を握っていることにほかならない。学習者におけるこの種のメタ認知的活動の重要性の指摘（加藤・本澤、二〇〇六；吉野・小山、二〇〇七）とともに、大事となるのは通常はこの活動が困難であることに対する対策の必要性である。すなわち、そこになんらかの仕掛け（すなわち、「メタ認知的支援」）の工夫が求められるのである（吉野・川端・川村・長内、二〇〇五）。吉野ら（二〇〇五）は、実際に、中学生を対象とした数学領域での実験的研究を行い、この種の「メタ認知的支援」の有効性を認めている。

このように、「素朴概念」と「メタ認知」とは一見無関係に思われる認知的事柄ではあるが、いったん「学校教育」という実践的状況の中に置かれれば、両者の間に密接な連結性が生み出されるのである。

第15章 「脳事象関連電位」と「順応水準」の連結性

1 「脳事象関連電位」とは

脳事象関連電位（brain event-related potential；ERP）とは、その名の通り「ある出来事（事象）を脳が処理する過程に関連して出現する数マイクロボルト〜十数マイクロボルト程度の小さな一過性の電位変化」のことである。頭皮上から記録されるが、背景脳波（electroencephalogram；EEG）の中に埋もれて出現するため脳波記録から直接観察することはできず、測定するにはコンピュータを使った「加算平均法（averaging）」とよばれる技術が用いられる。この方法では、まず、同じ被験者に同一事象を数十回から数百回反復提示し、毎回の脳の電気的反応を記録する。つぎに、得られたこれらの反応をその事象の開始時点をそろえて加算平均することにより背景脳波を誤差として相殺し、特定の事象に対応した電位変化を抽出するのである。

このようにして得られたERPは、いくつかの振れをもった波のような形状をしている。それらの振れは「成分（component）」として分離され、それぞれの成分が別々の脳内活動に対応していると仮定される。刺激提示直後（約一〇〇ミリ秒以内）に出現する初期成分は、刺激の物理的特性（感覚モダリティや強度）によって、出現する成分の種類やその潜時、振幅、頭皮上分布が決まるという性質を持っている。このため、これらの成分は「外因性成分（exogenous components）」と呼ばれ、刺激に対する脳の受動的な活動を反映するものと考えられている。他方、その後に続く後期成分は、刺激の物理的特性そのものによってあまり影響されず、被験者の心理状態やそのとき被験者が行っている課題の種類によって、出現する成分の種類やその潜時、振幅、頭皮上分布が変化するという。このため、これらの成分は「内因性成分（endogenous components）」と呼ばれ、刺激に対する評価や判断といったより高次な精神機能に関連する脳の活動を反映するものと考えられている。

各成分には慣例的に名前がつけられている。まずその成分が陽性波（positive；P）であるか陰性波（negative；N）であるかに分け、およその頂点潜時（ミリ秒）を示す数字がつけられる。例えば、ERP の主要な成分であり刺激の評価（evaluation）に関連するといわれる P300 は、陽性の潜時約三〇〇ミリ秒の波である。この成分の振幅の変化は、われわれの内的な情報処理過程の働きを示す指標として、認知心理学的研究においてよく用いられている。

2　P300 と「順応水準」

最近 Ullsperger らのグループが、P300 の振幅の変化を説明するために順応水準（adaptation level；AL）説（後に解説の一節を設ける）を適用した仮説を発表している。彼らは、課題の難易度と P300 との関係についての研究をしていたが、P300 の振幅が課題の難易度によって一義的に規定されないことに気がついた（Neumann, Ullsperger, Gille, Pietschmann, & Erdmann, 1986）。

そこで彼らは「基準課題パラダイム」を用いてP300の振幅と課題の難易度との関係を検討した（Ullsperger, Gille, & Metz, 1987）。「基準課題パラダイム」とは、ある特定の基準課題をきわめて高い頻度で提示し、その課題に基準点（あるいはAL）を調節する係留効果（anchor effect）をもたせるというものである。難易度の異なる五つの課題カテゴリーの提示確率を三段階に変化させて、係留効果を操作したところ、つぎのような結果が得られた（表15・1、図15・1）。

最もやさしい課題（I）を基準課題とした実験Aでは、課題の難易度が上がるにつれて課題（数列）に対するP300の振幅が増大した。最も難しい課題（V）を基準課題とした実験Bでは、課題の難易度が上がるにつれてP300の振幅が減少した。基準課題のない実験Cでは、P300振幅は非線形の「U字型傾向」を示した。すなわち、最小振幅は中間の難易度の課題で得られ、最大振幅は最もやさしい課題と最も難しい課題で得られたのである。

表 15.1　Ullsperger と Gille と Metz の実験条件
〔Ullsperger, Gille, & Metz, 1987 より〕

カテゴリー	課題（例）	正　答	提示確率〔%〕		
			実験A	実験B	実験C
I	1	0	80	5	20
II	203	1	5	5	20
III	34251	0	5	5	20
IV	6510432	7	5	5	20
V	142879530	6	5	80	20

被験者は提示される数列の中から欠けている数字を探して答えた。課題の難易度はカテゴリーIからVへと増加した。三つの実験条件で各課題カテゴリーの提示確率が異なっていた。

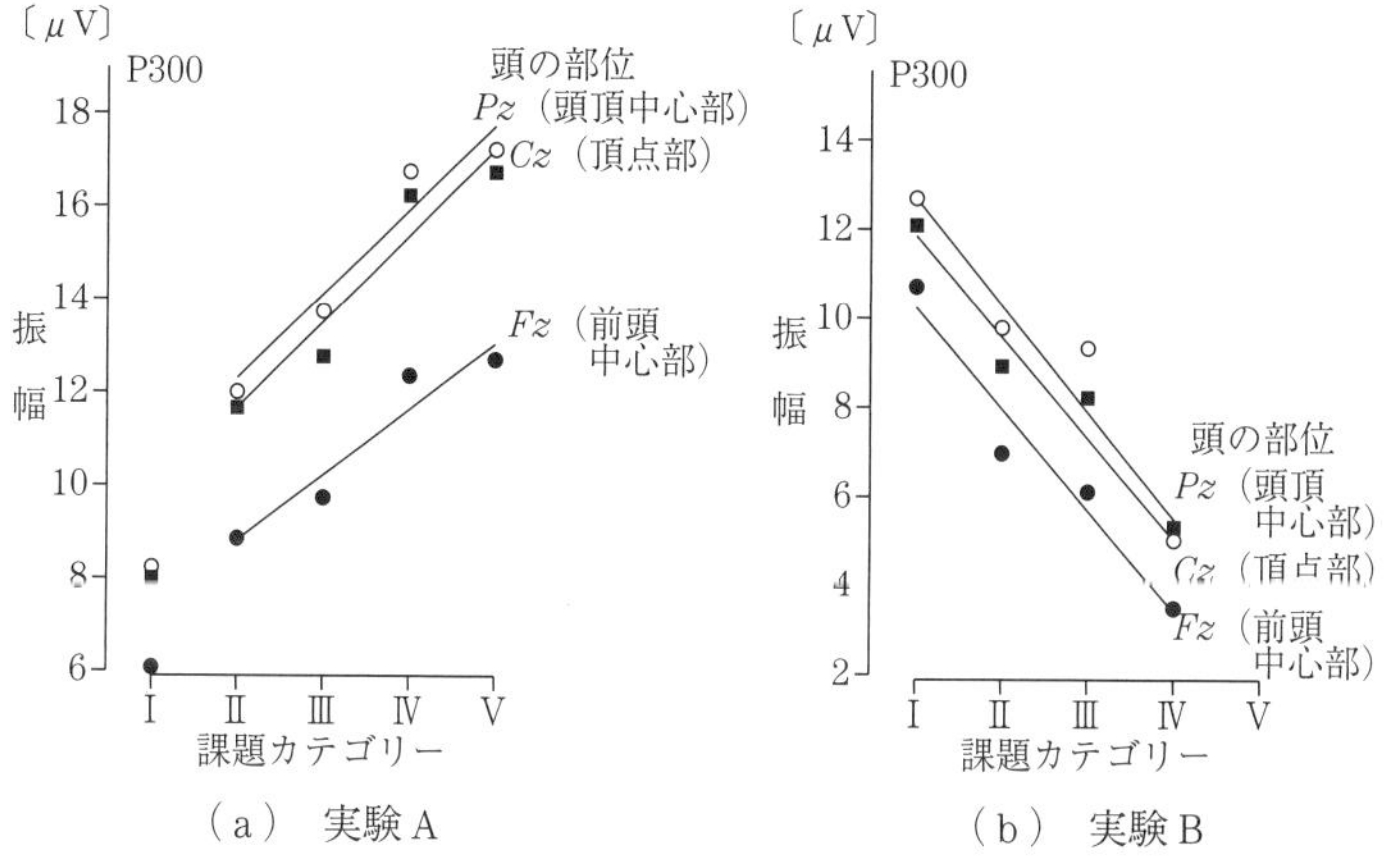

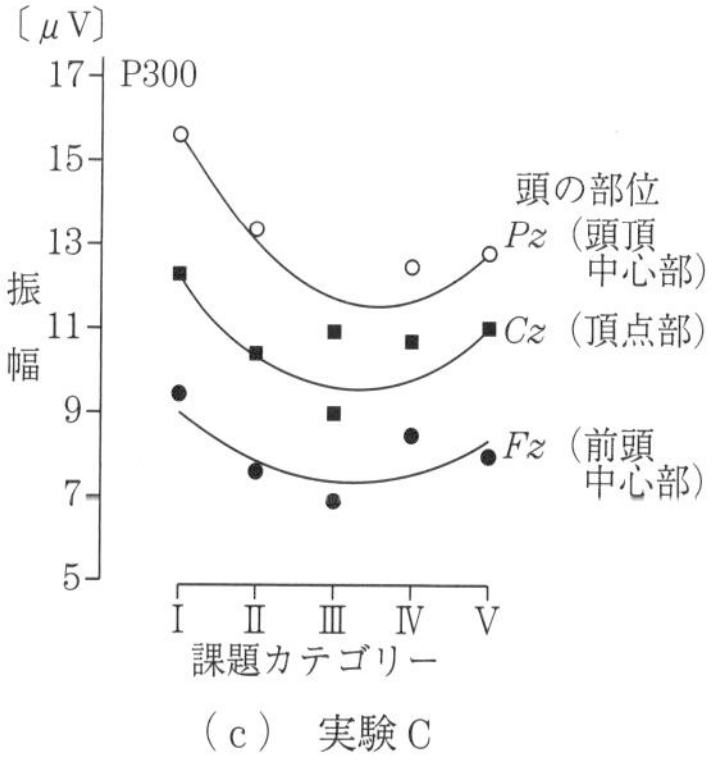

(a)　最もやさしい課題（Ⅰ）を高頻度で提示した実験 A では，課題の難易度が上がるにつれて課題（数列）に対する P300 の振幅は大きくなった。

(b)　最も難しい課題（Ⅴ）を高頻度で提示した実験 B では，課題の難易度が上がるにつれて P300 の振幅は小さくなった。

(c)　すべての課題を等確率で提示した実験 C では，P300 の振幅は課題の難易度に関連して U 字型に変化した。

図 15.1　Ullsperger と Gille と Metz の実験結果
〔Ullsperger, Gille, & Metz, 1987 より〕

これらの結果を説明するために、Ullspergerらは順応水準説を適用した。被験者はもともと内的な難易度尺度を持っており、課題を遂行しながらその尺度上でＡＬを連続的に移動・調節していると考えられる。高頻度の基準課題は係留刺激として作用し、ＡＬに影響する。このためＡＬは、実験Ａでは難易度尺度の下端に近いところに、実験Ｂでは難易度尺度の上端に近いところに、基準課題のない実験Ｃでは難易度尺度の中間付近に調節されると考えられる。

Helson（1964）によると、ＡＬは有機体の反応の基準として働き、与えられた刺激に対する反応はその刺激とＡＬとの距離が大きくなるほど強くなるという。そこで、P300を刺激に対する一種の反応としてとらえ、その振幅が実際の課題の難易度とＡＬとの心的距離を反映すると考えると、三つの実験条件によるP300振幅の傾向の違いをうまく説明できる。すなわち、Ullspergerらは、先の実験結果をもとにして、「P300の振幅はある課題関連の内的次元におけるＡＬと入ってきた刺激との心的距離を反映する」という仮説を提案した。

彼らはまた、文字列あるいは線分の長さを分類する課題においても、得られたP300振幅の結果がＡＬ説の適用によりうまく説明できることを示した。Ullsperger & Gille（1988）は、長さの異なる五種類の文字列をランダムな順序で等確率に提示し、被験者にその長さを判断させるという実験を行った（図15・2）。その結果、刺激（文字列）に対するP300の振幅がその相対的長さに関連して変化することを見いだした。P300の振幅は、中間の長さの文字列（Ⅲ、Ⅳ）に対して最小となり、最も短い文字列（Ⅰ）と最も長い文字列（Ⅴ）に対して最大となるという「Ｕ字型傾向」

（a） 実験条件

文字列		長さ判断	出現頻度	出現率〔%〕
Ⅰ	×	1	50	20
Ⅱ	××	2	50	20
Ⅲ	×××	3	50	20
Ⅳ	××××	4	50	20
Ⅴ	×××××	5	50	20

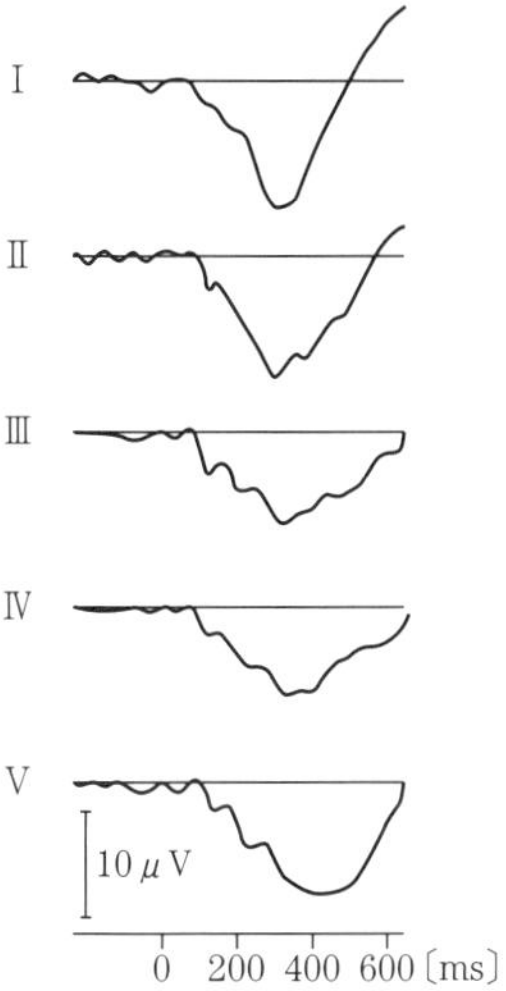

（b） 波 形

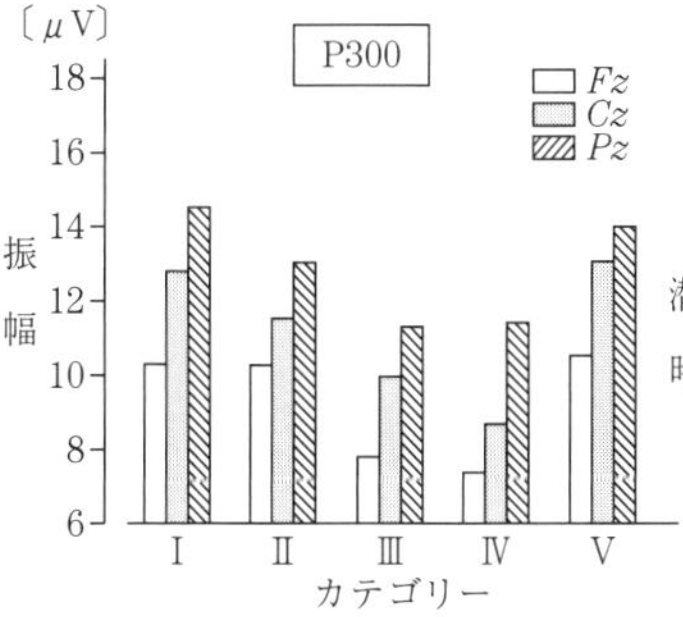

（c） 振 幅

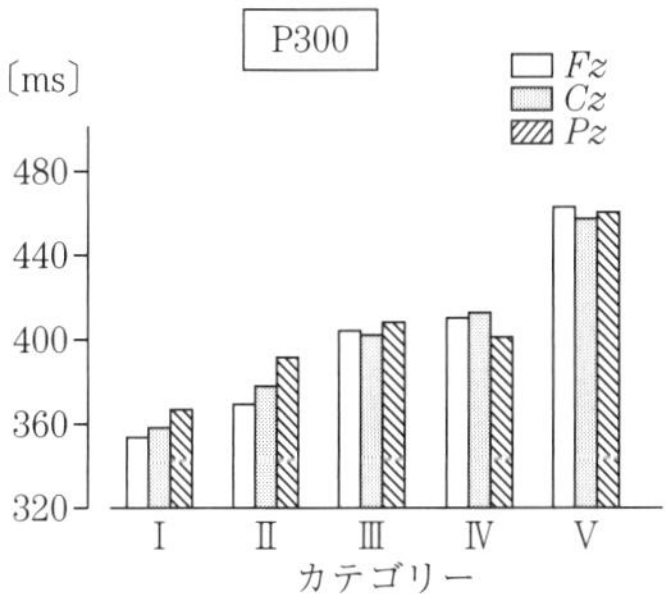

（d） 潜 時

(a) 被験者はランダムな順序で等確率に提示される 5 種類の文字の列の長さを判断して 1 から 5 のボタンで反応した。
(b) 長さの異なる 5 種類の文字列それぞれに対する ERP 波形。
(c) P300 の振幅は文字列の長さに関連して U 字型に変化した。
(d) P300 の潜時は文字列が長くなるほど増大した。

図 15.2 Ullsperger と Gille の実験〔Ullsperger & Gille, 1988 より〕

を示したのである。

さらにJunghanns & Ullsperger（1989）は「基準課題パラダイム」と似たような実験パラダイムを用いて、刺激（線分）の提示確率分布を変えることで線分の長さとP300振幅との関係が変化することを見いだした（図15・3）。Ullspergerらは、これらの実験結果はすべて「P300の振幅はある課題関連の内的次元における AL と入ってきた刺激との心的距離を反映する」という彼らの仮説を支持するものであると考えている。

このように見てくると、従来はまったく別々の文脈の下で研究がなされてきた「脳事象関連電位」と「順応水準」というものの間に、これまで気がつかなかった重要な連結性が存在することが示唆されるのである。

3 「脳事象関連電位」におけるP300

脳事象関連電位における成分電位P300が、最初に注目されたのが、一九六四年のことであった。その後の四〇数年ほどの間に、P300に関する実験データは、膨大なものとなり、他領域の者の目には、P300に関する知見をどう整理して理解したらよいのかわからない状況にある（脳事象関連電位やP300の解説については別書を参照してほしい）。

したがって、P300をめぐる広範囲にわたる内容は筆者の手にあまるが、P300と、人間の情報処理における典型的理論の一つであるHelsonの「順応水準理論」とを連結させるという視点は大変

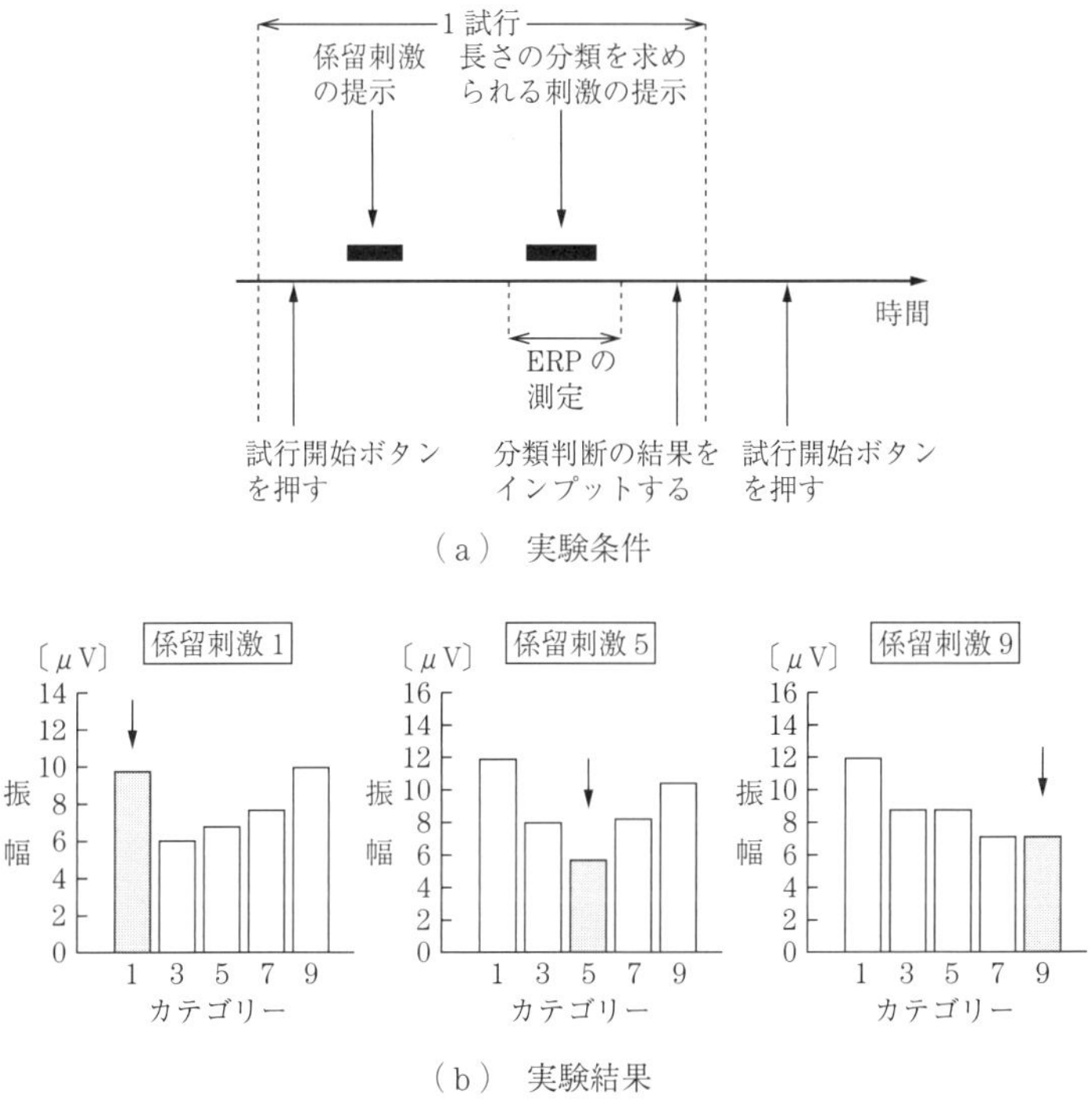

(a) 被験者は提示される線分の長さを分類するように求められた。判断を求める線分の前には毎回ある長さの「係留刺激」を提示した。最も短い線分（係留刺激 1），真ん中の長さの線分（係留刺激 5），最も長い線分（係留刺激 9）をそれぞれ係留刺激として用いた三つの条件で実験を行った。

(b) 判断を要求した 5 種類の長さの線分それぞれに対する P300 の振幅を図示したもの。線分の長さと P300 振幅との関係は実験条件によって AL 説から予測される通りに変化した。灰色の柱は，係留刺激として用いられ高頻度で提示された線分のカテゴリーを示す。矢印は各実験条件について計算された AL の位置を示す。

図 15.3 Junghanns と Ullsperger の実験〔Junghanns & Ullsperger, 1989 より，一部改変〕

に興味深くまた重要な問題と考えられるので、そのことを示唆する実験例につき再度本節以降において取り上げ、用いられた「パラダイム」や結果に関して若干の考察を試みることにしよう。

まず、はじめに、「パラダイム」の用語につきふれておこう。「パラダイム」とは、ある研究領域の大多数の研究者がたがいに共有しその影響を受けているところの、研究の基本的姿勢に関する一種のイデオロギーを指して、Kuhn（1962）が用いた概念である。ここでは、これよりだいぶせまい意味に用いており、P300の研究の枠内でいえば、ある刺激提示条件に対して特定なP300の変化が見いだされた時、刺激設定の内容からして特定な心理的過程との対応を考えざるを得ないような刺激設定条件を指している。

つぎに、P300のほうの変化を整理しておこう。これには振幅の変化と潜時の変化が考えられる。振幅の変化は関連する心理的過程における作用の強度の相対的大小を意味すると考えられる。他方、潜時は関連する心理的過程における処理の複雑さを意味すると考えられる。本章ではP300の振幅の変化についてのみ取り上げており、潜時の変化についてはふれていない。

つぎにUllsperger一派の行った実験に共通して見られるパラダイム上の特質について一つ指摘しておきたい。例えば、Ullsperger & Gille（1988）は、それぞれ一、三、五、七、九個のXからなる五種類の刺激を用い、その長さをⅠ、Ⅱ、Ⅲ、Ⅳ、Ⅴの記号で評定させた際のERPを測定した。また、Ullsperger, Neumann, Gille & Pietschmann（1987）は、課題である暗算の難易度を「非常にやさしい」、「大変やさしい」、「やさしい」、「中位」、「難しい」、「大変難しい」を、符号

Ⅰ、Ⅱ、Ⅲ、Ⅳ、Ⅴ、Ⅵで示し、暗算課題の前に提示し、その際のERPを測定した。これらの実験の結果において、P300 の振幅における U 字型変化が認められた。すなわち X の並んだ刺激の短→長の系列や困難度の小→大の系列において真中あたりで P300 の振幅が最小となったのである。これらの実験において、パラダイムにおいて共通しているのは、用いられた刺激系列はすべて「量的」なものであり、「等間隔的」なものであったという点である。この種の刺激操作上の特質は、順応水準というものを考えるうえできわめて重要な要因となっていよう。

4　Helson の「順応水準理論」

ここで、今度は、Helson の順応水準理論について、少しふれておく。Helson は、われわれが、例えば広さ、重さといったようななにかの刺激属性の大きさの判断を行う際は、一種の主観的尺度を用いていると考え、このような主観的尺度の中性点（neutral point）を「順応水準（adaptation-level；AL）」と名付けた。このようないわば判断の「基準点」ともいえる AL の決定は、判断に関与するすべての刺激値をプーリング（pooling）することによってなされ、刺激範囲の中央に向かう傾向を示す。しかし、このような決定は関与刺激値の単なる算術平均ではなく、加重対数平均でよく近似されるという。Helson（1959）によれば、その際斟酌されるべき刺激やその際にとられる基本的仮定は以下のようになる。

まず斟酌されるべき刺激であるが、これにはつぎの三種が区別される。

① それに向けて反応が惹起させられているところの、注意の直接的な焦点にある刺激（focal stimuli）。

② 直接的に存在し、焦点刺激に対し背景または文脈を形成し、しばしば焦点刺激に深く影響を与えるところの刺激すべて（background stimuli または contextual stimuli）。

③ 有機体内に位置を占めるすべての行動の決定因で、現在の刺激事態と交互作用をなす過去経験や身体的、器官的要因の効果。通常、実験的統制下に置かれないので、残差要因として扱われる（residuals）。

これら三種の刺激によって決定された「基準点」が、与えられた刺激条件に対する有機体の順応あるいは適応を示しているので、〃ＡＬ〃の名が付けられたのである。

ＡＬの概念は一種の媒介変数（intervening variable）であるが、刺激の用語によって操作的に定義される点で多くの媒介変数とは異なっている。前述の残差要因でさえも、実験がこの目的に沿って計画されるなら、等価刺激事態によって評定可能となろう。

ＡＬ理論の基底にある仮定は以下のようなものである。

① すべての行動は有機体のＡＬあるいは平衡水準（equilibrium level）を中心にしてなされる（生理学的ホメオスタシスに匹敵する行動的ホメオスタシス（behavioral homeostasis）がある）。

② 行動的平衡は有機体に作用しているすべての刺激の相互作用（同時的プーリング）および現

在と過去の刺激事態間における相互作用（継時的プーリング）とに依存する。

③ ＡＬ は有機体に影響を与えている全刺激の加重対数平均で近似される。

④ 現在および残差刺激のすべての次元が ＡＬ に関係している。刺激の頻度、強度、大きさ、順序、配置だけが ＡＬ 決定に際して斟酌されねばならない場合もあれば、困難度、美しさ、威信、重要度、質、感情値、等々のような特性が含まれねばならない場合もある。

⑤ 平衡水準の存在は行動の両極性を示している。ＡＬ より大きい刺激がある種の反応を生起させ、ＡＬ 近辺の刺激は中性的反応を生起させ、ＡＬ より小さい刺激が反対の型の反応を生起させる。

⑥ 反対方向の効果を及ぼす残差刺激が強くないときは、ＡＬ の値は前記 ③ のように有機体に直面する刺激の加重平均となる傾向がある。例えば二〇〇グラムから四〇〇グラムの範囲にある刺激系列において、中間反応を引き起こす重量刺激は約二五〇グラムで、系列内の値となっている。しかし、もし二〇〇グラムから四〇〇グラムの系列を提示する前に、非常に大きな重量を経験してしまうと、系列内の重量はいずれも中間のものとならず、ＡＬ の値は残差刺激の影響のため系列範囲外の刺激値に対応することになろう。

⑦ ⑥より、一定化された刺激が有機体に恒常的な効果を及ぼすとは限らないことがいえる。刺激の特性は、刺激とその時優勢な ＡＬ との関係に依存する。

⑧ ＡＬ が有機体における平均化機制（averaging mechanism）の結果であると仮定するなら、

数学的には平均化の操作は統合の特別な場合であるから、ＡＬは統合の最終結果ということになる。

⑨ 個体の時と同様に、集団行動も集団の水準というものをあらわす。

⑩ 学習、熟練動作の獲得、さらに能力のあらゆる表示は、己に直面している課題に有機体が適合していく方法を示しており、それゆえ、ＡＬ理論の枠内でそれらを取り扱うことは意味がある。

以上より明らかなように、Helson は順応水準の変化を一次元上でのゼロ点の移動として考えている。このゼロ点の移動という考え方は Metzger（1936, 1953）においても見られるものではあるが、Helson の場合量的な分析がなされている点で著しく異なっている。

5 「順応水準」の測定と「脳事象関連電位」の測定

Helson の考え方によれば、われわれの反応の大きさというものは、当該の刺激がその時のＡＬからどの程度の距離にあるのかによって決まることになる。そして、このようなＡＬを規定する要因として、前出の焦点刺激、背景刺激、残差刺激という三種類の刺激を考えたのである。彼のいうＡＬは、従来の「関係枠（frame of reference）」あるいは「基準系（system of reference）」といったような変数にみられた概念的レベルのものではなく、いわば操作的に定義された量的変数である。そこで、ＡＬ理論の妥当性を主張する実験操作として、おもに採られた手段は、背景刺激を変化させることにより、ＡＬがどのように移動するのかを見ることであった。しかしながら、この際、ＡＬの移動を直接に見るわけにはいかないので、同一の焦点刺激に対する知覚内容の変化をもってＡＬの移動を間接的に知るのである。この背景刺激の効果を吟味するための典型的事態は、係留刺激の導入によるいわゆる「係留効果」の吟味実験であろう。

そこで、筆者は、ＥＲＰの測定パラダイムの中にこの係留効果の測定を導入することを提案したい。具体的に少し考えてみよう。Helson らがＡＬ理論に関連して係留効果を吟味したのはおもに、重量判断事態であった。一般的には、ＥＲＰ測定事態においては、筋運動的ノイズがＥＲＰ波形に混入することを考えると、身体的動きが少ない事態のほうが適切と思われる。そこで腕を大きく動かす挙錘行動による重量判断はＥＲＰ測定には向かないであろう。しかし、実験者が被験者の手のひらに錘をのせ、被験者が手のひらを軽く上下することによりその重量を判断する事態であれば、上述の心配はあまり大きなものではないかもしれない。そうであれば、Helson 達の重量判断実験の追試的事態においてＥＲＰ測定を行えば良い。

もし、重量判断事態に問題が生じれば、視覚的事態においても実験は可能であろう。この時には、Helson & Kozaki（1968）が参考になる。この実験では

① very very small
② very small
③ small

④　medium small
⑤　medium
⑥　medium large
⑦　large
⑧　very large
⑨　very very large

という九ステップ（必要な時には“extremely small”と“extremely large”を用いることが許された）の尺度による正方形の大きさ判断事態が用いられている。焦点刺激としては一辺が三・六センチのものから七・二センチのものまでの五種類の正方形からなる系列が用いられ、その系列よりかけはなれて小さい（一辺が一・八センチのもの）もしくは大きい（一辺が九・〇センチのもの）正方形が係留刺激とされている。また係留刺激なしのコントロール条件も設けられている。

例えば、先に述べたような設定においては、係留刺激の導入によりＡＬが移動するのであるから、もしP300がＡＬに関連するのであれば、P300の振幅が最小になる系列内の刺激も、ＡＬと同じ位置まで移行せねばなるまい。

「順応水準」と「期待」とは異なる概念であるが、P300との関連を考察するにあたって、一括りにしてしまっている感がある。順応水準の概念はそもそもは感性的レベルで用いられていたのであるが、それがさらに広い範囲の認知的判断というか評価的なレベルにも導入されるようになった。

P300 に関係するのは、この後者の属性を有するものに限られるということはないであろうか。なぜなら、P300 と順応水準との関連を示唆する実験においては、いずれも、当該の判断刺激が提示される直前に、メッセージ信号としての記号を提示している。例えば、暗算のための数式を提示する直前に、その数式の難易度を示すアルファベットの記号を提示するといった具合である。すなわち、つねに「期待」要因が関わる事態において ERP の測定が行われているのである。

6 刺激連続体の属性と「順応水準」

Helson の「順応水準理論」の特徴は、これを量的レベルの予測が可能な式にのせたことにある。しかしながら、この式も、パラメータ（parameter）の実現値はデータへのあてはめからの推定値であるから、実験事態が変化すれば具体的予測式に変化が生じても不思議はない。すなわち、少し事態が異なればパラメータ値を決め直すデータをとり直さない限り、予測不能ということになる。ということは、極論をすれば、パラメータ値の変化を予測できる算出式がなければ、設定事態の数だけパラメータの異なる実現値が生ずる可能性もあるわけで、このことは、たとえどのようなデータに遭遇しても「予測が可能であり」、また「説明できる」ということになってしまう。すなわち、記述モデル（descriptive model）的色彩が強い理論では、あまり多くのことはいえないということになってしまおう。

Helson の順応水準理論がはやっていたのは一九五〇～六〇年のころである。全体的な「場」というものを考える彼の考え方は、きわめてゲシュタルト心理学（Gestalt psychology）的である。刺激を取り入れた後の内的過程としての順応水準のはたらきは、われわれの内的過程内の情報処理の一つの形態であろうから、その後の認知心理学の動きに連動していくところがある。それゆえ、認知心理学が盛んになるにつれ、本来ならば順応水準というものに関心を持ったであろうと思われる研究者たちの目が認知心理学のほうに注がれてしまい、結果として、ＡＬ理論は、なんと形容していいのか、滅亡したわけでもなく、確立されたわけでもなく、そのまま「放置」されている状態にあるように、筆者の目には映る。

Ullsperger, Gille, & Metz（1987）の実験では、出現確率を変えた刺激提示において、この出現確率の違いが「順応水準」を変えていると解釈している。この場合にも、前述のように、「期待」要因がかかわってきている。ＥＲＰと心的過程との対応を考える際に、現状では、どちらかといえば、例えば「P300との対応」とか「N100との対応」とかいったような、個別の特徴的波形変化との対応で考えられていた。したがって、そのパラダイムもむしろ単一の波形変化にのみ関連する内容のものをどう工夫するのかに注意が注がれてきた。しかし、ある研究段階にいたれば、逆に複数の波形変化に関連するパラダイムの導入も必要になるのではなかろうか。この導入により、両者のパラダイム間の関係と心理過程内の処理間の関係とのつきあわせが可能となろう。

P300は「カテゴリー判断」と関連するのであり、必ずしも「数量判断」と関連するのではない可能性が残る。ある種の尺度構成のように、カテゴリー判断により、数量判断がなされるように両者が重なる場合もある。しかし，一般的にいえば，両者は重ならない。順応水準との関連を示唆するとされている実験のほとんどは，この両者が重なった条件になっている。Ullsperger 一派の行った三つの実験においては，すべてカテゴリー判断を実行する際の P300 の変化をみている。したがって，「カテゴリー判断」のみがかかわる条件と「数量判断」のみがかかわる条件とに分離ができれば，P300 がどちらの要因に関連して生ずるのかが明らかになる。それでは，「数量判断」と重ならない「カテゴリー判断」が遂行される課題状況として，例えば具体的にどのようなものが考えられようか。また，逆に，「カテゴリー判断」と重ならない「数量判断」の課題についてはどうであろうか。つぎに，若干その例を考えてみよう。

まず「数量判断」と重ならない「カテゴリー判断」の場合であるが，これは数量的判断を必要としない「単なる符号」のようなアイテムを複数箇用意し，これらを等確率でランダムに提示する事態が考えられる。「単なる符号」といっても，一つの軸上に分布する P300 成分の U 字型を吟味するのであるから，これらのアイテムは一つの軸を構成できるような何らかの慣習上の順序性を有するものでなければなるまい。しかし，「量的順序」すなわち「序数尺度（ordinal scale）」にのる材料である必要はない。例えば「A，B，C，D，E」といったアルファベットとか，「あ，い，う，え，お」といった仮名とか，良い例かどうかわからないが「春，夏，秋，冬」といったものなどいくつか考えられよう。冒険的には，三角形，四角形，五角形，六角形を文字でなく図形で示す方法もあろう。この場合には，辺数が一つずつ増加するのであるから，「数量的」特性が取り込まれてはいるが、文字でなく、図形を用いることが、「数量的」特性の効果を弱めていることを期待するのである。あるいは「北海道、東北、関東、中部、関西」といったような地名など色々な材料が考えられよう。

では、「カテゴリー判断」と重ならない「数量判断」の場合はどうであろうか。Stevens の「マグニチュード推定法（magnitude estimation）」を用いた測定事態は、この一つの例にあたろう。「モデュラス（modulus）」を用いる場合であっても、「モデュラス」を用いない絶対判断の事態であっても、両者ともこの例に該当すると考えられる。

以上の二つの関係は Stevens 流に考えるなら、心理量としての連続体における二つの種類すなわち「メタセティック連続体（metathetic continuum）」と「プロセティック連続体（prothetic continuum）」の区別を想起させる。メタセティック連続体とは、「強度」において変化するような刺激ではなく、一つの属性が他の属性に徐々に変化していくような刺激に対応する心理量を意味する。例えば音の高さとか色の色相といった心理量はこの種の連続体に属しよう。他方、プロセティック連続体は、「強度」が変化する類の刺激に対応する心理量を指している。Stevens の心理量に対するこの二区分は、両者とも連続体についてではあるが、筆者が先に言及した「カテゴリー判断」と「数量判断」の区別に重なるところがある。「カテゴリー判断」は、文字通り「カテゴリー」の判断ができればよいのであるから、必ずしも連続体である必要はない。「カテゴリー判断」は、「強度」においてももちろん可能ではあるが、属性に対しても適用できるところに「数量判断」

とは基本的に異なる点がある。Ullsperger 一派は，この意味で，Stevens 流にいうなら，「カテゴリー判断」を用いてはいたが，X 文字列の「長さ」や暗算の「難易度」という「強度」を変えたプロセティック連続体にかかわる刺激材料を用いていた。いま，視点を順応水準にもう一度戻してみよう。順応水準というものは，メタセティック連続体とプロセティック連続体とはどのように関連するのであろうか。プロセティック連続体とは密接にかかわろう。メタセティック連続体に対してはどうであろうか。例えば，「音の高さ」についてはなにか「中間的な高さ」といった判断も可能なような気もする。しかし，「赤→橙→黄→緑→青→藍→紫」という刺激変化の中で「中間的な色」といったような判断が生じ得るのであろうか。「赤」と「紫」の中間の色というものは判断可能なような気も一方でする。しかし，他方で，かなり難しいような気もまたする。筆者には，プロセティック連続体に比べ，なにかメタセティック連続体のほうでは順応水準というものが成立しにくいような気がしなくもない。

全体的か，部分的・限定的か，について明らかにすることは今後の研究に残されているとしても，いずれにせよ，「脳事象関連電位」と「順応水準」との間に「連結」関係が存在している可能性が確かにあるのである。

第16章　「認知系」と「パフォーマンス系」（「動作系」）の連結

本章の考察を進める前に一つ断っておきたい。それは、認知心理学登場後よく使われている「パフォーマンス（performance）」という用語の内容と、伝統的心理学でよく用いられてきた「動作（motion）」という用語の内容とに関することである。筆者には、両者が特に異なっているとは思われないので、本書では、両者を同一のものとして取り扱う。したがって、時々の文脈にはまりやすいほうの表現を用いていくことにする。

1　パフォーマンス研究

本章で扱う『「認知系」と「パフォーマンス系」』の後者についていえば、「パフォーマンス」にしろ「動作」にしろ、これらは「動く」という人間の筋運動をめぐる問題である。筋運動に関しては、例えば生物学的視点や心理学的視点といったように、いくつかの視点からの接近が可能であろうが、ここでは「心理学的」視点からの接近に的を絞って考察の対象としている。このような領域をさして「キネシオロジカル・サイコロジー（kinesiological psychology）」と呼ぶことにする。

〔1〕　キネシオロジカル・サイコロジーとは

キネシオロジカル・サイコロジーは学術語として存在するわけではない。したがって、明確な概念があるわけではない。ここでは，「筋運動に関係する心理学の研究領域」という類の簡単な意味あいで用いている。

「筋運動に関係する心理学」ということになれば，心理学史的には Watson の「行動主義」のように刺激 S と反応 R との間に成り立つ法則関係を追求する S-R 型の立場があり得る。この場合には，反応 R は筋の収縮，弛緩といったようなミクロのレベルの反応が取り扱われた。それに対し，S と R の間に「心理学的な」媒介変数 O を入れ込んだ「新行動主義」のような S-O-R 型の立場もあり得る。この場合には，反応 R はもっと総体的なマクロのレベルの反応が取り扱われた。また，最近の「認知心理学」で問題とされるような筋運動も，Watson 流のミクロなものではなく，もっと大きなまとまりのある単位が考えられている。

いま，行動を導くような視的条件（例えば，「自己誘導運動（induced movement of self）」）を考えてみよう。環境は，ある波長の光がある強度で境界を持ちながらパッチ的に並んでいるもの（ミクロ的構造）ではなく，もっと全体的な（パターン的な）「面」とか境界のない「背景」を持っている，より事象的なもの（マクロ的構造）として，われわれの行動を導いているといえまいか。そのような環境に導かれて発現されるわれわれの行動も，先のパッチ型に対応するようなミクロ的な筋運動のレベルではなく，意味のあるまとまりを持った（パターン化された），よりマクロ的な筋運動を考えたほうが，より心理学的といえまいか。それゆえ，キネシオロジカル・サイコロジーではマクロ的筋運動が対象とされるべきである。

〔2〕 キネシオロジカル・サイコロジーの諸領域

キネシオロジカル・サイコロジーの諸領域としてはいろいろなものが考えられる。例えば，環境条件にうまく適合するように筋運動をパターン化していくような問題を取り扱う運動協応の分野とか，幼児が対象物にうまく手を届かすリーチング（reaching）やその対象物をうまくつかむグラスピング（grasping）といった随意的な筋運動の発達過程を取り扱う分野とか，「結果の知識（knowledge of result；KR）の機能差や熟練者・非熟練者の課題遂行差といったような問題を扱ういわゆる運動学習（motor learning）の分野とか，ピアノの運指やダンスといった筋運動の記憶を取り扱うような分野などは，その典型的なものであろう。

〔3〕 「近代」のキネシオロジカル・サイコロジー

心理学では，この種の問題は一九四〇～一九五〇年代に盛んに研究されていたが，一九六〇年代に入ると衰退しはじめた。その理由としてつぎのような事柄が考えられる。① 「手動制御」にとってかわり，「自動制御」がはやり出した。② Hull の主張をはじめ，それまでの主要な「学習理論」が死滅しはじめたので，この種の問題を取り扱う際に依存する理論がなくなった。③ 一九六〇年代に入ると，「認知心理学」が台頭することになるが，この「認知心理学」が初期のころ「学習」をあまり重視しなかった。

このうち，③ が最大の理由と考えられる。なぜなら，「認知心理学」の立場は「行動主義」に対するリアクションと考えられるからである。「認知心理学」は注意とか記憶とかその他諸々の高次な精神過程にその関心を置く。他方、「行動主義」はこれらの諸過程はブラック・ボックス内の事柄として手をつけずに残した。それゆえ、「認知心理学」は「行動主義」を拒否した。ところが、「行動主義」の理論はWatson, Hull, Tolman, Guthrieに見られるようにすべて「学習」の理論であった。結果として、「学習」への関心も一緒に葬り去られてしまった。しかし、最近になって、内的過程としての「学習」への関心が高まりつつある。

「認知心理学」は個体の心の働きについて、受け身的側面よりも能動的側面を強調した。すなわち、個体が環境から必要な情報を抽出し、内的に操作・表現する働きに関心を寄せた。他方、「行動主義」は特に明示的に謳っているわけではないが、受け身的プロセスを想定しているケースが多い。

「認知心理学」は情報処理的接近法をとる。すなわち「認知心理学」は「行動主義」が手をつけずに残した、刺激と反応との間に介在するブラック・ボックスの中の「認知過程」を取り扱う。そして、この「認知過程」を記述するには、コンピュータ科学におけるプログラムのようなものを用いるのが、最も便利だと考えている。したがって、コンピュータ・アナロジーが好んで用いられている。しかし、コンピュータはハード的に学習機能を有しているわけではなく、ソフトの中のアルゴリズムにその機能を持たせない限り「学習」とは無縁である。

しかし、最近、認知心理学自身がパフォーマンスの重大さに気づき始めたことや、パソコンの操作やさまざまな機器の操縦・運転の技能の獲得と事故防止への社会的要請が高まったことなどを受けて、パフォーマンスの問題が再び関心を呼んでいる。

2 「認知」と「パフォーマンス」の連結
―認知とパフォーマンスは二分法的存在物ではない―

認知とパフォーマンスは、同一個体における活動であることからして、表裏一体というか、二分法的にとらえられない連結した面がある。このことを理解するためには、具体的な例をみるのが一番の近道と思われるので、以下に三つの例を挙げておく。

一つ目は、認知そのものの中にパフォーマンスを誘発させる力が内在しているという例である。例えば、歴史的にいえば、Lewin の「誘意性（valence）」の概念は、対象物の認知によって生起する、人の側の接近と回避のパフォーマンスに基づいて逆定義されたものである。二つ目は、Gibson の生態学的知覚理論の主張である。この理論によれば、環境の中にあるものが人の「行動」をアフォード（afford）する（例えば、「イス」を認知することは「すわる」という行動をアフォードする）働きを有することになる。三つ目は、発達の初期においては認知の成立に際してパフォーマンス（この場合にはむしろ「筋運動」と表現すべきかもしれない）の媒介があるという例である。例えば、開眼手術を受けた人の形の知覚の成立過程において、輪郭線に沿った触運動や眼球運動の媒介が認められる。あるいは、Vygotsky は思考の起源に、最初は音声（声帯を振動させるためには筋運動が必要）を伴いその後これが消えて成立する「内言（inner speech）」というものを想定している。

3 今後のキネシオロジカル・サイコロジーは「認知系」と「パフォーマンス系」の連結性を増す

今後のキネシオロジカル・サイコロジーはいかなる問題意識において構築されるのであろうか。以下において若干考察してみよう。

まず、考えられることは、認知心理学における「意識的処理(controlled processing)」(注意が向けられることが必要、容量に限界がある)と「自動的処理(automatic processing)」(注意が向けられることは不必要、容量に限界がない)という二種類の「視覚情報処理プロセス」に対応するような二種類の「運動反応産出プロセス」について大きな関心が持たれることになるのではないかということである。そして、これらの研究は注意配分の問題に関係づけて遂行されるであろう。その際、認知心理学の領域で注意配分の問題にアプローチするツールとして使用されている「二重課題法」を用いたパラダイムが筋運動課題においても効果的に利用されると思われる。この方法では、二重課題下において二種類の運動反応のうちの一方がいかなる妨害を受けるのかといったことが問題にされよう。

つぎにいえることは、認知心理学においては、実験的課題が課される期間はどちらかといえば短期間のものが多くを占めていたが、キネシオロジカル・サイコロジーでは、その性格上もっと長期間のものに関心が向けられよう。したがってその理論的研究は「記憶」の問題と関係づけてなされることが多くなろう。このことは、必然的に、筋運動の認知的側面すなわち筋運動はわれわれの内的過程においていかなる「表象（representation）」の下に保持されているのかといった問題に対する関心を呼ぼう。

その際に、その「表象」の一つの可能性として、「イメージ」と「言語」とがミックスしたような複雑な記述形が想定され得よう。この種の記述形に接近するためには Bandura（1972）の筋運動的行動に関する「観察学習（observational learning）」のモデルは一つの切り込み口となるかもしれない。なぜなら、観察学習は、単にモデルの行う行動を見るだけで学習が成立するのであるから、伝統的学習理論に見られるような、われわれの目に見える外顕的な刺激と反応の結合プロセスを考えるという行き方では説明しきれず、われわれの心の中のプロセス、すなわち「認知過程」を想定する必要があるからである。Bandura は、このようなわれわれの心の中の認知過程として四つの下位過程を考えている。

① 第一の過程は、モデルの行動を見るのにかかわる「注意過程」である。すなわち、モデルの行動のどこにどのように注意するのかということである。

② 第二の過程は、見たものを記憶する「保持過程」である。この過程がなければ、モデルの示した行動の、時間を経た再現は不可能となろう。

③ 第三の過程は、「行動生産過程」である。これは、記憶されていたモデルの行動が、実際の行動に再現されることである。

④ 第四の過程は、「動機付けと強化の過程」である。これは、モデルの行動と一致した行動がなされた際に与えられる、例えば賞賛のようなものが、行動の再現を強化し、行動の再現への動機を高めることを指す。

このように、Bandura のモデルは筋運動的行動の「認知的表象（cognitive representation）」に関し研究遂行上の多くのヒントを与えているように思える。

さらに指摘しておくならば、「認知的表象」に関する理論的研究の遂行により、もし筋運動的行動の産出を媒介する重要な要因の一つとして「イメージ」があることが明らかにされれば、体育学におけるメンタル・プラクティス（mental practice）すなわち「イメージ・トレーニング（image training）」もしくは「イメージ・リハーサル（image rehearsal）」に関する研究がこれまで以上に再活性化するであろう。

以上を総じて一口でいえば、今後のキネシオロジカル・サイコロジーは、これまで以上に認知心理学的色彩を帯び、「コグニティヴ・キネシオロジカル・サイコロジー（cognitive kinesiological psychology）」とでも呼べるようなものとなろう。

4 新しい「情報処理能力」を育てるトレーニング・メニューには「動作系」をかませたほうが良い

前節で示したように認知能力の発達の初期においては、動作系の関与が必要条件となっている可能性がある。

例えば、Piagetは表象の操作が可能になるまでの知能の発達において、その初期段階における感覚運動の重要性を指摘している。また、Brunerは表象機能が象徴的なものになる認知の発達において、その初期段階における動作の重要性を指摘している。

このことは、新しい情報処理能力を育てるトレーニング・メニューを考える際に、単に認知系の中だけでまわるメソッドではなく、手、指、足、体、等といった動作系の運動を関与させたメソッドの開発が効果的であることを示唆している。

第17章 「日常性の心理学」と「実験室の心理学」の連結性

「日常性の心理学」は認知心理学的視点に立つパラダイム上の考え方であり，「実験室の心理学」は伝統的心理学が大事にしているパラダイム上の考え方である。両者はパラダイム的に対立関係にあるのではなく，連結的関係にある。

1 「日常性の心理学」を特徴づける三つの視点

「実験室の心理学」については，われわれはイメージを共有している。日常性の心理学についてはは必ずしもそうではない。そこで，まず，『「日常性の心理学」ってなんだろう』という点につき，少し考察してみよう。日常性の心理学を特徴づける三つの視点（ほかにも多々あるかもしれないが）を挙げることができる。

① 「日常性の心理学」は科学のメタファー論でいえば有機体論もしくは文脈主義から生まれてきているように思われる。

② 心理学の流れからいえば，行動主義から認知心理学へ移行したことにより，生態学的妥当性，状況，日常認知などの概念が登場したことにより，「日常性の心理学」は生まれてきているように思われる。

③「日常性の心理学」への関心は、総合学的志向から生まれてきているように思われる。

〔1〕「科学のメタファー論」的視点

第一点については、以下のようなことである。

先に言及している「科学のメタファー論」は、Pepper の『世界仮説（World Hypothesis）』（1942）の中で論じられている「ルート・メタファー」（root-metaphor；根本隠喩）の考えに基づいている。すでに第二章において見たように、Pepper は、①フォーミズム、②機械論、③有機体論、④文脈主義、という四種類のルート・メタファーを挙げている。

「日常性を重んじる心理学」は、さまざまな事象の有機的連関を重んじる立場であり、事象の文脈を重視する立場であろうから、Pepper のいうルート・メタファーでいえば、「有機体論」もしくは「文脈主義」に基づいて発想されていると考えられる。

〔2〕「認知心理学」的視点

第二点については、以下のようなことである。

対象刺激それ自体だけで対象の認識が決定されるということはない。文脈との相互作用が必ずある。例えば、認知内容は、ボトム・アップ型処理とトップ・ダウン型処理との相互作用の結果として生まれる。文脈の効果はこのトップ・ダウン型処理の効果として考えることができる。認知作用においてトップ・ダウン型処理を考えることは、認知心理学の基本的思考様式に立っているということである。トップ・ダウン型処理といったようなことを考える認知心理学では、伝統的な実験室的アプローチよりも幅の広い柔軟なアプローチを採用したこともあり，自然な文脈や状況下における日常認知の問題への関心が高かった。この傾向は，現実世界の自然な文脈の中で生じる行動の法則性の追究，すなわち生態学的妥当性を有する法則性の追究への熱意を高めた。

〔3〕「総合学」的視点

第三点については，以下のようなことである。

すでにふれたように，いままでの学問の流れを見ると，「分析的」と「総合的」の二方向が認められる。自然科学的行き方はルート・メタファーとして機械論を用いているがゆえに，ハードウェア中心的（hard-focused）であり，分析志向的（analysis-oriented）であった。この行き方は，それなりの実績を積み上げてきた。しかし，近年に至ると，「もの」から「ひと」への視点の移行が見られる。そのため，ルート・メタファーも機械論に限らず（あるいは機械論よりも），有機体論や文脈主義が用いられる傾向がある。この傾向は多くの学問領域に認められ，結果として，ソフトウェア中心的（soft-focused）な，また，総合志向的（synthesis-oriented）な学問形態への関心が高まってきている。日常世界は，分裂的世界ではなく，さまざまな要因や文脈が有機的に連関し，総合化されたまとまりのある世界である。それゆえ，学問における総合的志向は，日常世界における諸現象へと人々の目を導くことになる。心理学もその例外ではないと考えられる。

2 「実験」と「日常性」の関係に見られる連続的性質

つぎに，「実験室における心理学」と「日常性の心理学」について，「実験」と「日常性」の関係という視点から少し考えてみることにする。両者の関係は「分析」と「総合」の関係に類似している。対立的概念ではあるが，研究の進展のためには両者とも大事な条件といえる。すなわち，真理の追究に向けた研究パラダイムとして両者の考え方はともに必要不可欠という点で類似している。しかし，「分析」と「総合」の関係に比べて「実験」と「日常性」の関係は連続的性質が強いように思われる。この連続性を生み出している具体的操作として，以下の二つのカテゴリーが考えられる。

① 実験の中で日常性を目指す操作のカテゴリー
② 日常性の中で実験を目指す操作のカテゴリー

〔1〕 実験の中で日常性を目指す

第一のカテゴリーは以下のようなものである。

このカテゴリーは，実験の中に導入される諸変数の操作をなるべく日常生活の中で経験する内容に近づけるものである。例えば

① ステレオスコープにより三次元の対象物を作り出す。
② スクリーン上に三次元映像を作り出す。

③　walk through できるような三次元空間を作り出す。
といった操作は，いずれも，実験操作の工夫により，日常性に近づけている例である。①から③に進むにつれて，その「日常性」の程度もしくは「日常らしさ」の程度はより高まっている。すなわち，近年話題の多いヴァーチャル・リアリティ（virtual reality）の操作を実験に導入する場合が，このカテゴリーの典型例といえる。リアリティの「らしさ」が大なるほど，日常性に近づくというわけである。

しかし，この場合に注意すべき事がある。それは，操作の内容によっては，結果として，人間の側に「非日常性」を強いることになってしまう場合もあるということである。

例えば，先ほどの立体視を例にとってみよう。前迫・小池・中村・永塚・清水（一九九二）は，立体テレビ視聴者の視覚誘発電位を測定している。彼らは，液晶眼鏡のシャッターに同期させて，テレビ画像を左右眼鏡用に水平方向にずらす両眼視差方式を使った立体テレビを使用し，映像提示と同時に視覚誘発電位を測定している。視覚誘発電位というのは，脳に電極をつけて記録する脳波の場合と同じようにして測定される，大脳皮質視覚野を中心とした領域の電気的活動の集合電位のことである。そこで，横軸に時間的推移をとり，縦軸にこのような誘発電位の変化を記録した結果をみると，詳細は省くとして，少なくとも脳のある部位において，通常の自然な立体視の場合には見られない，波形変化が認められるのである。ということは，人の情報処理メカニズム上，なにか不自然なことをその人間に強いていることにならないであろうか。

〔2〕 日常性の中で実験を目指す

第二のカテゴリーは、独立変数の操作が、われわれの日常生活の中で設定されているような場合である。例えば、「速度知覚」の研究を考えてみよう。周辺の視覚刺激をできるだけ除去するために暗室でディスプレイ上に光点を提示し、この光点を一定速度で水平運動させ、これを被験者に観察させたとしよう。このときの主観的速度を被験者の判断から測定するといった研究は、典型的な実験室における実験である。では、つぎのような場合はどうであろう。一般道路上に乗用車を一定速度で走らせ、このときの速度を道路脇に立ち止まった被験者に判断させるといった場合である。これは、日常生活場面の中で、車の速度という実験変数を操作しているのであるから、日常性の中で実験を目指していることになる。

では、つぎの場合はどうであろうか。

Roballey, McGreevy, Rongo, Schwantes, Steger, Wininger, & Gardner（1985）は、バックグラウンド音楽が人間の行動に及ぼす影響について大学内のレストランを使って実験している。テンポの速さを大小に操作したバックグラウンド音楽を、そのレストランによくやってくるお得意客達の食事の時に、それぞれ日を替えて流すようにした。別のお客になりすました実験者が、その人達に気づかれないように食物を噛むテンポを数えたところ、速いテンポの時は遅いテンポの音楽の時より多く噛むという結果が得られた。

先ほどの例では，被験者は道路脇に立ち止まって速度の判断をするよう実験者に人為的に強いられている。今度の場合も，実験変数の操作を日常生活事態の中で人為的に操作しているわけであるから，日常性の中での実験を目指しているという点では同じである。しかし，被験者の反応が自然な日常的行為の中から入手されているという点で，先ほどの例より「日常らしさ」の程度がより大となっている実験といえよう。

〔3〕 事後的事象の中に実験と同値の構造を見いだす

では，つぎの場合はどうであろうか。少し古い例であるが，Roediger & Crowder（1976）の記憶における系列位置効果（serial position effect）に関する研究がある。彼らは実験室の中で単語の系列を提示し，その直後再生について吟味するかわりに，歴代の合衆国大統領の名前を再生させることを行っている。歴代の合衆国大統領は，その就任時期についていえば時系列に並ぶから，その大統領の名前というものも系列順序を有する単語と考えられよう。ただし，この系列順序は実験室の中で単語を提示する順序から構成されたような人為的なものではなく，われわれの日常生活の中で自然に構成された系列順序といえよう。結果は，実験室における実験の場合と類似したものとなっている。

先に述べた Roediger Ⅲ世らの研究は，変数の操作が人為的になされてはいないので，厳密にいえば「実験」ではない。すなわち，これは「事後的（post-event）」な研究である。しかし，結果として構造が実験的研究と同値に扱えるものがある。Roediger Ⅲ世らの研究はその一例である。

このように考えると、「実験」と「日常性」の連続的性質を支えるもう一つの研究カテゴリーとして、「日常性の心理学の中には、事後的な研究というカテゴリーが存在する」ということがある。そして、これらの研究は実験と同値な構造を有する程度についてバラツキを有することになる。

もう一つ例を挙げておこう。Smith & Stansfeld（1986）は、日常生活における騒音の大きさと日常の「小さなエラー」との関係を吟味している。彼らは航空機騒音の程度が大きい地区の住民と小さい地区の住民両者に質問紙を郵送し調査を行った。この質問紙の中に「日常生活に見られるちょっとしたエラー」や「騒音に対する感受性」について、自分で判断する項目が盛り込まれていた。前者は、「明かりをつけたか消したか、あるいはドアに鍵をかけたかどうかを思い出せないことがあるか」といった質問項目である。後者は、「蛇口からたれている水滴の音が気になるか」といった質問項目である。結果を整理するに際して、航空機騒音の大小と感受性の大きさの大小をかけ合わせた四条件が設定された。そして、これらの四条件において、「日常生活に見られるちょっとしたエラー」の得点がどうなっているのかが比較された。それによれば、航空機騒音が大きいほうが、また、騒音に対する感受性が大きい人のほうが、日常的なエラーを起こしやすいことがわかる。

この研究は、独立変数を人為的に操作した後に当該の現象を生起させ、従属変数（dependent variable）における変化を見るという「実験的」なものとはなっていない。事後的に収集されたデータを整理するうえで、独立変数的な「吟味変数」として、「航空機の騒音の大小」と「騒音に対する感受性の大小」という変数を設定したに過ぎない。しかし、先ほどの大統領名を用いた記憶実験の場合に比べれば実験と同値な構造化の程度は、より大となっているように思われる。

〔4〕「日常性の心理学」と「実験（室）心理学」の連繋

これまで、「実験」と「日常性」の連続的性質を生み出す三つのカテゴリーを挙げてきた。いってみれば、〔1〕と〔2〕は実験という大きな枠組みの中での実験室環境かフィールド環境かという違いに見られる連続性であり、〔3〕は事後的研究という大きな枠組みの中での実験的構造に対する類似度の差に基づく連続性の違いである。

それゆえ、「日常性の心理学」と「実験（室）心理学」の両者は対立的関係にあるのではなく、ケースによって

① 連合的関係（実験の中で日常性を目指す）

② 総合的関係（日常性の中で実験を目指す）

③ 融合的（統合的）関係（事後的事象の中に実験と同値の構造を見出す）

のいずれかにあるといえよう。

第18章 「社会的構成主義の心理学」と「エスノメソドロジーの心理学」と「伝統的心理学」との連結性

1 社会的構成主義の心理学

〔1〕「社会的構成主義」の一般的特徴

従来の方法論は「論理実証主義（logical positivism）」の立場に立っているといえるが，この論理実証主義の立場に立てば，日常に見られる分析的な目で見れば「未分化な」諸事象を操作可能な次元に翻訳して扱うことになる。すなわち，この立場では，「法則定立的（nomothetic）」な行き方がとられる。いい換えれば，「客観主義」の立場である。心理学におけるこの立場の典型的例は，行動主義に立つ「学習理論」であろうが，その後の認知心理学の登場などに象徴されるように，必ずしも成功の勲章を胸にすることはできなかった。その結果，このような考え方に対置する（批判的な立場をとる）考え方が現れてきた。心理学でいえば，現象学的心理学（phenomenological psychology）の立場はその典型例である。「社会的構成主義」も大きなくくりとしては同様な立場に入れられよう。「社会的構成主義」は，社会科学の中でも人類学や言語学や社会学や社会心理学の領域で育まれてきた一種の「解釈学（hermeneutics）」を志向している立場のように思われる。

すなわち、人間中心主義のトレンドにのっており、広義の「主観主義」と考えられる。すなわち、「相対主義」といえる。しかしながら、この立場の「主観主義」はその原初的レベルのものではなく、「論理実証主義」という「客観主義」の洗礼を経て思想のら旋階段におけるら旋を一つ回って「止揚（aufheben）」した「主観主義」ともいえる。この「社会的構成主義」の詳細についてここで論ずることは、筆者の力を超えるし、また本書で意図していることでもないので、その考え方については、以下のごとく述べるにとどめる。

われわれの知識というものは、これまでの経験から先行的に構成された解釈枠組みという一種のバイアスに基づいて構成されている。したがって、このバイアスの内容が変われば、当然、結果（その時われわれが有することになる知識）も変わってくる。このバイアスには、社会的要因（例えば、社会的利害、社会的権威といったもの）が密接にかかわってくる。このような、われわれの知識を生み出す（構成する）状況の背後にあって黙せるごとく目立たずに存在する諸要因の働きを強く意識した考え方が、社会的構成主義の基本をなすように、筆者には思われる。

わが国において、社会科学の領域に社会的構成主義の波が流行的に広がり始めて十五年ほどが経過してきたが、最近はかなり下火になってきているようである。そのことは、この考え方の発想自身が、明示的に表現されれば「なるほど」と新鮮さを感じさせるが、いったん指摘されてしまえば、「当然の」感覚の中に沈潜してしまう類の、いってみればそもそも「パラダイム革命？」というほどのインパクトのあるものとはとうていいえないからであると、筆者には思われてならない。

社会的構成主義的考え方は、「ポストモダン」の考え方と位置付けられている。「ポストモダン」なるラベル付けをされるとなにやら新しい学問的流行（たとえ一時的なもの？にせよ）の思想のような感じがしてくるが、この考え方はそんなに「新しい」指摘なのであろうか。

筆者に上述のように思わせる、この考え方の適用例を以下に二つ挙げておこう。一つは教育学の分野におけるものであり、もう一つは臨床心理学の分野におけるものである。

それらの話を始める前に一つ断わっておきたい。本書が社会的「構成主義」という表現で言及している考え方はもともとは海外から輸入されたものであるから、この概念を表現している原語はなにかということが気にかかる。これには「コンストラクショニズム（constructionism）」と「コンストラクティヴィズム（constructivism）」という二つの原語が存在する。両者の区別に関しては、それらを使用する英語圏のネイティヴな研究者についても、それらを翻訳するわが国の研究者についても、使い分ける人とそうでない人とがおり、一種ファジーな状況にあるという（中河、二〇〇一）。そこで、本書では、この種の学問的ラベルを「広義」な理解に立って受け止め、特に区別することはしていない。

〔2〕「社会的構成主義」と「教授・学習」

一九九〇年代に「構成主義の学習論」というものが主張された。現在はどのような評価に落ち着いているのか筆者は知らない。しかし、例えば、この種の考え方の唱道者の一人と思われるJonassen（1991）のモデルについて若干の考察を試みてみよう。

このモデルによれば、われわれの知識習得過程は三段階のレベルに分けられるという。第一段階が「初期レベル」であり、第二段階が「アドバンス・レベル」であり、第三段階が「エキスパート・レベル」である。第一段階では、技能レベルの知識習得過程を想定しており、練習やフィードバックにより知識の構造化が進行するという考え方が取られている。第二段階では、単なる「技能」のレベルを超えて「知識」というものに基づく複雑で多元的な構造化が進むことになる。それゆえにこのレベルに至ると、多元的な理解というものが可能となる。第三段階では、実際の生活世界の中における経験に基づき、より精緻な構造化が行われるレベルである。このレベルでは、知識は「スキーマ」的にパターン化され、内的に結合された構造をとるようになるとされる。そこで、この知識習得過程を教授・学習場面の作業に置き換えてみるならば、第二段階がまさに「社会的構成主義」の考え方が導入されている段階だとされている。この段階の教授・学習場面では、学習者はおたがいに協力し合いながら（したがって、グループ学習状況が前提となっている）、自己の関心をベースにして「調べ」作業などの「活動」を行い、いわゆる「発展的」に学習を行うことになる。

しかしながら、こうした学習状況がどうして「社会的構成主義」の考え方に合致するとされるのであろうか。授業のような学習場面であれば、それがいかなる形態のものであれ、学習の目標となる「なにか」は必ず存在するはずである。そうでなければ、なんの秩序も存在せず、授業としての集団（別に「学級」である必要はない）は存在しなくなる。この学習の目標は特に教師が定めるものに限定される必要はまったくない。学習者が内的に有していれば良い（外的に明示できるようなレベルに達していることも必要条件ではない）。そのいわば「直観的」とでもいえるようなレベルも含めたなんらかの自発的活動を行うことは、単に、これまでも受容されてきた考え方である「学習者の自発性を尊重した学習状況」そのものであり、特に声高に「社会的構成主義が導入されている場面」とまで「特化して」表現されるほどのものでもあるまい。

学習者が外界（社会）との相互作用に基づいて知識を構成していくプロセスは、これまでの「一方（教師）から他方（生徒）への単なる『情報の伝達』」と表現されていた伝統的教授・学習場面とは「革命的？」に異なるプロセスと考えられているようだ。しかし、本当にそのような質的転換を意味しているパラダイム的変換なのであろうか。筆者には、心からはそのようには思えないのである。考えてもみれば良い。伝統的授業場面における教師がなんらかの知識を生徒に「説明」し「理解」させる場面であっても、生徒にしてみれば、教師は「外界の一部」であるし、また、情報が教師により伝達されるというコミュニケーション形態も一種の「社会的」場面であることは間違いないし、さらには、その情報を「理解」するということは、そこにすでにその人なりにその人がこれまでの社会的場面で「構成」してきた知識体系の中に矛盾なくこの情報を組み込む新たな「構成」を行っていることになるわけである。こう考えてみれば、その「社会的相互作用」の程度を教師以外の対象（学習グループのメンバー間の相互作用やインターネットを用いて他の環境にいる人々との相互作用）にまで広げたということが、その違いということになる。これは、すでに指摘した通り、これまでの方法論と本質的にはなんら変わることはなく、単に「一つの」関与変数の適用「幅」を拡大したということにしかすぎないのである。それゆえ、筆者には、現在の教授・学習場面がこれまでのやり方に比較して、その考え方が「理論的」にいって「革命的?」に変化したようにも、パラダイム的に「大転換」したようにも思われないのである。

これまでに考察したことを、「料理のアナロジー」に置き換えて表現してみよう。「なにかの料理をしましょう」となんの目標もない「料理場面」は現実の生活世界にはない。「麺の料理にしよう」とか「コレステロールの少ない料理にしよう」とか「できるだけはやく仕上がるものにしよう」とか「見栄えの良いものにしよう」とか、なんらかの「目標」が定められるのである。この目標は他者から与えられる場合もあろうし、自らに「内的に」想定する場合もあろう（はっきりした形をとらなくても、なにかを直観的レベルで持っているといった場合もあろう）。これらのいずれかの目標に向かうにしても、料理の材料があらかじめ与えられている場合もあれば自分で探し求める場合もあろう。料理の材料が与えられている場合であっても、それから先は自分で工夫しながら進める場合もあろうし、だれかが、ときどきヒントやアドバイスをしてくれる場合もあろう。あるいは、「レシピ」なるものがある場合もあろう。あるいは、「レシピ」も指導者も両者が存在する場合もあろう。また、料理場面と一口にいっても、指導者一人に対し複数の料理人がそれぞれの料理をしている状況もあろうし、一人の指導者に対し複数の料理人がグループとなり相談し合い手分けし合いながら一つの料理を完成させるべく料理を行っている状況（例えば、料理スクールの授業）もあろう。これらの場面は「伝統的な授業原理」に基づいたものなのであろうか、「社会的構成主義」に基づいたものなのであろうか。人によっては、「料理の学習は『技能』の学習であるから『知識』の学習とは別種のものだ」という人がいるかもしれない。果たしてそうなのであろうか。料理という活動がある結果を出す過程においては、さまざまなレベルのそれこそ「知識」が関与しており、これらの知識の学習なくして料理などできるはずもない。さて、話を元に戻してみよう。先ほどの料理場面における指導者を学校教育における教師、料理人を生徒に置き換えてみよう。さらに、レシピは教師が用意する教科書や教材、目標とされる料理はその時の学習目標と置き換えられる。さらに、料理の指導者が調理を示範し、それを他の料理人が観察し、そこからなにかを学ぶという状況は、典型的な一方から他方への情報の伝達にほかならないではないか。これは、教師が黒板に書いたり、図解したり、原理を説明したりするのを、生徒が学習するのとどこが異なるというのであろうか。示範の後で、生徒が料理という「活動」を行うことが違いというのであろうか。そうであれば、教師に指されて何かを答えたり、前の黒板でなにかの課題を遂行するのと本質的にどこが異なるのであろうか。

こう考えてくると、料理場面は、伝統的学習場面と理論的に同質の場面といえる。しかし、多分、ある人々は、この料理活動場面は、「社会的構成主義」の考え方に沿った新しい授業形態に、より近似したものと考えるかもしれない。それは、なぜだろう。教師以外の人が存在し、その人達が授業に参入してくる（インターネットを通じる場合も当然含まれる）からか。参入者の数が増加することによりなにやら「社会的」という語表現が強まることになるのであろうか。しかし，この点は，伝統的授業の中であっても，対教師，対生徒間とのインタラクションは程度差はあれ十分に整備できるのであるから，そう差異があるようには思われない。こう考えてくると，筆者には，一番の相違は，多分，生徒の側の「自発性」がどこまでプッシュされ，許容されているのかという一点につきてくるように思われてならない。この点がなぜ重要かといえば，「自発性」が大事にされているということは，その分，この知識習得活動が「内発的動機付け（intrinsic motivation）」に基づいて遂行されることを促進するからである。この「内発的動機付け」が高まるという要因と「社会的構成」が高まるという要因とは，理論的にいえば，まったく別個の要因である。

こうみてくると，最近主張されている，パソコンを用いたインターネットを利用した授業や，グループによる学習（グループごとに目標が異なり，一つの目標に収束させていないことにより，目標の発散性が存在し，これが社会的構成主義の考えに沿うとされる？）の成果は，「社会的構成主義」の要因より「内発的動機付け」の要因による効果のほうが大きいとも考えられないであろうか。

〔3〕「社会的構成主義」と“narrative therapy”

臨床心理学の分野に“narrative therapy”と呼ばれる心理療法がある。このセラピーでは，クライエントが苦しむ「病気」は，「病気という医学的に外在する「実体」としてとらえずに，その時の社会によって構成されたものと考えている。それゆえ，なにが「病気」かというカテゴリーの内容については、きわめて相対的な性質を有している。したがって、これまでのセラピストのように、「診断行為」を行うことは、そのセラピストの信奉する「診断理論」に基づいて、むしろ「病気の構成」を行ってしまっていることになる。このような役割を果たさないために、セラピストは細心の注意を払ってクライエントの語るところのクライエントの現実を、自分の専門的知識で解釈し直さずに、そのままの姿で理解しようと試みるのである。すなわち、セラピストは専門家としての目でクライエントの「現実」を構成することを意識的に避けるのである。クライエントの語るあるがままの現実を専門家としての知識や解釈を媒介させることなく十分に理解するということは、いい換えれば、セラピスト自身が専門家としてではなく個人としてそこに新たな「現実」を構成していく過程を指していることにほかならない。また、クライエントのほうは、自分の「現実」をあるがままに理解し、共有してくれる人がいるということをきっかけにして、セラピストとの語りを通じ、自分の「現実」がこれまでと違った内容となることを経験することになる。このような経験を通じて、クライエントは現実の「相対性」を理解し実感できるようになるのである。

このように、クライエントとセラピストの両者が語りを通じて、クライエントの現実の新たなストーリーを構成していく作業が、「社会的構成主義」に基づく“narrative therapy”ということになろう。この方法は、換言すれば、「エスノメソドロジー（ethnomethodology）」の方法をセラピストとクライエントの間の関係に導入したことにほかならない。

しかしながら、このような考え方は、例えば従来からの「認知療法」と本質的にどこが異なっていることになるのであろうか。認知療法の場合でも、「良好な治療関係、特に患者と治療者が一緒に患者の認知のあり方を検証していく実証主義的共同作業（共同経験主義）が重視される」（水島、一九九九）というのであるから、まさに“narrative therapy”と同じであろう。しかも、「その際、治療者は、支持的な質問を用いて患者の確信を検証可能な仮説に変換するよう努力する」（同上）のであるから、なおもってのことである。

このような主張に対して、社会的構成主義の立場に立てば、その反論は、おそらく以下のごときものに集約されるように筆者には思われる。

① 認知療法では、「診断」行為により、セラピストの有する専門的といわれる知識により病気の社会的「構成」が行われている。

② 認知療法では、クライエントの「現実」の問題を認知上の歪みと考え、それをクライエントが知ることで、いわば認知的に解決することを図っており、経験的レベルで扱っていない。

③ 認知療法では、セラピストがクライエントの「現実」を分析し、「解決策」を探る役割を果たす「観察者」という特権的立場が維持されている。

④ ③の裏返しの内容ではあるが、重要な点なので④として挙げておく。認知療法では、セラピストとクライエントとが会話や語りを通じ、ともに「当事者」としてたがい同士を探索し、相互交流しながらたがいに「自己物語」を構成していくという、「当事者感覚」がセラピストの側に不足している。

しかしながら、これらの点についていえば、伝統的セラピーの代表格である認知療法と「社会的構成主義」に基づく"narrative therapy"とで、声高にいうほどの相違があるのであろうか。

①についていえば、"narrative therapy"といえども、クライエントは「セラピスト」といわれる人（その名称が明示的に付されていなくても、少なくともクライエントとっては「相談相手」として認識されている人）のところにやってくるのであるから、クライエントは自分なりになんらかの「問題」もしくは自分では対処しきれない「悩み」を認知していることになる。この認知の成立は、一種の自己「診断」ということになる。この自己診断の基準は、「社会的に構成されたもの」であろうから、すでにこの時点で、"narrative therapy"においても、伝統的療法の問題点として"narrative therapy"自身が指摘した内容を抱え込んでしまっていることにならないのであろうか。さらに、セラピストのほうも、この条件にあるクライエントと交流し、「自己物語」を構成するのであるから、前述の「クライエントの『自己診断』」は自らにも持ち込むことにならざるを得ない。だからといって、これを持ち込まないような意識的配慮をすることは、ある意味でセラピストが自らに固くいましめている「専門家としての知」を介在させた「自己物語」の再構成をクライエントに強いていることになるまいか。こう考えると、実践上はとにかくも、理論上は「自己矛盾」を抱え込んでいることにならないのであろうか。

②についていえば、伝統的方法では、認知的レベルで解決を図るという、いってみれば、クライエントがある意味で理性的にもしくは理知的に「現実」の見方を変えていくことが志向されてい

るという点である。そして、この方法では、クライエントの「わかっているけどどうにもならない」という知識や理性を超えた次元での問題の「解消」をもたらすことにはならないという危惧である。このような問題が存在し得ることは、たしかに理論的には、了解できよう。しかしながら、“narrative therapy”ではこの問題を十分にクリアしているのであろうか。なるほど、“narrative therapy”では、クライエントは自分の「現実」を自分と同じように受け取ってくれるセラピストに出会うことにより、語りがよりプッシュされ、その中で自分の「現実」を多面的に受け取る土壌が育まれていくと考えることはできる。結果的にも、そのような成果が十分に得られているのであれば、それはそれで療法としての十分な評価に値しよう。しかし、なぜ、セラピストとクライエントの間で理性的・理知的理解を両者ともに共感的に成立させていく従来の臨床的実践では問題の「解消」が生起せずに、クライエントの「現実」を「当事者的」会話を通じて理解していく“narrative therapy”では問題の「解消」が生起するのかについての「理論的説明」は、十分になされているとは筆者には思われない（筆者の勉強不足のゆえかもしれないが）。もし、納得のいく説明が十分になされていないとすれば、“narrative therapy”は、たとえ、社会的構成主義的方法であるとしても、「対症療法的効果」の域を出ないことになってしまわないのであろうか。

③ についていえば、“narrative therapy”では、会話・語りを通じて、セラピストが「当事者」としてクライエントの「現実」の再構成に参加するとされるが、このようなことが本当に「十分なレベル」で実践され得ることなのであろうか。筆者にとっては、レトリカル（rhetorical）に過ぎ

る感を否めない。クライエントにとってみれば、そこでいかなる会話が進められようと、違う種類の人間としてのラベル付けがなされていない限り、セラピストはセラピストなのである。セラピストとしての役割認識の中で、いくらAnderson & Goolishian（1992）のいうようなクライエントの「現実」について「無知の姿勢」をとったとしても、そのことで、クライエントに対して「セラピスト」という「特権的」立場から完全に抜け出ているとは到底思われないのである。また、クライエントの「現実」について「無知の姿勢」をとることが「解決策」であると考えていること自体が、すでにそこに「治療者」としての「観察者」の役割を内包してしまっていることから、少なくとも実践活動についていえば、そこで求められている条件は「自己矛盾」的なものになっていると考えられるのである。

④についていえば、セラピストとクライエントとの間で進められる会話では、セラピストの側からなにか特定の回答をクライアントに求めるようなものではなくても、セラピストによりそこで発せられるなんらかの「意味のある」語りには、クライエントの会話をおうむ返しに繰り返すことをしない限り、セラピスト自身はそのことを意識しなくても、必ずなんらかの意味でそれまでの自分史の中で育まれた（セラピストとしての経験も当然含まれる）知識が反映されていることになる。このことは、「当事者」的性格を弱める方向に働きこそすれ、強める方向に作用するとは思われない。また、③について先に述べた自己矛盾的性格とは、「当事者」たらんとすることがすでに「観察者」的性格を内包してしまっていることの指摘である。

〔4〕 心理学と「社会的構成主義」

心理学的変数の中には（特に「認知変数」では）、「操作的定義」ではなく、「『言葉』のうえでの定義」がなされるものも多くある。『言葉』が用いられる限り、社会的構成主義のいう「社会」による（「集団」による）意味付けにおける「相対性」の滲入は不可避のことである。一例を挙げるならこうなる。

ある「社会」（例えば、ある「民族」）において、「『あか』色を見ている」という言葉で表現されるカテゴリーに属する「認知経験」は、「社会」によって異なってこよう。もちろん、「典型的？」事例については一致度は高いであろうが（うるさくいえば、「典型」の内容自体についても当然「社会」により異なってはいるが）、離心幅については「社会」によってそれこそ千差万別であろう。こういった、言葉が意味するところの相対性を、逆の見方をしてみよう。いま、諸現象（諸経験）があり、これに対してなんらかの「言葉」としてのもしくは「カテゴリー」としての名称が付けられたとする、ある「社会」（「民族」）と別の「社会」とでこれらの諸現象についてピッタリと一致する対の言葉などそもそも存在し得ない（そのような対応を前提とした言葉を人為的に作れば別であるが）。「言葉」を使って表現するということは、程度の差はあれ、本質的にはみなこういう性質を有している。こう考えると、ピッタリとしたいわゆる「翻訳作業」などというものはあり得ないことであり、通常「翻訳作業」といっているものは、一種の「社会的構成作業」そのものにほかならない。もちろん、「翻訳の対象となった内容」と「翻訳者によって構成された内容」とがまったくミスマッチになっているといっているのではない。翻訳者の「文化的・社会的背景」の効果が翻訳内容（構成内容）に滲入《しんにゅう》し、微妙な点で意味の重なり方にズレが生じてくることは不可避なことだといっているのである。そして、多くの人々は、声高に「社会的構成主義」という表現は用いていないが、この種の現象（問題）の存在についてはこれまでも十分に知っており、また、理解もしているのである。それゆえ、特にあらためてそのことを表明するまでもなく、いってみれば、「常識化」しているのである。

それでは、世界のあらゆることついて、われわれが「本当の」「コミュニケーション」を行うことは、本来的に不可能ということになってしまうのであろうか。もちろん、そのように極端な考え方を取ることはない。すなわち、他者との相互交流の中で、その言葉が用いられる多様な「行為的」経験を経て、その言葉の意味する内容の重なる部分が抽出的に認知されるようになり、結果としてその言葉で意味される範囲がより狭まり「特定的」な内容になってくるのである。すなわち、使われる言葉の意味する内容は社会的に構成されるものであるとしても、そしてより厳密にいえば、その意味の最終的内容が各個人によって構成されるとしても、その言葉に基づく多くの人間の営みのうえで支障を来たさないところの、換言すれば、その言葉が多くの人々に対して「機能的に」共通するところの、内容を持つということは十分に成立し得るのである。

ここまでの考察において、興味深く思われるのは、前述の内容が、ギブソニアン達の唱える「生態学的心理学（ecological psychology）」における「不変項（invariants）」をわれわれがピックアップする力を育んでいくプロセスに、きわめて近似しているように筆者には思われるからである。先述の「多様な『行為的』経験」に相当してくると思うが、Gibson は「観察者自身の動き」というものを「視覚的な不変項」をピックアップするに際し、非常に大事な要因として位置付けている。考えてみれば、「観察者自身の動き」というものは、その観察者に対し、先に言及したことと同様に、「多様な『視覚的』経験」を供給する事態にほかならないのである。おそらくは、この「不変項」をピックアップしているということ自体が、われわれの「リアリティ」を産出しているということに相当するのであろう。社会的構成主義が、われわれの「リアリティ」の存在を「コミュニケーション」活動に置くのときわめて類似しているではないか。

再び、話を社会的構成主義に戻すとして、先に見たように、もちろん、人間の営み（行動）から特定（定義）される言葉の意味というものも、社会的構成物そのものであることには相違ない。なぜなら、人間の行為自身も、「文化的・社会的背景」の影響を受けているからである。その意味で、「言葉の有する「相対的」性格から「完全に」脱却することは「理論上」は不可能なこととなる。最終的に人間が「理解する」内容というものは、すべて「構成物」といえるし、いかに個人レベルの構成物であっても、そこに、例えば「生物学的成熟」のごとき要因の関与のみを考え、まったく「社会的要因」の関与を考えない「心理学者」が現在いるのであろうか。たとえ「生物学的要因」といえども、例えば、親からの遺伝とか、どういう両親の組合せによる遺伝かとか、いかなる環境要因と相互作用したかなどということを考えれば、すでにそこに「社会的要因」が関与してきていることになろう。

いずれにしても、極端な「論理実証主義者」というか、この考え方を「純度高く」保ち、この考え方一本槍で、すべての心理学的現象を考えていこうという心理学者が、現代においてそう多くいるとは、少なくとも筆者には、思われないのである。すなわち、ある意味で、これまで記述してきたようなことの認識は、現代の心理学者達の「共通理解」と化しているともいえるのである。

2　エスノメソドロジーの心理学

「エスノメソドロジー」とは一体なんのことなのであろうか。その詳細な解説は本書の目的とするところではないので、また筆者の力量を超えるので別書にゆずるとして、ここではその特徴の一つに言及するにとどめる。

この立場の唱道者として著名なGarfinkel（1967）の主張によれば、「人びとが自分たちの表現・行為の合理的特徴をどのように組織的に産出・構築していくのか、その方法（論）もしくは手続きを解明していこうというのが、エスノメソドロジーの研究方針である」（西阪、二〇〇一）ということになる。そして、「そのときエスノメソドロジーは、もはや合理的特徴の産出・構築の一般的な条件を（構築的に）特定したりはしない。むしろ、その特徴がそのつどの状況において（そのつどの状況におけるさまざまな偶然的条件に依存しながら）どう産出されていくかを明らかにしようとする」（西阪、二〇〇一）という。

しかしながら、その、「合理的特徴」がさまざまな偶然的条件に依存しながらどう産出されていくのかというそのダイナミズムを明らかにしていくことこそが、むしろ、「最も一般的な」産出上・構築上の条件を明らかにしていくことそのものであるようにも、筆者には思われる。

個別問題の検討なしに一般的問題の検討などできるはずもないことや、また、いきなり一般論を論ずることの無意味さや、また、個別内容に支えられて初めて一般的内容が成立し得ることなどについては、現代の研究者達は十分に承知しているように思われる。また、現代の心理学者で、われわれの行う「表現」や「行為」が文脈や状況の固有性に依存していることを否定する者は、だれもいないであろう。しかしながら、だれも、エスノメソドロジストほどに、この「われわれの表現・行為がいかに文脈・状況の固有性に依存しているか」ということに徹底して「こだわり？」、その内容の詳細を綿密に跡付けて見せることもしてこなかった。この点に、「エスノメソドロジーの心理学」の有する最大の特色が存在するように思われる。

このように、エスノメソドロジーとは、簡潔にいえば、「われわれがなんらかの『表現』や『行為』を産出した際に、その産出が、その時われわれが置かれていた個々の文脈や状況に依存して、いかに行われたのかを跡付ける作業」と記述され得るように思われる。そうであれば、エスノメソドロジーとは、「事後的（post-event）」な跡付け作業に終始することになるのであろうか。いかに「個々に独立した」事後的な跡付け作業といっても、「跡付け」を可能にさせるためには、なんらかの意味で、これまでの跡付け作業の累積から引き出された「知識」を利用せざるを得まい。まったくこの種の知識なくして「跡付け」などできるはずもない。この「知識」は、ある意味で「一般的な」ものといえるであろうから、その意味では、エスノメソドロジストはそういう表現を嫌うかもしれないが、本質的には「法則性」という属性との「縁」は切れてはいないのである。それゆえ、「個別的」な状況や文脈を徹底して重視するエスノメソドロジーといえども、「一般性」からまったく独立している方法論とはなり得ないのではなかろうか。

また、「予測性」という点についてはどう考えたら良いのであろうか。エスノメソドロジーという方法論では、こういったアスペクトはまったく考えないのであろうか。しかしながら、ある「行為」の産出を跡づけるに際して、「いかなる内容の状況」や「いかなる内容の文脈」に着目するのかという作業においては、「状況・文脈↓行為」という予測ではないにしても、なんらかの意味で「予測的」アスペクトがかかわってきているようにも、筆者には思われる。なぜならば、まず最初に「産出された行為」という現象が存在することから始まり、それからつぎに、多数の潜在的な状況・文脈の内容の中から、この産出をもたらしたと「解釈される」特定の状況・文脈に連結していく作業は、通常とは逆の「行為↓状況・文脈」という、いってみれば「『遡向的な』法則性」を手がかりに用いることなくしては、遂行不可能のように筆者には思われるからである。もし、そうであれば、エスノメソドロジーを用いる人々自身の意識にはのぼりにくいかもしれないが、また人によってこの意識には「程度差」があろうが、それまでの経験（方法論的経験やこの方法論により得られた知見）を、もちろん組織立って行うわけではないが、なんらかの意味で、単なる個別性を超えたところの（すなわち「一般的？ もしくは法則的？」な）表現に抽象する作業（このことによりわれわれはいわゆる「知識」（もしくは，「経験知」）というものを持つことができるのである）が，「ひと知れずに」進行していたということは考えられないのであろうか（それゆえに適切な跡付けができるのである）。こういった点は，エスノメソドロジーのアイデンティティと「自己矛盾的」な関係にある内容ともいえよう。

しかしながら，エスノメソドロジーの方法により，人と人との相互作用のディテールが目に見える形に整理され，人と人との間の行為の継起が組織化されていく過程が記述されるのである。そして，そのことにより継起構造を明示することが可能となる。しかし，そのこと自体は，これまでの観察記録をより詳細化したにすぎないともいえる。たしかに，記述を読みその場面のディテールを追観察できることは，それはそれとして重要なことであるが，そこから先にこれをリソースとしてつぎになされる学問的な営みはなんなのか。記述して，その場面における人と人とのかかわりのダイナミズムを跡付ける活動に止まるのか。筆者の勘違いでなければ，エスノメソドロジスト達も「分析する」と聞く。人と人との間の行為の継起構造を明示することは，ある意味で，トランスクリプトの作成ですでに終了している。これをさらに「分析する」ということはなにをすることになるのか。これを，さらに，より「簡潔な」表現に記述し直しても，これは分析ではない。であれば，トランスクリプト上で，目に見えないものを，目に見える形に整理してみせるということか。ということは，トランスクリプトからなにかの「情報」（例えば，「不変項」のようなもの？）を取り出してみせるということなのか。この種の「情報」をピックアップできる「力」は、状況をたくさん経験することからしか生まれまい。また、今後、類似した場面での実践活動にとって有益な「一般的」知見を抽出するのであれば、これまでの伝統的な方法論とその考え方においては基本的になんら変わるところはない。単に、「会話分析」の一つの詳細な方法論にすぎないということになってしまう。

エスノメソドロジーのやり方についてもう少しみてみよう。例えば、いま、「少年 A」について理解するために、この少年が参加している「少年野球クラブ」の中において、この少年がいかに「人間関係」を成立させていくのかを、この方法により調べてみるとしよう。おそらくは、ターゲットとしている少年 A 一人の言動にのみ焦点化してこれを記録・記述するのではなく、少年 A のまわりの少年達の時間軸上の言動により構成されている一種の「文脈」についても十分な目配りをした記録・記述が行われることになろう。しかし、これだけであれば、別にエスノメソドロジーに「特有な」方法とも思えない。記録・記述する対象やその範囲がより広がっていることはあるかもしれないが、このような「あるがままの」文脈で理解する方法は、本質的には、伝統的方法における「事例研究（case study）」と同じといえまいか。エスノメソドロジーでは、「研究者が『参加する』」ことになり、この点が違うとの主張もあり得よう。しかし、この「参加する」いう内容は非常に「多元的」である。「事例研究」も、ある意味で、参加しているといえなくもない。では、「活動する」ということなのか。この表現も「多元的」であることに変わりはない。「参加する」というとなにかわかったような気になるが、具体的には、どのような条件を満たせばよいのか。このようなことを考えること自体がすでに「分析的」に過ぎ、エスノメソドロジカルでないということなのであろうか。しかしながら、エスノメソドロジーという方法論のアイデンティティには、言葉やカテゴリーの有する意味や内容の「相対性」もしくは「変動性」といったものに多大な関心を寄せることが内包されていたのではなかったのか。

もう一つ「気になる」点を挙げておこう。「科学」というものはなんらかの表現形にのせて別の人々と科学的コミュニケーションができることが大前提である。なんらかの表現形がとられる時にはそこに、類型化、抽象化、分析化、法則化といったなんらかの意味で「現象・事象」の圧縮的表現（効率的表現）がなされる。このような操作のなされない表現は、単に、現象や事象を記述するだけである。しかし、この記述であっても、記述者のこれまでの「人」としての文脈から自由ではない。エスノメソドロジカルなやり方でも、研究者間でコミュニケーションが成り立つことを考えているのであれば、これは、いままでのパラダイムと本質的には変わっていないのではなかろうか。

このように見てくると、「エスノメソドロジー」というものが、単に記述するとか、何らかのことを緩やかに示唆するといった営みに止まるのであれば、これから先、この方法論をベースに据えた『心理学』というものは、どのような姿をイメージしたらよいのであろうか、それゆえに、きっと、もっとほかのところにこの方法論の「存在理由」を想定しているに違いない。筆者にはそう思われる。

第19章　「認知変数（認知的構成概念）間の連結性」を研究するためのマクロアプローチとミクロアプローチ

本書で取り上げてきた「認知変数（認知的構成概念）間の連結性」という問題に対して心理学的に接近する際に区別される二つの研究姿勢を「比喩的」に表現するならば、つぎのようになろう。「観察者から見た外の世界の客観的関係において心理学的諸原理を求めるか（ミクロアプローチ）、さらに眺める目を引いて、より眺望範囲を大きくし、最も極端な場合には観察者をもその眺望の範囲に含めて俯瞰し、そこに存在する心理学的原理を考察するか（マクロアプローチ）といった、『方法論』上のもしくは『パラダイム』上の区別が存在し得る。」

ミクロアプローチでは、観察者は「心理学的現象」から分離されており、その考察世界の「外側」に置かれているのであるから、いわゆる「客観的」立場というものを維持できる。それに対してマクロアプローチの最も極端な場合には、眺望世界の中に観察者自身をも包含してしまうわけであるから、観察者の「見方」とか「考え方」というもの自体が、そこに認識される「心理学的現象」の内容に融合一体化しており、「『観察者』と『観察対象』という分離した状態の維持」を前提とした「世界構築」はできない。すなわち、この場合には、観察者は考察世界の「内側」に存在しているのである。ということは、観察者の「見方」や「考え方」によって、眺望世界に埋め込まれている「心理学的現象」の掘り起こしの内容が異なってくることになり，必然的に「相対的」立場にならざるを得ない。ここで言及したマクロアプローチの内容はもちろん極端なケースであって，なにがミクロかなにがマクロかということが相対的なものであることはいうまでもない。

これまでの多くの章で取り上げてきた認知的諸変数に関する研究では，どちらかといえば，ミクロアプローチの姿勢がとられている。他方，「状況的認知論」や「『エスノメソドロジー』の認知心理学」は，どちらかといえば，マクロアプローチの姿勢がとられている。当然のことではあるが，マクロになればその土俵には多くの変数がのってこよう。この場合，多くの変数が視野に入れられ「眺望」・「俯瞰」されることになるのである。「状況的認知論」や「『エスノメソドロジー』の認知心理学」のように「状況」や「文脈」というものにウエイトが置かれれば，そこには必然的に多くの変数が入ってくることから，マクロにならざるを得ない。しかしながら，ミクロかマクロかということは，二分法的なものではない。単に相対的位置関係の表現にすぎず，その質的特徴の程度（「ミクロの程度」，もしくは「マクロの程度」，あるいは「ミクロ・マクロを両極とするような特質」のことで，「ミクロ・マクロ特質」とでも名付けられるような特質）は，連続して変化するのである。この「ミクロ・マクロ特質」の連続体は，いってみれば，ちょうどStevensのいう「メタセティック連続体」のようなもので，例えば音の高さや色調の変化のように，「質的な」連続性が維持されている連続体と考えられるのである。

したがって，ミクロ・マクロの違いというか，「伝統的？」認知心理学の立場と「状況的認知論」

や「『エスノメソドロジー』の認知心理学」の立場の違いというものは、後者の立場の一部の？研究者たちがいうように、「後者の立場が前者の立場の学問を『否定』している」とか、「後者の立場の出現は『パラダイム変換』ないし『パラダイム革命』である」とかいったほどのものではないと筆者は考えている。

ミクロから始まるのかマクロから始まるのかは、どちらか一方に固定的なものではなく、条件によって両者ともあり得るのである。まず、ミクロから始まり、その実績が積み上げられていくにつれて、徐々にマクロ的な視点が導入されていく場合もある。また、まずマクロから始まり全体的枠組みの理解が進むにつれて、掘り下げるべき領域が特定され、その領域に焦点化されたミクロ的解明が目指される場合もある。また、どちらかといえば、ミクロアプローチは「分析的視点」に立ち「生産志向的」であるのに対し、マクロアプローチは「総合的視点」に立ち「理解志向的」であるように思われる。

「個別科学」か「総合学」かといったような「視点」の転換の問題も、ミクロアプローチかマクロアプローチかといった議論に置き換えが可能である。「個別-総合」の関係が相対的・連続的であることや、個別科学と総合学は二律背反的関係ではなく「併存的」関係にあることも、ミクロアプローチとマクロアプローチの関係とまったく同じである。同様な関係は、「サブシステム」と「全体システム」との間の関係においても見られよう。このような相対的関係の「連続体」のうえでいかなる位置を取った（スタンスを置いた）研究をするのか（理論を構築するか）ということのディシジョンは、究極的には、研究者個人の有するなんらかの「判断基準」に依存することになる。

どの程度の「日常性」の条件にするのか、どの程度の「生態学的妥当性」を持たせるのか、どの程度までの「文脈」を考慮するのか、どのような「状況」までを斟酌するのかといったことの『程度』は、すべて連続的であり、その『程度』が大の時はマクロアプローチ的にならざるを得まい。「進化心理学」や「認知考古学」といった視点は、そもそもがマクロアプローチ的であろう。また、人間の内的過程における情報処理のメカニズムを検討するような研究は、その発想からして、ミクロアプローチ的にならざるを得まい。このように、「ミクロ－マクロ」のいかなる位置に研究のスタンスを置くのかは、一義的には研究者のデシジョンによるところが大ではあるが、テーマによってはおのずと定まる場合もあり得るのである。

いずれにしても、両アプローチは対立的・絶対的に区別されているものではなく、相対的な便宜的区別に過ぎない。例えば「情報と人間のかかわり」といったようなきわめて人間科学的な問題に対して適切に向き合おうとすれば、「ミクロ－マクロ」の軸上を必要に応じて行きつもどりつする柔軟な研究姿勢が求められるのである。

引用・参考文献

Altman, I., & Rogoff, B. (1987). World views in psychology : Trait, interactional, organismic, and transactional perspectives. In D. Stokols & I. Altman (Eds.), *Handbook of environmental psychology*. New York : Wiley.

Anderson, H., & Goolishian, H. (1992). The client is the expert : A not-knowing approach to therapy. In S. McNamee & K. J. Gergen (Eds.), *Therapy as social construction*. Sage. （翻訳として、野口裕二・野村直樹（訳）（一九九七）ナラティヴ・セラピー―社会構成主義の実践　第2章　クライアントこそ専門家である―セラピーにおける無知のアプローチ　金剛出版　がある）

Anderson, J. R. (1995). *Cognitive psychology and its implications.* (4th ed.) New York : Freeman.

Anderson, J. R., & Bower, G. H. (1973). *Human associative memory.* Washington, DC : V. H. Winston.

Anderson, R. E. (1984). Did I do it or did I only imagine doing it? *Journal of Experimental Psychology* : *General*, **113**, 594–613.

Astington, J. W., & Jenkins, J. M. (1999). A longitudinal study of the relation between language and theory-of-mind development. *Developmental Psychology*, **35**, 1311–1320.

Atkinson, R. C., & Shiffrin, R. M. (1968). Human memory : A proposed system and its control processes. In K. W. Spence & J. T. Spence (Eds.), *The psychology of learning and motivation* : *Advances in research & theory*. New York : Academic Press. pp.89–195.

Atkinson, R. C., & Shiffrin, R. M. (1971). The control of short-term memory. *Scientific American*, **225**, 82–90.

Baddeley, A. D. (1986). *Working Memory*. Oxford, UK : Oxford University Press.

Baddeley, A. D. (1990). *Human memory* : *Theory and practice.* Hove, UK : Erlbaum.

Baddeley, A. D. (1992). Working memory. *Science*, **255**, 556–559.

Baddeley, A. D. (1996). Exploring the central executive. *The Quarterly Journal of Experimental Psychology*, 49A(1), 5–28.

Baddeley, A. D. (2000). The episodic buffer : A new component of working? *Trends in Cognitive Sciences*, **4**, 417–422.

Baddeley, A. D. (2001). Is working memory still working? *American Psychologist*, **56**, 849–864.

Baddeley, A. D., & Hitch, G. (1974). Working memory. In G. A. Bower (Ed.), *The psychology of learning and motivation.* vol.8, New York : Academic Press. pp.47–90.

Baddeley, A. D., & Lieberman, K. (1980). Spatial working memory. In R. S. Nickerson (Ed.), *Attention and performance*

Ⅷ, Hillsdale, NJ : Erlbaum. pp.521–539.

Baddeley, A. D., & Logie, R. H. (1999). Working memory : The multiple–component model. In A. Miyake & P. Shah (Eds.), *Models of working memory Mechanisms of active maintenance and executive control*. Cambridge, UK : Cambridge University Press. pp.28–61.

Baddeley, A. D., Grant, S., Wight, E., & Thomson, N. (1975). Imagery and visual working memory. In P. M. A. Rabbitt & S. Dornic (Eds.), *Attention and performance* Ⅴ. London : Erlbaum. pp.295–317.

Bandura, A. (1972). Modeling theory : Some traditions, trends, and disputes. In R. D. Parke (Ed.), *Recent trends in social learning theory*. New York : Academic Press.

Bargh, J. A., & Chartrand, T. L. (1999). The unbearable automaticity of being. *American Psychologist*, **54**, 462–479.

Beck, A. T. (1963). Thinking and depression. *Archives of General Psychology*, **9**, 324–333.

Beck, A. T. (1964). Thinking and depression Ⅱ. *Archives of General Psychology*, **10**, 561–571.

Beck, A. T., Rush, A. J., Shaw, B. F., & Emery, G. (1979). *Cognitive therapy of depression*. New York : Guilford Press.

Bower, G. H., & Clark, M. C. (1969). Narrative stories as mediators for serial learning. *Psychonomic Science*, **14**, 181–182.

Brandimonte, M. A., & Passolunghi, M. C. (1994). The effect of cue–familiarity, cue–distinctiveness, and retention interval on prospective remembering. *The Quarterly Journal of Experimental Psychology : Human Experimental Psychology*, **47** (A), 565–587.

Broadbent, D. E. (1958). *Perception and communication*. New York : Pergamon Press.

Broadbent, D. E. (1984). The Maltese cross : A new simplistic model for memory. *The Behavioral & Brain Sciences*, **7**, 55–94.

Broadbent, D. E., & Broadbent, M. H. P. (1987). From detection to identification : Response to multiple targets in rapid serial visual presentation. *Perception & Psychophysics*, **42**, 105–113.

Brown, H. D., Kosslyn, S. M., Breiter, H. C., Baer, L., & Jenike, M. A. (1994). Can patients with obsessive–complusive disorder decriminate between percepts and mental images? A signal detection analysis. *Journal of Abnormal Psychology*, **103**, 445–454.

Bugelski, B. R., Kidd, E., & Segmen, J. (1968). Image as a mediator in one–trial paired–associate learning. *Journal of Experimental Psychology*, **76**, 69–73.

Bundesen, C.（1990）. A theory of visual attention. *Psychological Review*, **97**, 523-547.
Burris, V.（1983）. Stages in the development of economic concepts. *Human Relations*, **36**, 791-812.
Cantor, J., & Engle, R. W.（1993）. Working-memory capacity as long-term memory activation : An individual-differences approach. *Journal of Experimental Psychology* : *Learning, Memory, and Cognition*, **19**, 1101-1114.
Carey, S.（1985）. *Conceptual change in childhood*. Cambridge, MA : MIT Press.
Carrier, L. M., & Pashler, H.（1995）. Attentional limits in memory retrieval. *Journal of Experimental psychology* : *Learning, Memory, and Cognition*, **21**, 1339-1348.
Cattel, J. M.（1886）. The time it takes to see and name objects. *Mind*, **11**, 63-65.
Chase, W. G., & Simon, H. A.（1973）. The mind's eye in chess. In W. G. Chase（Ed.）, *Visual information processing*. New York : Academic Press. pp.215-281.
Cherry, K. E., & LeCompte, D. C.（1999）. Age and individual differences in prospective memory. *Psychology and Aging*, **14**, 60-76.
Cherry, K. E., Martin, R. C., Simmons-D'Gerolamo, S. S., Pinkston, J. B., Griffing, A., & Gouvier, W. D.（2001）. Prospective remembering in younger and older adults : Role of the prospective cue. *Memory*, **9**, 177-193.
Chun, M. M., & Potter, M. C.（1995）. A two-stage model for multiple target detection in rapid serial visual presentation. *Journal of Experimental Psychology* : *Human perception and Performance*, **21**, 109-127.
Clark, J. M., & Pavio, A.（1991）. Dual coding theory and education. *Educational Psychology Review*, **3**, 149-210.
Cohen, A.-L., West, R., & Craik, F. I. M.（2001）. Modulation of the prospective and retrospective components of memory for intentions in younger and older adults. *Aging, Neurospsychology, and Cognition*, **8**, 1-13.
Cohen, A.-L., Dixon, R. A., Lindsay, D. S., & Masson, M. E. J.（2003）. The effect of perceptual distinctiveness on the prospective and retrospective components of prospective memory in young and old adults. *Canadian Journal of Experimental Psychology*, **57**, 274-289.
Cohen, G.（1989）. *Memory in the world*. Lawrence Erlbaum.（翻訳として、川口　潤・浮田　潤・井上　毅・清水寛之・山　祐嗣（共訳）（一九九二）日常記憶の心理学　サイエンス社　がある）
Cohen, G., & Faulkner, D.（1989）. Age differences in source forgetting : Effects on reality monitoring and on eyewitness testimony. *Psychology and Aging*, **4**, 10-17.
Constans, J. I., Foa, E. B., Franklin, M. E., & Mathews, A.（1995）. Memory for actual and imagined events in OC

checkers. *Behaviour Research and Therapy*, **33**, 665–671.

Cowan, N.（1995）. *Attention and memory : An integrated framework*. New York : Oxford University Press.

Cowan, N.（1999）. An embedded–process model of working memory. In A. Miyake & P. Shah（Eds.）, *Models of working memory : Mechanisms of active maintenance and executive control*. Cambridge, England : Cambridge University Press. pp.62–101.

Craik, F. I. M., & Lockhart, R. S.（1972）. Levels of processing : A framework for memory research. *Journal of Verbal Learning & Verbal Behavior*, **11**, 671–684.

Craik, F. I. M., & Watkins, M. J.（1973）. The role of rehearsal in short–term memory. *Journal of Verbal Learning and Verbal Behavior*, **12**, 599–607.

Crowder, R. G.（1996）. Commentary : The trouble with prospective memory : A provocation. In M. Brandimonte, G. O. Einstein & M. A. McDaniel（Eds.）, *Prospective memory : Theory and applications*, Mahwah, NJ : Erlbaum. pp.143–147.

Cutting, A. L., & Dunn, J.（1999）. Theory of mind, emotion understanding, language, and family background : Individual differences and interrelations. *Child Development*, **70**, 853–865.

Daneman, M., & Carpenter, P. A.（1980）. Individual differences in working memory and reading. *Journal of Verbal Learning and Verbal Behavior*, **19**, 450–466.

Daneman, M., & Merikle, P. M.（1996）. Working memory and language comprehension : A meta–analysis. *Psychonomic Bulletin & Review*, **3**, 422–423.

Dunbar, K., & MacLeod, C. M.（1984）. A horse race of a different color : Stroop interference patterns with transformed words. *Journal of Experimental Psychology : Human Perception and Performance*, **10**, 622–639.

Duncan, J., Ward, R., & Shapiro, K. L.（1994）. Direct measurement of attentional dwell time in human vision. *Nature*, **369**, 313–315.

Duncan, J., Martens, S., & Ward, R.（1997）. Restricted atttentional capacity within but not between sensory modalities. *Nature*, **387**, 808–810.

Dunn, J., Brown, J., Slomkowski, C., Tesla, C., & Youngblade, L.（1991）. Young children's understanding of other people's feelings and beliefs : Individual differences and their antecedents. *Child Development*, **62**, 1352–1366.

d'Ydewalle, G., Luwel, K., & Brunfaut, E.（1999）. The importance of on–going concurrent activities as a function of age

in time-and event-based prospective memory. *European Journal of Cognitive Psychology*, **11**, 219-237.
Einstein, G. O., & McDaniel, M. A. (1990). Normal aging and prospective memory. *Journal of Experimental Psychology : Learning, Memory, and Cognition*, **16**, 717-726.
Einstein, G. O., & McDaniel, M. A. (1996). Retrieval processes in prospective memory : Theoretical approaches and some new empirical findings. In M. Brandimonte, G. O. Einstein & M. A. McDaniel (Eds.), *Prospective memory : Theory and applications*. Mahwah, NJ : Erlbaum. pp.115-142.
Einstein, G. O., Holland, L. J., McDaniel, M. A., & Guynn, M. J. (1992). Age-related deficits in prospective memory : The influence of task complexity. *Psychology and Aging*, **7**, 471-478.
Einstein, G. O., McDaniel, M. A., Smith, R. E., & Shaw, P. (1998). Habitual prospective memory and aging : Remembering intentions and forgetting actions. *Psychological Science*, **9**, 284-288.
Einstein, G. O., McDaniel, M. A., Richardson, S. L., Guynn, M. J., & Cunfer, A. R. (1995). Aging and prospective memory : Examining the influence of self-initiated retrieval processes. *Journal of Experimental Psychology : Learning, Memory, and Cognition*, **21**, 996-1007.
Einstein, G. O., McDaniel, M. A., Manzi, M., Cochran, B., & Baker, M. (2000). Prospective memory and aging : Forgetting intentions over short delays. *Psychology and Aging*, **15**, 671-683.
Einstein, G. O., Mc Daniel, M. A., Thomas, R., Mayfield, S., Shank, H., Morrisette, N., & Breneiser, J. (2005). Multiple processes in prospective memory retrieval : Factors determining monitoring versus spontaneous retrieval. *Journal of Experimental Psychology : General*, **134**, 327-342.
Ellis, J., Kvavilashvili, L., & Milne, A. (1999). Experimental tests of prospective remembering : The influence of cue-event frequency on performance. *British Journal of Psychology*, **90**, 9-23.
Ericsson, K. A., & Kintsch, W. (1995). Long-term working memory. *Psychological Review*, **102**, 211-245.
Eriksen, C. W., & St. James, J. D. (1986). *Visual attention within and around the field of focal attention* : A zoom lens model. *Perception and Psyhophysics*, **40**, 225-240.
Eriksen, C. W., & Yeh, Y. Y. (1985). Allocation of attention in the visual field. *Journal of Experimental Psychology : Human perception and performance*, **11**, 583-597.
Finke, R. A., Johnson, M. K., & Shyi, G. C.-W. (1988). Memory confusions for real and imagined completions of symmetrical visual patterns. *Memory & Cognition*, **16**, 133-137.

Foley, M. A., & Johnson, M. K.（1985）. Confusions between memories for performed and imagined actions : A developmental comparison. *Child Develeopement*, **56**, 1145–1155.

Foley, M. A., Johnson, M. K., & Raye, C. L.（1983）. Age-related changes in confusion between memories for thoughts and memories for speech. *Child Development*, **54**, 51–60.

Freeman, A.（1989）. *The practice of cognitive therapy*. Tokyo : Seiwa Shoten publishers.（翻訳として，遊佐安一郎（監訳）（一九八九）認知療法入門　星和書店　がある）

Friedman, A., Polson, M. C., & Dafore, C. G.（1998）. Dividing attention between the hands and the head : Performance trade-offs between rapid finger tapping and verbal memory. *Journal of Experimental Psychology* : *Human perception and Performance*, **14**, 60–68.

Friedman, A., Polson, M. C., Dafoe, C. G., & Gaskill, S. J.（1982）. Dividing attention within and between hemispheres : Testing a multiple resources approach to limited-capacity information processing. *Journal of Experimental Psychology* : *Human Perception and Performance*, **8**, 625–650.

Garfinkel, H.（1967）. *Studies in ethnomethodology*. Englewood Cliffs : Prentice-Hall.

Graf, P., Uttl, B., & Dixon, R.（2002）. Prospective and retrospective memory in adulthood. In P. Graf & N. Ohta（Eds.）, *Lifespan development of human memory*. Cambridge, MA : MIT Press.

Harris, L., & Menzies, R. G.（1999）. Mood and prospective memory. *Memory*, **7**, 117–127.

Hatano, G., & Inagaki, K.（1994）. Young children's naive theory of biology. *Cognition*, **50**, 171–188.

Helson, H.（1959）. Adaptation-level theory. In Koch, S.（Ed.）, *Psychology* : *A study of a science*. vol.1 : *Sensory, perceptual, and physiological foundations*. New York : McGraw-Hill. pp.565–621.

Helson, H.（1964）. *Adaptation-level theory*. New York : Harper & Row.

Helson, H., & Kozaki, T.（1968）. Effects of duration of series and anchor-stimuli on judgments of perceived size. *The American Journal of Psychology*, **81**, 291–302.

Holland, J. H., Holyoak, K. J., Nisbett, R. E., & Thagard, P. R.（1986）. *Induction* : *Processes of inference, learning, and discovery*. Cambridge, Massachusetts : The MIT Press.（翻訳として，市川伸一ほか（訳）（一九九一）インダクション―推論・学習・発見の総合理論へ向けて　新曜社　がある）

Holyoak, K. J., & Thagard, P.（1995）. *Mental leaps* : *Analogy in creative thought*. Cambridge, Mass. : The MIT Press.（翻訳として，鈴木宏昭・河原哲雄（監訳）（一九九八）アナロジーの力―認知科学の新しい探求　新曜社　がある）

Huppert, F. A., Johnson, T., & Nickson, J.（2000）. High prevalence of prospective memory impairment in the elderly and in early-stage dementia : Findings from a population-based study. *Applied Cognitive Psychology*, **14**, S63-S81.

Jacobson, R.（1956）. ***Fundamentals of language***. Hague : Mouton.（翻訳として，川本茂雄（監訳）（一九七三）一般言語学　みすず書房　がある）

Johnson, M. K., & Raye, C. L.（1981）. Reality monitoring. *Psychological Review*, **88**, 67-85.

Johnson, M. K., Kahan, T. L., & Raye, C. L.（1984）. Dreams and reality monitoring. *Journal of Experimental Psychology : General*, **113**, 329-344.

Johnson, M. K., Foley, M. A., & Leach, K.（1988）. The consequences for memory of imagining in another person's voice. *Memory & Cognition*, **16**, 337-342.

Johnson, M. K., Raye, C. L., Wang, A. Y., & Taylor, T. H.（1979）. Fact and fantasy : The roles of accuracy and variability in confusing imaginations with perceptual experiences. *Journal of Experimental Psychology : Human Learning and Memory*, **5**, 229-240.

Johnson, M. K., Raye, C. L., Foley, H. J., & Foley, M. A.（1981）. Cognitive operations and decision bias in reality monitoring. *American Journal of Psychology*, **94**, 37-64.

Johnson, M. K., Foley, M. A., Suengas, A. G., & Raye, C. L.（1988）. Phenomenal characteristics of memories for perceived and imagined autobiographical events. *Journal of Experimental Psychology : General*, **117**, 371-376.

Jolicoeur, P.（1998）. Modulation of the attentional blink by on-line response selection : Evidence from speeded and unspeeded $Task_1$ decisions. *Memory & Cognition*, **26**, 1014-1032.

Jolicoeur, P., & Dell'Acqua, R.（1998）. The demonstration of short-term consolidation. *Cognitive Psychology*, **36**, 138-202.

Jolicoeur, P., & Dell'Acqua, R.（1999）. Attentional and structural constraints on memory encoding. *Psychological Research*, **62**, 154-164.

Jonassen, D. H.（1991）. Objectivism versus constructivism : Do we need a New-Philosophical Paradigm? *Educational Technology Research and Development*, **39**（3）.

Jones, S., Livner, Å., & Bäckman, L.（2006）. Patterns of prospective and retrospective memory impairment in preclinical Alzheimer's disease. *Neuropsychology*, **20**, 144-152.

Junghanns, G., & Ullsperger, P.（1989）. The P300 amplitude of the event-related brain potential indicates changes within a frame-of-reference. *Zeitschrift für Psychologie*, **197**, 387-394.

Kahneman, D.（1973）. *Attention and effort.* Englewood Cliffs, NJ : Prentice-Hall.

Kahneman, D., & Henik, A.（1981）. Perceptual organization and attention. In M. Kubory & J. R. Pomerantz（Eds.）, *Perceptual organization*, Erlbaum.

Kane, M. J., & Engle, R. W.（2003）. Working-memory capacity and the control of attention : The contributions of goal neglect, response competition, and task set to Stroop interference. *Journal of Experimental Psychology : General*, **132**, 47-70.

Kanwisher, N. G.（1987）. Repetition blindness : Type recognition without token individuation. *Cognition*, **27**, 117-143.

Kanwisher, N. G., & Potter, M. C.（1989）. Repetition blindness : The effects of stimulus modality and spatial displacement. *Memory & Cognition*, **17**, 117-124.

Kanwisher, N. G., & Potter, M. C.（1990）. Repetition blindness : Levels of processing. *Journal of Experimental Psychology : Human Perception and performance*, **16**, 30-47.

加藤尚裕・本澤智巳（二〇〇六）メタ認知的活動と概念変化との関係に関する基礎的研究―小学校第４学年「空気のかさと温度」における実験場面の事例分析を中心として― 九州女子大学紀要 **四三**（１） pp.三五－四九。

勝倉りえこ（二〇〇三）座禅が抑うつおよびメタ認知的知覚に及ぼす効果の検討 早稲田大学大学院人間科学研究科二〇〇三年度修士論文

Klapp, S. T., & Netick, A.（1988）. Multiple resources for processing and storage in short-term working memory. *Human Factors*, **30**, 617-632.

Kliegel, M., McDaniel, M. A., & Einstein, G. O.（2000）. Plan formation, retention, and execution in prospective memory : A new approach and age-related effects. *Memory & Cognition*, **28**, 1041-1049.

Kliegel, M., Martin, M., McDaniel, M. A., & Einstein, G. O.（2001）. Varying the importance of a prospective memory task : Differential effects across time-and event-based prospective memory, *Memory*, **9**, 1-11.

Kliegel, M., Martin, M., McDaniel, M. A., & Einstein, G. O.（2004）. Importance effects on performance in event-based prospective memory tasks. *Memory*, **12**, 553-561.

子安増生（一九九六）認知の発達 大村彰道（編）教育心理学Ｉ―発達と学習指導の心理学 東京大学出版会 pp.一－一八。

Kuhn, T. S.（1962）. *The structure of scientific revolutions.* Chicago : University of Chicago Press.（翻訳として、中山

茂（訳）（一九七一）科学革命の構造　みすず書房　がある）
楠見　孝（一九九五）比喩の処理過程と意味構造　風間書房

Kvavilashvili, L., & Ellis, J. (1996). Varieties of intention : Some distinctions and classifications. In M. Brandimonte, G. O. Einstein & M. A. McDaniel (Eds.), *Prospective memory : Theory and applications*. Mahwah, NJ : Erlbaum. pp.115–142.

LaBerge, D. (1983). Spatial extent of attention to letters and words. *Journal of Experimental Psychology* : Human Perception and Performance, **9**, 371–379.

Lakoff, G., & Johnson, M. (1980). *Metaphors we live.* University Chicago Press.（翻訳として，渡部昇一・楠瀬淳三・下谷和幸（訳）（一九八六）レトリックと人生　大修館書店　がある）

Leary, D. E. (1990). *Metaphors in the history of psychology.* Cambridge : Cambridge University Press.

Lee-Sammons, W. H., & Whitney, P. (1991). Reading perspectives and memory for text : An individual differences analysis. *Journal of Experimental Psychology : Learning, Memory, and Cognition*, **17**, 1074–1081.

Loftus, E. F. (1979). *Eyewitness testimony.* Cambridge, MA : Harvard University Press.

Logie, R. H. (1995). *Visuo-spatial working memory.* Hove : Lawrence Erlbaum.

MacLeod, C. M. (1990). Stroop effect. In M. W. Eysenck (Ed.), *The Blackwell dictionary of cognitive psychology.* Oxford, England : Basil Blackwell. Ltd.（翻訳として，野島久雄（訳）（一九九八）ストループ効果　野島久雄・重野純・半田智久（共訳）認知心理学辞典　新曜社がある）

前迫孝憲・小池俊英・中村真理・永塚　守・清水康敬（一九九二）視覚誘発電位から見た立体テレビ　教育工学関連学協会連合第３回大会講演論文集　pp.四〇三－四〇四。

Mandler, J., & McDonough, L. (1993). Concept formation in infancy. *Cognitive Development*, **8**, 291–318.

Marsh, R. L., & Hicks, J. L. (1998). Event-based prospective memory and executive control of working memory. *Journal of Experimental psychology : Learning, Memory, and Cognition*, **24**, 336–349.

Marsh, R. L., Hicks, J. L., & Hancock, T. W. (2000). On the interaction of ongoing cognitive activity and the nature of an event-based intention. *Applied Cognitive Psychology*, **14**, S29–S42.

Marsh, R. L., Hicks, J. L., & Cook, G. I. (2005). On the relationship between effort toward an ongoing task and cue detection in event-based prospective memory. *Journal of Experimental Psychology : Learning, Memory, and Cognition*, **31**, 68–75.

Marsh, R. L., Hicks, J. L., Cook, G. I., Hansen, J. S., & Pallos, A. L.（2003）. Interference to ongoing activities covaries with the characteristics of an event-based intention. *Journal of Experimental Psychology : Learning, Memory, and Cognition*, **29**, 861-870.

Mayer, R. E.（1997）. Multimedia learning : Are we asking the right questions? *Educational Psychologist*, **32**, 1-19.

Mayer, R. E.（2001）. *Multimedia learning*. New York : Cambridge University Press.

Mayer, R. E., & Moreno, R.（1998）. A split-attention effect in multimedia learning : Evidence for dual processing systems in working memory. *Journal of Educational Psychology*, **90**, 312-320.

Maylor, E. A.（1990）. Age and prospective memory. *Quarterly Journal of Experimental Psychology : Human Experimental Psychology*, **42**（A）, 471-493.

Maylor, E. A.（1996）. Does prospective memory decline with age? In M. Brandimonte, G. O. Einstein & M. A. McDaniel（Eds.）, *Prospective memory : Theory and applications*. Mahwah, NJ : Erlbaum, pp.173-198.

Maylor, E. A.（1998）. Changes in event-based prospective memory across the adulthood. *Aging, Neuropsychology, and Cognition*, **5**, 107-128.

Maylor, E. A., Smith, G., Sala, S. D., & Logie, R. H.（2002）. Prospective and retrospective memory in normal aging and dementia : An experimental study. *Memory & Cognition*, **30**, 871-884.

McCloskey, M., Caramazza, A., & Green, B.（1980）. Curvilinear motion in the absence of external forces : Naive beliefs about the motion of objects. *Science*, **210**, 1139-1141.

McDaniel, M. A., & Einstein, G. O.（2000）. Strategic and automatic processes in prospective memory retrieval : A multiprocess framework. *Applied Cognitive Psychology*, **14**, S127-S144.

McDaniel, M. A., Robinson-Riegler, B., & Einstein, G. O.（1998）. Prospective remembering : Perceptually driven or conceptually driven processes? *Memory & Cognition*, **26**, 121-134.

McDaniel, M. A., Guynn, M. J., Einstein, G. O., & Breneiser, J.（2004）. Cue-focused and reflexive-associative processes in prospective memory retrieval. *Journal of Experimental Psychology : Learning, Memory, and Cognition*, **30**, 605-614.

McNally, R. J., & Kohlbeck, P. A.（1993）. Reality monitoring in obsessive-complusive disorder. *Behaviour Research and Therapy*, **31**, 249-253.

Metzger, W.（1936/1953）. *Gesetze des Sehens*. Frankfurt : Waldemar Kramer.（翻訳として、盛永四郎（訳）（一九六八）

視覚の法則　岩波書店　がある）

三宅　晶（二〇〇〇）ワーキングメモリ：過去、現在、未来　苧阪直行（編著）脳とワーキングメモリ　京都大学学術出版会　pp.三一一－三二九。

水野りか（一九九六）視空間スケッチパッドへの長期記憶の影響—新近性効果の新たな要因の検討—　心理学研究　**六七**、pp.三五九－三六六。

水島広子（一九九九）認知療法　中島義明・安藤清志・子安増生・坂野雄二・繁桝算男・立花政夫・箱田裕司共編　心理学辞典　有斐閣　pp.六六九－六七〇。

Morgan, C. T., King, R., & Robinson, N. M. (1979). *Introduction to psychology*. (*6th ed.*) McGrow-Hill.

永井淳一・横澤一彦・高野陽太郎（二〇〇〇）負のプライミングは回転文字によって生ずるか　心理学研究　**七一**、pp.三九五－四〇二。

中河伸俊（二〇〇一）Is Constructionism Here to Stay?—まえがきにかえて　中河伸俊・北澤　毅・土井隆義編著　社会構築主義のスペクトラム　—　パースペクティブの現在と可能性　ナカニシヤ出版　pp.三－二四

Nakayama, K., & Mackeben, M. (1989). Sustained and transient components of focal visual attention. *Vision Research*, **29**, 1631-1647.

中山　迅（一九九八）学校知と日常知の隔たり：素朴概念の問題　湯澤正道（編著）認知心理学から理科学習への提言　北大路書房

Navon, D., & Gopher, D. (1979). On the economy of human-processing system. *Psychological Review*, **86**, 214-255.

Neill, W. T. (1977). Inhibitory and facilitatory processes in selective attention. *Journal of Experimental Psychology : Human Perception & Performance*, **3**, 444-450.

Neill, W. T., & Westberry, R. L. (1987). Selective attention and the suppression of cognitive noise. *Journal of Experimental Psychology : Learning, Memory*, & Cognition, **13**, 327-334.

Neisser, U. (1967). *Cognitive psychology*. New York : Appleton-Century-Crofts.

Neumann, E., & DeSchepper, B. G. (1992). An inhibition-based fan effect : Evidence for an active suppression mechanism in selective attention. Canadian *Journal of Psychology*, **46**, 1-40.

Neumann, U., Ullsperger, P., Gille, H. -G., Pietschmann, M., & Erdmann, U. (1986). Effects of graduated processing difficulty on P300 component of the event-related brain potential. *Zeitschrift für Psychologies*, **194**, 25-37.

西阪　仰（二〇〇一）心と行為—エスノメソドロジーの視点　岩波書店

Norman, D. A. (1981). Categorization of action slips. *Psychological Review*, **88**, 1-15.
Norman, D. A. (1988). *The psychology of everyday things*. Basic Books. （翻訳として，野島久雄（訳）（一九九〇）誰のためのデザイン？—認知科学者のデザイン原論　新曜社　がある）
Otani, H., Landau, J., Libkuman, T. M., St. Louis, J. P., & Kazen, J. K. (1997). Prospective memory and divided attention. *Memory*, **5**, 343-360.
Pavio, A. (1971). *Imagery and verbal processes*. New York : Holt, Rinehart & Winston.
Pavio, A. (1986). *Mental representations : A dual coding approach*. New York : Oxford University Press.
Pepper, S. C. (1942). *World hypothesis : A study in evidence.* Berkeley : University of California Press.
Pepper, S. C. (1973). Metaphor in philosophy. *Dictionary of the history of ideas.* Charles Scribner's Sons.
Polson, M., & Friedman, A. (1988). Task sharing within and between hemispheres. *Human Factors*, **30**, 633-643.
Posner, M. I., & Boies, S. J. (1971). Components of attention. *Psychological Review*, **78**, 391-408.
Posner, M. I., & Tudela, P. (1997). Imaging resources. *Biological Psychology*, **45**, 95-107.
Potter, M. C. (1976). Short-term conceptual memory for pictures. *Journal of Experimental Psychology : Human Learning and Memory*, **2**, 509-522.
Potter, M. C. (1993). Very short-term conceptual memory. *Memory & Cognition*, **21**, 156-161.
Premack, D., & Woodruff, G. (1978). Does the chimpanzee have a theory of mind? *The Behavioral and Brain Sciences*, **1**, 515-526.
Pylyshyn, Z. W. (1981). The imagery debate : Analogue media versus tacit knowledge. *Psychological Review*, **88**, 16-45.
Raymond, J. E., Shapiro, K. L., & Arnell, K. M. (1992). Temporary supression of visual processing in an RSVP task : An attentional blink? *Journal of Experimental Psychology : Human Perception and Performance*, **18**, 849-860.
Reason, J. T. (1979). Actions not as planned : The price of automatisation. In G. Underwood & R. Stevens (Eds.), *Aspects of consciousness*. vol.1, Academic Press.
Reason, J. T. (1990). *Human error*. Cambridge University Press.
Reese, C. M., & Cherry, K. E. (2002). The effects of age, ability, and memory monitoring on prospective memory task performance. *Aging, Neuropsychology, and Cognition*, **9**, 98-113.
Reeves, A., & Sperling, G. (1986). Attention gating in short-term visual memory. *Psychological Review*, **93**, 180-206.
Reiser, B. J., Black, J. B., & Abelson, R. P. (1985). Knowledge structures in the organization and retrieval of

autobiographical memories. *Cognitive Psychology*, **17**, 89–137.

Richardson, J. T. E., Engle, R. W., Hasher, L., Logie, R. H., Stoltzfus, E. R., & Zacks, R. T. (1996). *Working memory and human cognition*. New York : Oxford University Press.

Roballey, T. C., McGreevy, C., Rongo, R. R., Schwantes, M. L., Steger, P. J., Wininger, M. A., & Gardner, E. B. (1985). The effect of music on eating behavior. *Bulletin of the Psychonomic Society*, **23**, 221–222.

Robinson, J. A. (1976). Sampling autobiographical memory. *Cognitive Psychology*, **8**, 578–595.

Roediger, H. L. (1996). Commentary: Prospective memory and episodic memory. In M. Brandimonte, G. O. Einstein, & M. A. McDaniel (Eds.), *Prospective memory : Theory and applications*. Mahwah, NJ : Erlbaum, pp.149–155.

Roediger, H. L.Ⅲ., & Crowder, R. G. (1976). A serial position effect in recall of United States presidents. *Bulletin of the Psychonomic Society*, **8**, 275–278.

Rogers, R. D., & Monsell, S. (1995). Costs of a predictable switch between simple cognitive tasks. *Journal of Experimental Psychology : General*, **124**, 207–231.

Ruthruff, E., Miller, J., & Lachmann, T. (1995). Does mental rotation require central mechanisms? *Journal of Experimental Psychology : Human Perception and Performance*, **21**, 552–570.

齊藤　智（二〇〇一）ワーキングメモリと言語処理　認知科学の新展開3　岩波書店　pp.一二七－一五五。

齊藤　智・三宅　晶（二〇〇〇）リーディングスパン・テストをめぐる6つの仮説の比較検討　心理学評論　**四三** pp.三八七－四一〇。

Salthouse, T. A., Berish, D. E., & Siedlecki, K. L. (2004). Construct validity and age sensitivity of prospective memory. *Memory & Cognition*, **32**, 1133–1148.

Schneider, W., & Shiffrin, R. M. (1977). *Controlled and automatic human information processing* : 1. Detection, search, and attention. *Psychological Review*, **84**, 1–66.

Schneider, W., Dumais, S. T., & Shiffrin, R. M. (1984). Automatic and control processing and attention. In R. Parasuraman & D. R. Davies (Eds.), *Varieties of attention*. London : Academic Press. pp.1–27.

Shapiro, K. L., & Raymond, J. E. (1994). Temporal allocation of visual attention : Inhibition or interference? In D. Dagenbach & T. H. Carr (Eds.), *Inhibitory processes in attention, memory, and language*. San Diego : Academic Press. pp.151–188.

Shapiro, K. L., Raymond, J. E., & Arnell, K. M. (1994). Attention to visual pattern information produces the attentional blink in rapid serial visual presentation. *Journal of Experimental Psychology : Human Perception and Performance*, **20**, 357–371.

Shum, D., Valentine, M., & Cutmore, T.（1999）. Performance of individuals with severe long-term traumatic brain injury on time-, event-, and activity-based prospective memory tasks. *Journal of Clinical and Experimental Neuropsychology*, **21**, 49–58.

嶋田博行（一九九四）ストループ効果―認知心理学からのアプローチ― 培風館

Simon, H. A.（1972）. What is visual imagery? An information processing interpretation. In Gregg, L. W.（Ed.）, *Cognition in learning and memory*. Oxford, England : John Wiley & Sons.

進藤聡彦（二〇〇二）素朴理論の修正ストラテジー 風間書房

Smith, A., & Stansfeld, S.（1986）. Aircraft noise exposure, noise sensitivity, and everyday errors. *Environment and Behavior*, **18**, 214–226.

Smith, R. E.（2003）. The cost of remembering to remember in event-based prospective memory : Investigating the capacity demands of delayed intention performance. *Journal of Experimental Psychology : Learning, Memory, and Cognition*, **29**, 347–361.

Smith, R. E., & Bayen, U. J.（2004）. A multinomial model of event-based prospective memory. *Journal of Experimental Psychology : Learning, Memory, and Cognition*, **30**, 756–777.

Smith, R. E., & Bayen, U. J.（2005）. The effects of working memory resource availability on prospective memory : A formal modeling approach. *Experimental Psychology*, **52**, 243–256.

Smith R. E., & Bayen, U. J.（2006）. The source of adult age differences in event-based prospective memory : A multinomial modeling approach. *Journal of Experimental Psychology : Learning, Memory, and Cognition*, **32**, 623–635.

Stroop, J. R.（1935）. Studies of interference in serial verbal reactions. *Journal of Experimental Psychology*, **18**, 643–661.

田邊敏明（二〇〇〇）比喩から学ぶ心理学――心理学理論の新しい見方 北大路書房

Teasdale, J. D., & Barnard, P. J.（1993）. *Affect, cognition and change : Remodeling depressive thought*. Hove : Hillsdate.

Teasdale, J. D., Segal, Z. V., & Williams, J. M. G.（1995）. How does cognitive therapy prevent depressive relapse and why should attentional control（mindfulness）training help? *Behaviour Research and Therapy*, **33**, 25–40.

Thagard, P.（1978）. The best explanation : Criteria for theory choice. *Journal of Philosophy*, **75**, 76–92.

Thierry, K., & Spence, M.（2002）. Source-monitoring training facilitates preschoolers' eyewitness memory performance. *Developmental Psychology*, **38**, 428-437.

Tipper, S. P. (1985). The negative priming effect : Inhibitory priming by ignored objects. *Quarterly Journal of Experimental Psychology*, **37A**, 571-590.

Treisman, A. M. (1964). Monitoring and storage of irrelevant messages and selective attention. *Journal of Verbal Learning and Verbal Behavior*, **3**, 449-459.

Treisman, A. M., & Gelade, G. A. (1980). Feature integration theory to attention. *Cognitive Psychology*, **12**, 97-136.

Tulving, E. (1962). Subjective organization in free recall of "unrelated" words. *Psychological Review*, **69**, 344-354.

Ullsperger, P., & Gille, H. -G. (1988). The late positive component of the ERP and adaptation-level theory. *Biological Psychology*, **26**, 299-306.

Ullsperger, P., Gille, H.-G., & Metz, A. M. (1987). The P300 as a metric in psychophysics of cognitive processes. In C. Barber & T. Blum (Eds.), *Evoked potentials* Ⅲ : *The third international evoked potential symposium*. Borough-Green : Butterworth. pp.355-360.

Ullsperger, P., Neumann, U., Gille, H. -G., & Pietschmann, M. (1987). P300 and anticipated task difficulty. *International Journal of Psychophysiology*, **5**, 145-149.

Van Selst, M., & Jolicoeur, P. (1994). Can mental rotation occur before the dual-task bottleneck? *Journal of Experimental Psychology : Human Perception and Performance*, **20**, 905-921.

Vogels, W. W. A., Dekker, M. R., Brouwer, W. H., & de Jong, R. (2002). Age-related changes in event-based prospective memory performance : A comparison of four prospective memory tasks. *Brain and Cognition*, **49**, 341-362.

Ward, R., Duncan, J., & Shapiro, K. L. (1996). The slow time-course of visual attention. *Cognitive psychology*, **30**, 79-100.

渡辺めぐみ（一九九九）ストループ効果　中島義明・安藤清志・子安増生・坂野雄二・繁桝算男・立花政夫・箱田裕司（共編）心理学辞典　有斐閣　pp.四七四－四七五。

Waugh, N. C., & Norman, D. A. (1965). Primary memory. *Psychological Review*, **72**, 89-104.

Weichselgartner, E., & Sperling, G. (1987). Dynamics of automatic and controlled visual attention. *Science*, **238**, 778-780.

Wellman, H. M., Cross, D., & Watson, J. (2001). Meta-analysis of theory-of-mind development : The truth about false belief. *Child Development*, **72**, 655-684.

West, R., & Craik, F. I. M. (1999). Age-related decline in prospective memory : The roles of cue accessibility and cue sensitivity. *Psychology and Aging*, **14**, 264–272.

West, R., & Craik, F. I. M.（2001）. Influences on the efficiency of prospective memory in younger and older adults. *Psychology and Aging*, **16**, 682–696.

West, R., Krompinger, J., & Bowry, R.（2005）. Disruptions of preparatory attention contribute to prospective memory failure. *Psychonomic Bulletin & Review*, **12**, 502–507.

West, R., Murphy, K. J., Armilio, M. L., Craik, F. I. M., & Stuss, D. T.（2002）. Lapses of intention and performance variability reveal age-related increases in fluctuations of executive control. *Brain and Cognition*, **49**, 402–419.

Wickens, C. D.（1980）. The structure of attentional resources. In R. S. Nickerson（Ed.）, *Attention and performance.* Hillsdale, NJ : Erlbaum. pp.239–259.

Wickens, C. D.（1984）. Processing resources in attention. In R. Parasuraman & D. R. Davies（Eds.）, *Varieties of attention*. Orlando, Florida : Academic press. pp.63–102.

Wickens, C. D.（1987）. Attention. In P. Hancock（Ed.）, *Human factors in psychology*. Amsterdam : North-Holland. pp.29–30.

Wickens, C. D., & Liu, Y.（1988）. Codes and modalities in multiple resources : A success and a qualification. *Human Factors*, **30**, 599–616.

Wimmer, H., & Perner, J.（1983）. Beliefs about beliefs : Representation and constraining function of wrong beliefs in young children's understanding deception. *Cognition*, **13**, 103–128.

吉野　巌・川端健裕・川村麗衣・長内晋子（二〇〇五）素朴概念の修正におけるフィードバックとメタ認知的支援の効果―中学校数学授業における実践的研究―　北海道教育大学紀要（教育科学編）**五五**（二）pp.一－一一。

吉野　巌・小山道人（二〇〇七）「素朴概念への気づき」が素朴概念の修正に及ぼす影響―物理分野の直落信念とＭＩＦ素朴概念に関して―　北海道教育大学紀要（教育科学編）**五七**（二）pp.一六五－一七五。

transaction　トランスアクション　*24*
trigger　駆動　*48, 59*
two-stage model　二段階モデル　*77*
two-store model　二重貯蔵モデル　*39*
universal activating factors　一般活性化因子　*49*
valence　誘意性　*204*
validity　妥当性　*13*
vehicle　喩辞　*30*
verbal encoding　言語性符号化　*64*
virtual reality　ヴァーチャル・リアリティ　*213*
virtual short-term memory　仮想短期記憶　*99*
visual encoding　視覚性符号化　*64*
visuo-spatial sketchpad　視空間スケッチパッド　*63, 89*
VSTM（visual short-term memory）視覚性短期記憶　*74, 75*
working memory　ワーキングメモリ　*20*
world hypothesis　世界仮説　*16, 24, 210*
world view　世界観　*24*

positive priming　正のプライミング効果 *111*
post-event　事後的 *215, 235*
post-target item　ターゲット後項目 *72*
preparatory attentional processes　準備的注意プロセス *144*
preparatory process　準備プロセス *126*
pre-target item　ターゲット前項目 *72*
primacy effect　初頭効果 *97*
prime　プライム *111*
prospective component　展望的成分 *140*
prospective memory　展望的記憶；予定記憶；未来記憶 *120*
prothetic continuum　プロセティック連続体 *198*
protocal　プロトコル *12*
psychodrama　サイコドラマ *21*
rapid detection　急速検知 *77*
reaching　リーチング *202*
readiness　レディネス *126*
reading（課題）　読語（課題） *114*
reality　リアリティ *32*
reality monitoring　リアリティ・モニタリング *151*
recency effect　親近性効果 *97*
referential　照合的 *60*
reflexive-associative theory　反射－連合理論 *127*
reflective component　回想的成分 *140*
reflective memory　回想的記憶；反省記憶；過去記憶 *137*
rehearsal　リハーサル *22*
representation　表象 *4, 206*
representational　表象的 *60*
residuals　残差要因 *190*
response　反応 *4*
response selection　反応選択 *79*
retrieval　検索 *4, 140*
retrieval cue　検索手がかり *98*
retrospective memory processes　回想的記憶プロセス *144*
rhetoric　レトリック *32*
rhetorical　レトリカル *229*
root-metaphor　ルート・メタファー；根本隠喩 *16, 210*
RSVP（rapid serial visual presentation）　高速連続視覚提示 *71, 75, 77, 78, 81*
schema　スキーマ *48*
scientific concepts　科学的概念 *171*
selection template　選択用の鋳型 *74*
semantic negative priming　意味的な負のプライミング *114*
serial position effect　系列位置効果 *96, 215*
short-term consolidation　短期固定 *79*
similarity　類似性 *74*
similarity theory　類似性理論 *74*
simplicity　単純性 *28*
single-resource theory　単一資源理論 *84*
situated cognition　状況的認知 *23*
slip　スリップ *42*
soft-focused　ソフトウェア中心的 *211*
S-O-R　S-O-R 型 *10, 201*
source　源 *167*
source domain　ソース領域 *32, 36*
spelling　綴り字 *148*
split-attention　分割された注意 *66*
S-R　S-R 型 *10, 201*
STM（short-term memory）　短期記憶 *22, 78*
stimulus　刺激 *4*
storage　貯蔵 *4, 140*
Stroop effect　ストループ効果 *102*
subjective organization　主観的体制化 *40*
synecdoche　提喩 *31*
synthesis-oriented　総合志向的 *211*
system of reference　基準系 *192*
target　ターゲット *111*
target domain　ターゲット領域 *15, 32*
task-switching ability　課題遂行の切り替え能力 *126*
taxonomic　タクソノミック *32*
theory of mind　心の理論 *174*
time-based prospective memory　時間に基づいた展望的記憶 *132*
top-down processing　トップダウン処理 *12*
topic　被喩辞 *30*
traits　特性 *24*
trade-off　トレードオフ *144*

inference　推論　154
information integration　情報総合　92
inner speech　内言　90, 204
input　インプット；入力　4
intention　意図　144
intention store　意図記憶　50
interaction　相互作用　24
internal memory　内的記憶　152
intervening variable　媒介変数　190
intrinsic motivation　内発的動機付け　225
introspection　内観　19
intuitive biology　直観生物学　173
intuitive physics　直観物理学　169
invariants　不変項　232
kinesiological psychology　キネシオロジカル・サイコロジー　200
knowledge of result　結果の知識　202
KR　202
late selection model　後期選択モデル　38
levels of processing　処理水準　39
logical positivism　論理実証主義　218
logogen　ロゴジェン　60
long-term working memory　長期ワーキングメモリ　98
loss-of-activation errors　活性化消失エラー　44
LTM（long-term memory）　長期記憶　22
magnitude estimation　マグニチュード推定法　198
mapping　マッピング；写像　29, 32
mechanism　機械論　16
mental practice　メンタル・プラクティス　207
memory　記憶　153
memory representation　記憶表象　153
memory trace　記憶痕跡　153
metacognition　メタ認知　11
metamemory　メタ記憶　154
metaphor　メタファー；隠喩　15, 29
metathetic continuum　メタセティック連続体　198
metonymy　換喩　31
mistake　ミステイク　42
modality effect　モダリティ効果　70
mode errors　モードエラー　44
modulus　モデュラス　198
motion　動作　200
motor learning　運動学習　202
multiple-resource theory　多重資源理論　68, 84
N100　N100 成分　196
naive biology　素朴生物学　173
naive conception　素朴概念　168
naive physics　素朴物理学　169
naming（課題）　命名（課題）　114
narrative therapy　ナラティヴ・セラピー　225, 226, 227, 228, 229
need　要求　13
negative ; N　陰性波　181
negative priming　負のプライミング効果　111
neo-behaviorism　新行動主義　10
neutral point　中性点　189
nomothetic　法則定立的　218
observational learning　観察学習　206
obsessive-compulsive disorder　強迫性障害　152
ontological　オントロジカル　27
operational definition　操作的定義　13
organism　有機体　20
organicism　有機体論　16
organismic　有機体的　24
organization　体制化　40
output　アウトプット；出力　4
P300　P300 成分　182, 183, 184, 185, 186, 187, 188, 189, 194, 195, 197
paired-associates task　対連合学習課題　144
paradigm　パラダイム　2
parameter　パラメータ　195
perceived events　知覚的事象　162
performance　パフォーマンス　200
perspective　パースペクティヴ；眺望；展望　93
phenomenological psychology　現象学的心理学　218
phonological loop　音韻ループ　63, 88
phonological store　音韻貯蔵庫　89
pooling　プーリング　189
positive ; P　陽性波　181

cognitive kinesiological psychology コグニティヴ・キネシオロジカル・サイコロジー 207
cognitive model 認知モデル 32
cognitive operations 認知的操作 155
cognitive process 認知過程 5
cognitive psychology 認知心理学 1
cognitive representation 認知的表象 207
cognitive therapy 認知療法 52
component 成分 180
conceptually driven processing 概念駆動型処理 12
confound 交絡 13
consilience 融和性 28
constructionism コンストラクショニズム / 社会的構成主義 220
constructivism コンストラクティヴィズム / 社会的構成主義 220
context 文脈 21
contextualism 文脈主義 16
contextual stimuli 文脈刺激 190
controlled processing 意識的処理 205
correlation 相関関係 177
data-driven errors データ駆動型エラー 43
data driven processing データ駆動型処理 12
dependent variable 従属変数 216
description errors 記述エラー 43
descriptive model 記述モデル 195
diary study 日誌研究 44
domain specific 特殊領域 49
dual coding theory 二重符号化理論 58
dual-response design 二重反応デザイン 142
dual task method 二重課題法 6
early selection model 初期選択モデル 38
EEG（electroencephalogram） 脳波 180
effort 努力 83
egocentrism 自己中心性 175
elaboration 精緻化 40
encoding 符号化 140
endogenous components 内因性成分 181
episodic buffer エピソード・バッファ 100
equilibrium level 平衡水準 190
ERP（brain event-related potential） 脳事象関連電位 181, 188, 193, 195, 196
ethnomethodology エスノメソドロジー 6, 226
evaluation 評価 181
event-based prospective memory 事象に基づいた展望的記憶 132, 140
exogenous components 外因性成分 181
experiment 実験 13
expert エキスパート 90
external memory 外的記憶 152
eyewitness testimony 目撃証言 165
factor analysis 因子分析 17
false-belief task 誤信念課題 175
formism フォーミズム 16
frame of reference 関係枠 192
gestalt ゲシュタルト 35
Gestalt psychology ゲシュタルト心理学 196
grasping グラスピング 202
hard-focused ハードウェア中心的 211
hedge ヘッジ 30
hermeneutics 解釈学 218
homunctionalism 小人化主義 21
hypothetical construct 仮説構成体 33
ICS（Interacting Cognitive Subsystems）理論 / モデル 相互作用性認知的サブシステム理論 / モデル 42, 52, 54, 56, 57
identity negative priming 同一的な負のプライミング 114
image rehearsal イメージ・リハーサル 207
image training イメージ・トレーニング 207
imagen イマジェン 61
imagined events 想像的事象 162
independent variable 独立変数 13
induced movement of self 自己誘導運動 201

類似性 *17, 18, 24, 30, 74*
類似性理論 *74*
ルート・メタファー *16, 17, 20, 21, 22, 23, 26, 210, 211*
歴史的世界 *21*
レシピ *223, 224*
レディネス *45, 126*
レトリック *32*
連結子 *15, 164*
連合的関係 *217*
連合的な処理 *60, 61*
連想活性化エラー *44, 47*
連続体 *198, 241, 242*
ロゴジェン *60, 61*
論理実証主義 *28, 218, 219*
論理実証主義者 *234*
論理的能力 *5*

【わ行】

ワーキングメモリ *20, 35, 36, 37, 41, 50, 64, 66, 67, 68, 69, 82, 83, 85, 86, 87, 88, 90, 91, 92, 94, 95, 98, 99, 100, 101, 102, 107, 108, 119, 120, 121, 122, 123, 124, 125, 126, 128, 129, 130, 131, 132, 136, 145*
——の容量 *94*
ワーキングメモリ人 *20, 90*
ワーキングメモリ容量 *91, 92, 93, 98, 145*
ワーキングメモリ理論 *58, 63, 65, 67, 69*

欧　文　索　引

AB（attentional blink）現象　注意の瞬き現象 *71, 73, 74, 75, 76, 77, 78, 79, 80, 81, 82, 83, 86, 87*
activation　活性化 *47, 48, 149*
activity-based prospective memory　活動に基づいた展望的記憶 *133*
afford　アフォード *204*
aging　加齢 *142*
AL（adaptation-level）順応水準 *182, 184, 190, 191, 192, 193, 194*
analogy　アナロジー *5, 15, 28*
analysis-oriented　分析志向的 *211*
anchor effect　係留効果 *182*
articulatory control process　構音制御プロセス *89*
associative　連合的 *60*
associative activation errors　連想活性化エラー *44*
ATS モデル（Activation-Trigger-Schema Model）活性化 - 駆動 - スキーマモデル *46, 48, 56*
attention　注意 *83*
attentional dwell model　注意滞留モデル *76*
attentional gate model　注意のゲート・モデル *73*
attentional resource　注意資源 *50*
autobiographical memory　自伝的記憶 *161*
automatic processing　自動的処理 *205*
averaging　加算平均法 *180*
averaging mechanism　平均化機制 *191*
background stimuli　背景刺激 *190*
Baddeley のモデル *36*
base domain　ベース領域 *15*
behavioral homeostasis　行動的ホメオスタシス *192*
behaviorism　行動主義 *1*
black box　ブラック・ボックス *1*
botom-up processing　ボトムアップ処理 *12*
capacity　容量 *83*
capacity-limited processing　容量に限界のある処理過程 *77*
capture errors　乗っ取り型エラー *43*
case study　事例研究 *238*
causality　因果関係 *177*
central executive　中央実行系 *66, 89*
central interference theory　中枢干渉理論 *78*
central processor　中枢プロセッサ *50*
cognitive board　認知ボード *48*

メタセティック連続体　198, 199, 241
メタ認知　11, 12, 21, 50, 107, 119, 152, 154, 164, 168, 177, 179
メタ認知的活動　179
メタ認知的支援　179
メタ認知的モニタリング　179
メタファー　15, 16, 27, 28, 29, 31, 32, 33, 34, 36, 37, 38
メッセージ信号　195
メンタル・プラクティス　207
メンタル・モデル　66
メンタルローテーション　79
もう一人の私　21
目撃証言　166, 167
目　標　223, 224, 225
モジュール　108
モダリティ　65, 66, 67, 69, 86, 87
モダリティ効果　69, 70
モデュラス　198
モデル　206, 207
　——の行動　206
モードエラー　44
モニター　107, 119, 126, 144
モニタリング　108, 128
モニタリング検索プロセス　128, 129
モニタリング作業　110
モニタリング・システム　119
物語理解　91, 92, 93
「もの」から「ひと」へ　211
もの忘れ　45, 46
問題解決　4

【や行】

役割認識　230
「柔らかな」思考様式　54
誘意性　204
有機体　20, 26, 183, 190, 191
有機体的　24, 25, 26
有機体的構造　20, 21
有機体的メカニズム　20
有機体論　16, 20, 21, 26, 209, 210, 211
融合的関係　217
融和性　28
喩　辞　30, 32
夢　156, 157, 158, 159, 160, 163
　——の記憶　152, 156, 161, 164
容　器　38
容器モデル　38
要　求　13
要求水準　11
陽性波（P）　181
要　素　19
要素主義　19
容　量　83
容量に限界のある処理過程　77
抑うつ行動　57
抑うつ的循環回路　55
抑うつ的スキーマモデル　55
抑　制　118
抑制過程　118, 119
抑制効果　111, 113, 118
予測性　236
予定記憶　120

【ら行】

ライブ　167
ラベル付け　220
リアリティ　32, 33, 233
リアリティ・モニタリング　152, 153, 154, 156, 161, 165, 167
理　解　4
理解志向的　242
力学的事象　171
リーズン・モデル　56
リーチング　202
立体視　213
立体テレビ　213
リハーサル　22, 39, 82, 83, 89, 124
領域固有性　99
両眼視差　213
量的順序　197
量的レベル　195
料理のアナロジー　223
料理場面　223, 224
理　論　28, 29, 38, 68
理論的枠組み　130
理論モデル　33, 135
輪　郭　80
臨床心理学　21, 220, 225
臨床的実践　229
隣接関係　31
隣接性　30
類型化　239
類型論　17

表　象　4, 58, 59, 60, 63, 65, 66, 74, 75, 76, 77, 78, 80, 81, 83, 206, 208
表象機能　208
表象的な処理　60
非抑うつ的スキーマモデル　55
フィルター　38
フィールド環境　217
フェーズ　157, 158, 159
フォーミズム　16, 17, 210
フォーム　24
複雑性　141
符号化　37, 80, 81, 105, 137, 140
物理学的事象　169
不適応的行動　52
負のプライミング効果　111, 112, 113, 116, 117, 118, 119
部　品　25
部分－全体（部分／全体）　30, 35
部分的・具体的なもの　47
不変項　232, 233, 237
プライミング効果　111, 118
プライム　111, 112, 113, 114, 116, 117, 119
ブラック・ボックス　1, 5, 7, 203
プラン　50, 121, 122, 124, 127, 137, 138, 151, 165
プランニング　45
プログラム　5, 203
プロセティック連続体　198, 199
プロトコル　12
プローブ　113, 114, 117, 118, 119
文化的・社会的背景　132, 233
文章課題　146
文章情報　66, 67, 69
分　析　237
分析化　239
分析志向的　211
分析的　211, 239
分析的視点　242
分析と総合の関係　212
文　脈　21, 22, 23, 186, 190, 200, 210, 211, 235, 236, 238, 241, 243
文脈主義　16, 21, 22, 23, 26, 209, 210, 211
文脈・状況の固有性　235
文脈的特性　163
分裂気質　17
平均化機制　191
平均加算法　180
平衡水準　191
「併存的」関係　242
ベース領域　15, 16
変数の操作　215
変　動　18
変動性　239
妨害効果　114
方向付けの構造　34
包摂関係　31
法則化　239
法則性　236
法則定立　218
方法論的経験　236
保持過程　206
ポストモダン　220
ボトム・アップ型処理　210
ボトムアップ処理　12
ボトルネック　38
翻訳者によって構成された内容　231

【ま行】

前処理の段階　77
マグニチュード推定法　198
マクロアプローチ　240, 241, 242
マクロ的構造　201
マクロの程度　241
マクロのレベルの反応　201
摩　擦　172
待ち状態　79
「マルタ十字」のモデル　41
マルチメディア学習事態　63, 64
ミクロアプローチ　240, 241, 242
ミクロ的構造　201
ミクロの程度　241
ミクロのレベルの反応　201
ミクロ・マクロ特質　241
ミステイク　42, 45
源　167
未来記憶　120
「無視すべき」刺激語　116, 117
「無視すべき」処理　117
無知の姿勢　230
命　題　178
命　名　115
命名作業　115
メタ記憶　154

認知的処理システム　64
認知的操作　67, 83, 154, 155, 156, 159, 160, 165
認知的判断　194
認知的表象　207
認知的変数　241
認知的歪み　53
認知的レベル　228
認知能力　207
認知プロセス　45, 119
認知変数　7, 11, 13, 14, 27, 56, 87, 145, 151, 164, 231, 240
——による記述様式　7
認知ボード　48, 49, 50
認知ボード・モデル　56
認知メカニズム　87
認知モデル　32, 42
認知理学　70
認知領域　49
認知療法　42, 52, 53, 226, 227
認知レベル　55
脳事象関連電位　180, 186, 192, 199
脳磁図　12
脳損傷患者　134
能動的サブシステム　89
能動的側面　203
脳　波　12, 180, 213
乗っ取り型エラー　43, 47
ノーマン・モデル　56, 57

【は行】

バイアス　219
媒介変数　13, 190, 201
背景刺激　192
背景脳波　180
パースペクティヴ　93, 94
パソコン　135, 225
——の操作　203
パターン的処理　80, 81
パターン認知課題　81
バックグラウンド音楽　214
バッドレイ・モデル　88, 99, 100, 101, 129, 121
バッファ　105
ハード　203
ハードウェア中心的　211
波動説　29
パフォーマンス　45, 64, 200, 203, 204
パフォーマンス系　200, 205
速　さ　118, 119
パラダイム　2, 3, 5, 6, 85, 87, 112, 130, 134, 135, 147, 175, 188, 189, 196, 205, 209, 239, 240
パラダイム革命　219, 242
パラダイム的　223
パラダイム変換（転換）　7, 222, 242
パラメータ　195
パラメータ値　195
反射－連合理論　127
反省記憶　137
判　断　181
判断過程　154
判断基準　243
判断次元　114
反　応　4, 12
反応競合説　104, 105, 106
反応時間　6, 12, 114, 131
反応出力貯蔵庫　41
反応選択　79, 80, 82, 83
反応（用）バッファ　105, 110
ピアノの運指　202
引き金がひかれる　48
非言語的　60
——なイメージ的表象　60
非言語的サブシステム　60, 61
非言語的システム　63
非言語的表象　59, 60
非熟練者　202
ビデオ映像　167
「人」メタファー　34, 37, 41
非日常性　213
非モジュール性　118
非モジュール的　104
比　喩　8, 29, 30, 31, 32, 41
被喩辞　30, 32
比喩的　240
ヒューマンエラー　42
評　価　181
評価基準　137, 138
評価的なレベル　194
病　気　225
——の構成　226
表　現　234, 235

同一的な負のプライミング 114
等価刺激事態 190
等間隔的 189
動機付けと強化の過程 207
統　合 192
統合体 14
動　作 200, 208
動作系 200, 207, 208
同時構音課題 95
当事者 227, 229, 230
当事者感覚 227
当事者的 229
同時的遂行課題 130, 132
同時的プーリング 190
等速運動 172
同定作業 112
頭皮上分布 180, 181
特殊領域 49
特　性 24
特性評定テスト 159
特性論 17
独善的な推論 53
独立変数 13, 214, 216
特権的立場 227
トップ・ダウン型処理 210
トップダウン処理 12
トップダウン的 27
トランスアクション 24, 26
トランスクリプト 237
トリガー 59, 62, 146
努　力 83
トレードオフの関係 144, 145, 147, 150
トレーニング 166, 167
トレーニング・メニュー 45, 207, 208

【な行】

内因性成分 181
内　観 19
内　言 36, 89, 204
内向性 17
内的過程 12, 13, 196, 203
内的過程によって生み出された表象 152
内的記憶 152, 153, 155, 156, 164, 166
内的次元 184
内的な難易度尺度 184
内発的動機付け 225
ナレーション 64
難易度 74, 182, 188, 195, 199
難易度尺度 184
二重課題 95
二重課題事態 108, 130, 135, 146, 149
二重課題法 6, 81, 84, 85, 146, 205
二重処理理論 58, 63, 64, 65, 68
二重貯蔵モデル 39
二重反応デザイン 142
二重符号化理論 58, 62, 63, 64
二段階モデル 77, 80
日常性 213, 214, 215, 217, 243
——の心理学 209, 210, 212, 216, 217
日常世界 211
日常認知 209, 211
日常らしさ 215
日誌研究 44
二分法的 241
二分法的存在物 204
入　力 4
二律背反的関係 242
人間科学的 243
人間関係 238
「人間関係」メタファー 40
人間中心主義 219
認識世界 53
認　知 204
認知過程 5, 6, 21, 45, 52, 58, 70, 203, 206
認知機能 107
認知系 200, 205
認知経験 231
認知考古学 243
認知上の歪み 227
認知心理学 1, 4, 5, 6, 10, 11, 12, 13, 14, 19, 20, 21, 22, 26, 27, 33, 35, 42, 46, 50, 67, 101, 196, 200, 201, 202, 203, 205, 209, 210, 218, 241
認知心理学的研究 106, 181
認知心理学的視点 209
認知心理学的モデル 52
認知的概念 33, 35
認知的構え 53, 54
認知的機能 18
認知的構成概念 130, 240
認知的資源 126, 128
認知的事象 151, 164, 165, 167

チェッキング・プロセス *126*
知　覚 *4*
知覚過程を経た内容 *166*
知覚系 *107*
知覚的（された）事象 *163, 164, 165*
知覚的コード化説 *104, 105, 106*
知覚的特性 *163*
知　識 *168, 221, 224, 235, 237*
——の学習 *224*
——の構造化 *221*
知識構造 *47*
知識習得活動 *225*
知識習得過程 *221*
知識ベース *37*
知　能 *208*
知能因子 *17*
知能心理学 *17*
注　意 *35, 38, 50, 54, 65, 76, 83, 106, 109, 202, 205*
——のゲート *73*
——のゲート・モデル *73*
——の瞬き現象 *71*
注意過程 *73, 206*
注意コントロール資源レベル *48, 50*
注意コントロールシステム *50*
注意資源 *50, 66, 67, 76, 145*
「注意すべき」刺激語 *116, 117*
「注意すべき」刺激対象 *116*
「注意すべき」処理 *117*
注意滞留モデル *76, 80*
注意的反応 *78*
注意配分 *205*
注意理論 *106*
中央エンジン *55, 56*
中央実行系 *20, 36, 37, 66, 67, 68, 69, 89, 90, 91, 99, 100, 101, 121, 126, 129, 132*
抽象化 *239*
中　枢 *81*
中枢干渉理論 *78, 80, 81, 82*
中枢性 *82*
中枢プロセッサ *50, 56*
中枢レベル *78, 79, 83*
中性的反応 *191*
中性点 *189*
聴覚性情報 *66*
聴覚性のワーキングメモリ *65*
聴覚モダリティ *65, 70*
長期記憶 *22, 37, 41, 58, 79, 83, 88, 89, 90, 91, 94, 97, 98, 99, 100, 108*
長期記憶量 *95*
長期貯蔵庫 *39*
長期ワーキングメモリ *98, 99*
眺　望 *93*
眺望世界 *240*
「眺望」・「俯瞰」 *241*
直接経験 *18*
直接即時の理解 *33, 34*
直接的理解 *33*
直接的ルート *100*
直　喩 *30, 32*
貯　蔵 *45, 140*
貯蔵過程 *45*
貯蔵時間 *123*
貯蔵能力 *125*
直観生物学 *173*
直観的レベル *171, 174*
直観物理学 *169, 171, 172*
治療者 *230*
対連合学習課題 *142*
綴り字処理 *148*
適応的行動 *57*
提示確率（分布） *182, 186*
ディストラクター *112, 113, 114*
ディテール *237*
ディメンション *35*
提　喩 *31*
定量的 *18*
データ駆動型エラー *43*
データ駆動型処理 *12*
テレビ画像（の映像） *167, 213*
てんかん気質 *17*
典型的特性 *155*
伝統的授業場面 *222*
伝統的心理学 *11, 12, 14, 200, 209, 218*
伝統的な授業原理 *224*
展　望 *93*
展望的記憶 *120, 122, 123, 125, 128, 129, 132, 133, 134, 135, 136, 137, 138, 139, 140, 141, 142, 143, 145, 146, 147, 150, 151, 164*
展望的記憶課題 *125, 126, 127, 128, 130, 131, 132, 135, 139, 141, 142, 146, 147, 148, 149, 150*
展望的成分 *140, 142, 143, 144, 145*

ゼロ点の移動 192
潜在的な変数 18
潜　時 181, 188
全体（的）システム 26, 242
全体的・抽象的なもの 47
選択的注意 22
先入観 54
専門家 226
専門家としての知 228
相 35
躁うつ気質 17
騒　音 216
相関関係 139, 177
想　起 142
想起過程 137
総合学 211, 242
総合学的志向 210
総合志向的 211
総合的 211
総合的関係 217
総合的視点 242
相互交流 227
相互作用
24, 25, 54, 87, 190, 210, 222, 237
相互作用性認知的サブシステム理論 54
相互的かかわり合い 25
操作的（に）定義 13, 190, 192, 231
操作の客観性 13
想像された内容 166
想像的事象 163, 164, 165
相対主義 219
相対性 226, 231, 239
相対的 241, 243
相対的関係 242
「相対的」性格 233
相談相手 228
装置的制約 172
促進効果 111, 119, 148
属　性 198
測定パラダイム 193
速度知覚 214
遡向的な法則性 236
ソフト 203
ソフトウェア中心的 211
素朴概念
169, 171, 173, 174, 177, 178, 179
素朴生物学 168, 173
素朴な内容 169
素朴物理学 168, 169
素朴理論 174, 178
存在物の構造 34
存在理由 239

【た行】

第一課題 74, 75, 78, 79, 82, 87, 108
第一の時代 13
大局的な情報統合 92
対症療法的効果 229
体制化 40
体制化モデル 40
代替プラン 121
第二課題 75, 78, 79, 80, 82, 87, 108
第二の時代 14
大脳生理学 12
大脳皮質視覚野 213
タイム・シェアリング 83
タクソノミー 32
ターゲット 76, 78, 111, 112, 113, 114, 116, 126, 127, 141, 144, 238
——の検知 77
ターゲット刺激 78, 81, 127
ターゲット領域 15, 16
多元的 238
多重資源 86
多重資源理論
68, 69, 84, 85, 86, 130, 148, 149
多重プロセス理論 128
正しい源の弁別成績 167
妥当性 13
多様な行為的経験 232, 233
単一資源 86
単一資源理論 68, 84, 85
短期記憶
22, 41, 80, 81, 82, 83, 88, 99, 108
短期固定 79, 80, 81, 82, 83
短期性記憶 82
短期貯蔵庫 39
短期（的）貯蔵 36
単語課題 146
探　索 155
単純感情 19
単純性 28
ダンス 202
小さなエラー 216

処理過程 *12, 27, 77, 79, 80, 82, 109*
処理系 *107*
処理コード *85*
処理時間 *105*
処理資源 *50, 56, 67, 68, 69, 71, 75, 83, 87, 90, 102, 108, 109, 119, 128, 130, 136, 144, 147, 149, 150*
処理資源理論 *58, 67, 108*
処理システム *62, 124*
処理水準 *39*
処理水準モデル *39*
処理ステージ *85*
処理速度 *105*
——の大きさ *109*
処理文脈 *22*
処理モダリティ *85*
「調べ」作業 *221*
事例研究 *238*
司令塔（的） *37, 99*
人格心理学 *17*
人格的成長 *20*
進化心理学 *243*
親近性 *49*
親近性効果 *22, 97, 98*
神経生理学的記述様式 *7*
神経生理学的プロセス *7*
新行動主義 *10, 201*
新行動主義者 *13*
診断行為 *226, 227*
診断理論 *226*
心的過程 *196*
心的距離 *184*
心的経験 *155*
心的コード *54*
心的状態 *174*
心的表象 *64*
心的モデル *169, 171, 172*
心的要素 *19*
振 幅 *181, 182, 183, 184, 185, 186, 187, 188, 194*
心理学的現象 *240, 241*
心理学的原理 *240*
心理学的事象 *24*
心理学的視点 *200*
心理過程 *196*
心理量 *198*
心理療法 *52, 56, 225*
随意的 *202*
推 理 *4*
推 論 *27, 155, 156*
推論過程 *153*
数量判断 *196, 198*
スキーマ *42, 46, 47, 48, 49, 50, 53, 56, 57, 94, 221*
スキーマレベル *48, 50*
ステレオスコープ *212*
ストーリー *40, 226*
ストループ効果（現象） *102, 104, 107, 108, 111, 114, 115, 116, 117, 119*
スーパーバイズ *107, 119*
スポットライト *38*
スリップ *42, 45, 46*
正確さ *118, 119*
制御過程 *100*
制御的機能 *100*
制御的処理 *55, 125*
制御的プロセス *125, 127, 128, 129*
生産志向的 *242*
成 熟 *20, 26*
生態学的心理学 *232*
生態学的妥当性 *161, 209, 211, 243*
生態学的知覚理論 *204*
精緻化 *40, 59*
精緻化モデル *40*
精緻性 *159*
正の相関（的）関係 *125, 126, 142, 145*
正のプライミング効果 *111, 118*
生物学的視点 *200*
生物学的成熟 *176, 233*
生物学的メカニズム *173*
生物学的要因 *233*
生物と無生物の区別 *173*
成 分 *180*
成分電位 *186*
生理学的・生物学的理由 *174*
生理学的ホメオスタシス *190*
整理棚メタファー *40*
世界仮説 *16, 17, 24, 210*
世界観 *24, 25, 26*
世界構築 *240*
世界構築原理 *24, 26*
接近と回避 *204*
絶対判断 *198*
セラピスト *226, 227, 228, 229, 230*

実験と日常性 212, 216
実験パラダイム 130, 186
実験変数 214, 215
実　行 45
実行過程 45
実際の事物の記憶 153
実証主義的共同作業 227
実践的状況 179
質的な連続性 241
実用論的見地 28
視　点 242
自伝的記憶 151, 161, 164
自動化 50, 106, 108, 109
自動化された処理 106
自動化の程度 107, 109
自動制御 38, 202
自動的 116, 117
自動的処理 205
自動的処理説 104, 106
自動的プロセス 125, 127, 128
自動的連合システム 127
自発性 225
自発的（な）検索プロセス 128, 129
示　範 224
指　標 30
自分自身の記憶に対する自信の低さ 152
シミュレート 147
社会的構成作業 231
社会的構成主義 218, 219, 220, 221, 222, 224, 225, 226, 227, 229, 231, 232, 233
　——の心理学 218
社会的構成主義的方法 229
社会的交流 176, 177
社会的相互作用 176, 222
社会的要因 219, 233
尺度構成 196
写　像 32
集合電位 213
従属変数 6, 216
集団精神療法 22
重量判断 193
主観主義 219
主観的尺度 189
主観的世界 172
主観的速度 214
熟知性 135
熟練者 202
熟練動作 192
主体的体制化 40
出現確率 196
出　力 4
手動制御 202
受動的サブシステム 89
順応水準 181, 186, 189, 192, 194, 195, 196, 197, 199
順応水準説 181
順応水準理論 186, 189, 195
準備的注意プロセス 144, 145
準備プロセス 126
止　揚 219
上位のシステム 107
状　況 23, 26, 42, 209, 211, 234, 235, 236, 238, 241, 243
状況的認知論 23, 26, 241
上下関係 31
照　合 68
照合・関連付け作業 69
照合的な処理 60
常識化 232
焦点刺激 190, 192, 194
焦点事例 178
情報圧縮 98
情報処理 4, 36, 61, 68, 69, 105, 109, 186, 196, 213, 243
情報処理活動 27
情報処理過程 1, 11, 13, 23, 33, 101, 111, 181
情報処理心理学 104, 136
情報処理的接近法 203
情報処理能力 207, 208
情報処理プロセス 7
情報摂取 12
情報統合 91, 92
情報の伝達 222
初期成分 180
初期選択モデル 38
初期レベル 221
触運動 204
食物を噛むテンポ 214
序数尺度 197
初頭効果 75, 97, 98
　——の自動化 106
　——の深さ 39, 40

コンストラクティヴィズム　220
困難度　166
コンピュータ・アナロジー　5, 203
コンピュータ科学　5, 203
コンピュータ・シミュレーション　5
コンピュータ・プログラム　5
根本隠喩　16, 210

【さ行】

サイエンス　28
再現性　13
サイコドラマ　21
差異性　17, 18, 24
再　認　142
サーチライト　38, 76
サブシステム　10, 25, 26, 36, 37, 54, 58, 59, 60, 61, 63, 66, 68, 69, 70, 88, 89, 90, 99, 100, 101, 122, 124, 132, 242
残差刺激　191, 192
残差要因　190
三次元映像　212
三次元空間　213
産出された行為　236
算術平均　189
支援ツール　94
視覚情報処理　104
視覚情報処理プロセス　205
視覚性情報　64, 65, 67
視覚性短期記憶　74
視覚性のもの　64
視覚性のワーキングメモリ　65, 66
視覚性表象　64
視覚性符号化　64
視覚的イメージ　59
視覚的事態　193
視覚的特性　163
視覚的な不変項　233
視覚モダリティ　65, 67, 69, 70, 87
視覚誘発電位　213
仕掛け　92, 93, 94
「しかるべき」行為　138
「しかるべき」時期　138
時間軸　87, 123, 124
時間的特性　163
時間に基づいた展望的記憶　132, 133, 134
閾　値　48
色名課題　102, 103
色名単語　102, 104
視・空間スケッチパッド　20, 36, 37, 63, 66, 67, 68, 69, 88, 90, 91, 94, 95, 97, 98, 99, 100, 101, 122, 124, 129, 132
刺　激　4
刺激次元　116
刺激属性　189
刺激文脈　62
刺激連続体　195
資　源　38, 55, 56, 68, 70, 76, 84, 85, 87, 109, 110, 147, 148, 149
　——の配分　109
　——の配分方針　149
　——の配分ポリシー　147
資源需要の競合　130
資源消費の競合　148
資源理論　19, 69, 83, 85, 86
思　考　4, 52, 153
思考様式　15
自己実現　20
自己診断　228
自己中心性（的）　175, 176
事後的　235
事後的事象　215, 217
事後的な跡付け作業　235
事後的（な）研究　215, 216, 217
自己発生的検索プロセス　134
事故防止　203
自己矛盾（的）　228, 230, 237
自己物語　227, 228
自己誘導運動　201
事　象　21, 22
　——に基づいた展望的記憶　132, 133, 140
辞書ユニット　106, 108
システム　4, 10
自然物理学　171
視知覚　36
実　験　13, 215
　——と同値な（の）構造（化）　215, 216, 217
実験室環境　217
実験室の（における）心理学　209, 212, 217
実現値　195
実験的研究　215

具象性 135
クライエント 225, 226, 227, 228, 229, 230
グラスピング 202
グループ学習状況 221
経験知 237
経験的レベル 227
経験のゲシュタルト 35
経済学的概念 168
継時的プーリング 191
形態情報 94, 97
形態的な処理 39
形態に関する検索手がかり 97, 98
競馬モデル 106
係留効果 182, 193
係留刺激 184, 193, 194
系列位置効果 75, 96, 215
系列順序 215
ゲシュタルト 35
ゲシュタルト心理学 196
結果の知識 202
決　定 155
研究パラダイム 212
言　語 4, 206
言語記憶 78
言語系 107
言語（性／的）情報 58, 64, 65, 70, 98
言語性のもの 64
言語性表象 64
言語性符号化 64
言語的サブシステム 60, 61
言語的表象 59, 60
言語能力 176
現在進行中の課題 126, 127, 128, 130, 131, 135, 146, 147, 148
検　索 4, 79, 97, 140, 163
検索時間 163
検索手がかり 97, 98, 99
検索プロセス 127, 128
現　実 226, 227, 228, 229, 230
現実世界 172, 211
現実に存在した事象 162
現実には存在しない事象 162
検　出 148
現象学的心理学 218
現象的経験 155
減衰器 38
語彙決定課題 148
行　為 47, 144, 146, 234, 235
——の駆動 48
——の継起 237
——の継起構造 237
——の産出 236
行為系列 43, 44
行為的経験 232
構音作業 132
構音制御プロセス 20, 89, 124
構音的リハーサル 36, 37
後期成分 181
後期選択モデル 38
構成概念 83, 136
構成主義 19
——の学習論 220
高速連続視覚提示 71
行動主義 1, 10, 201, 202, 203, 209, 218
行動生産過程 206
行動的平衡 190
行動的ホメオスタシス 190
興　奮 118
興奮過程 118, 119
交　絡 13
公　理 178
効率的表現 239
合理的特徴 235
コグニティヴ・キネシオロジカル・サイコロジー 207
心の科学 174
心の理論 168, 174, 175, 176, 177
固視状態 81
誤信念課題 175
個人変数 126, 176
子スキーマ 47, 57
コーディング 105
コード化 105
言　葉 231, 233
——のうえでの定義 231
小人化主義 21
個別科学 242
個別性 236
個別－総合 242
個別問題 235
コミュニケーション 232, 233, 239
コミュニケーション形態 222
コンストラクショニズム 220

過度の自責感　52
加　齢　140
加齢効果　140, 145
含意性コード　55
——の断片　55, 57
含意性情報　55
感覚運動　208
感覚記憶　41
感覚コード　55
感覚データ　43
感覚登録器　22
感覚モダリティ　180
感覚要素　19
感覚レベル　55
眼球運動　12, 204
関係枠　192
観察学習　206
観察者　26, 227, 230, 233, 240
観察者自身の動き　233
観察対象　240
感受性　216
干　渉　77, 79, 84, 105, 106, 107
干渉効果　71, 79, 107, 109, 115, 116, 117, 130, 132, 146, 149, 150
感性的レベル　194
間接経験　18
間接的理解　33
間接的ルート　100
換　喩　31
関与変数　223
関連付け　68
記　憶　4, 36, 39, 120, 123, 137, 154, 155, 162, 163, 202, 205, 215
記憶過程　41
記憶痕跡　89, 153
記憶自体の特性　153, 154
記憶表象　153
記憶方略　40
記憶理論　80
機　械　25
機械論　16, 18, 19, 20, 25, 210, 211
器官的要因　190
起源判定テスト　158, 159, 160
記述エラー　43
記述子　179
記述モデル　195
基　準　28, 184
基準課題　184
基準課題パラダイム　186
基準系　192
基準点　182, 189
帰属判断　154
期　待　194
期待要因　195, 196
擬同型　29
キネシオロジカル・サイコロジー　200, 201, 202, 205
技　能　221
——の学習　224
——の獲得　203
機能的類似性　30
技能レベル　221
肌　理　80
記　銘　137
記銘過程　137
逆定義　204
客観主義　218, 219
急速検知　77
教育学　220
教科学習　177
共感的　229
教　師　222, 224
教授・学習（場面）　220, 221, 222
教授原則　178
強制選択　112
共通理解　234
強　度　198, 199
共同経験主義　227
強迫傾向　152
強迫性障害　152
局所的な情報統合　92
挙錘行動　193
切り替え作業　126
筋運動　200, 201, 202, 204, 206
——の記憶　202
筋運動課題　205
筋運動的行動　207
筋運動的ノイズ　193
吟味変数　216
空間知覚　36
空間的な方向関係　35
空間的リハーサル　36
「空間」メタファー　39
空　想　154, 163

内なる人（間） 20, 37, 41, 90
——（人の）口 20, 37, 90
——（人の）頭脳 20, 37, 90
——（人の）耳 20, 37, 90
——（人の）目 20, 37, 90
うつ病 52
うつ病患者 52
運動学習 202
運動協応 202
運動反応産出プロセス 205
運動力学 169, 178
液晶眼鏡 213
エキスパート 90, 91
エキスパート・レベル 221
エスノメソドロジー 6, 26, 226, 234, 235, 236, 237, 238, 239
——の心理学 218, 234, 235
——の認知心理学 23, 241, 242
エスノメソドロジスト 235, 237
エピソード 101, 138
エピソード記憶 138, 139
エピソード・バッファ 100, 101
エラー 42, 44, 45, 46, 50, 51, 52, 108, 110, 119, 121, 165
エラー行動 57
エラーモデル 56
演　技 22
親スキーマ 47, 57
音韻情報 106
音韻貯蔵庫 20, 89, 90
音韻ループ 20, 36, 37, 63, 66, 68, 69, 88, 89, 90, 95, 99, 100, 101, 122, 124, 129, 132
オントロジカル 27, 33
——な次元 39

【か行】

外因性成分 181
開眼手術 204
外向性 17
外在的刺激の知覚 152
下位システム 85, 86
解釈学 218
解釈枠組み 219
階層構造 47
回想的記憶 137, 138, 139, 140, 152, 165
回想的記憶課題 139, 142
回想的記憶プロセス 144
回想的成分 140, 141, 142, 143, 144
外的記憶 152, 153, 155, 156, 157, 164, 166
外的手がかり 133
概念カテゴリー 149
概念駆動型処理 12
概念形成 4
概念的レベル 193
下位のシステム 107
回　文 148
会話分析 238
科　学 239
——のメタファー論 209, 210
科学的概念 171, 179
科学的コミュニケーション 239
科学的知識 178
科学的内容 169
科学的方法 6
学　習 4, 202, 203
学習者 222
——の自発性を尊重した学習状況 222
学習目標 224
学習理論 202, 218
学問的ラベル 220
「加工」メタファー 39
過去記憶 137
加重（対数）平均 191
仮説構成体 33
画　像 66
画像情報 66, 67, 69, 70
仮想短期記憶 99
家族的背景 176
硬い思考様式 54
課題遂行の切り替え能力 126
課題の難易度 182, 184
語　り 226, 227, 229, 230
学　級 221
学校教育 179
活性化 47, 48, 50, 56, 58, 59, 70, 149
活性化消失エラー 44
葛藤関係 114
葛藤状況 115
活動に基づいた展望的記憶 133
カテゴリー判断 197, 198, 199
過度の一般化 53

Watson, J. *176*
Watson, J. B. *201, 203*
Waugh, N. C. *82*
Weichselgartner, E. *71, 78*
Wellman, H. H. *176*
West, R. *126, 141, 142, 145*
Westberry, R. L. *118*
Whitney, P. *93*
Wickens, C. D. *83, 84, 85, 87*
Wight, E. *36*
Wikkiamas, J. M. G. *54*
Wimmer, H. *175*
Wininger, M. A. *214*
Woodruff, G. *174*
Wundt, W *18, 19*

【Y, Z】

Yeh, Y. Y. *38*
横澤一彦 *112, 113*
吉野　巌 *180*
Youngblade, L. *176*
Zacks, R. T. *37*

事　項　索　引

【あ行】

アイデンティティ *239*
アウトプット *10, 12, 49*
アクセス・ルート *59*
アスペクト *236*
圧縮的表現 *239*
後処理の段階 *77*
跡付け *235, 236*
アドバンス・レベル *221*
アナロジー *3, 5, 15, 16, 18, 28, 73, 86*
アニメーション *64*
アフォード *204*
誤った先入観 *172*
アルゴリズム *203*
アルツハイマー病 *139*
鋳　型 *74*
鋳型モデル *74*
意識過程 *19*
意識経験 *19*
意識主義 *19*
意識的処理 *108, 205*
維持的・固定的な役割 *88*
一時的・動的な役割 *88*
一般化 *7*
一般活性化因子 *49*
一般性 *236*
一般的問題 *235*
意　図 *42, 43, 47, 49, 106, 143, 145, 146, 148, 163*
　——の検索 *140*
意図記憶 *50*
意図された行為 *133*
意図システムレベル *48, 49*
意図的・心理学的理由 *174*
イマジェン *61*
意味情報 *105, 109*
意味的（な）処理 *39, 148*
意味的な負のプライミング *114*
意味レベル *55, 57*
イメージ *40, 52, 58, 60, 61, 62, 89, 91, 122, 133, 155, 166, 206, 207, 209, 239*
　——された事物の記憶 *153*
イメージ化 *155, 158, 160*
イメージ像 *59*
イメージ的 *60*
イメージ・トレーニング *207*
イメージ表象 *63*
イメージ論争 *63*
色 *80*
　——の検知 *81*
色情報 *105, 106, 109*
因果関係 *25, 177*
因子構造論 *17*
因子分析 *17*
陰性波（N） *181*
インターネット *222, 224, 225*
インプット *10, 12, 48, 49, 118*
隠　喩 *29, 30, 31, 32*
ヴァーチャル・リアリティ *213*
受け身的側面 *203*
受け身的プロセス *203*

Premack, D. *174*
Pylyshyn, Z. W. *63*

【R】

Raye, C. L. *153, 154, 155, 156, 161, 164*
Raymond, J. E. *71, 72, 73, 74*
Reason, J. T. *44, 45, 46, 48, 49, 50, 51, 56*
Reese, C. M. *126, 139, 141, 142, 145*
Reeves, A. *71*
Reiser, B. J. *162*
Richardson, J. T. E. *37*
Richardson, S. L. *133, 141*
Roballey, T. C. *214*
Robinson, J. A. *162*
Robinson, N. M. *40*
Robinson-Riegler, B. *127, 147*
Roediger, H. L. *139, 215*
Rogers, C. R. *20*
Rogers, R.D. *79*
Rogoff, B. *24*
Rongo, R. R. *214*
Rush, A. J. *52*
Ruthruff, E. *79*

【S】

齊藤　智 *98, 99*
Sala, S. D. *141*
Salthouse, T. A. *139*
Schneider, W. *38*
Schwantes, M. L. *214*
Segal, Z. V. *54*
Segmen, J. *40*
Shank, H. *129, 130*
Shapiro, K. L. *71, 72, 74, 76*
Shaw, B. F. *52*
Shaw, P. *147*
Shiffrin, R. M. *22, 38, 82*
嶋田博行 *104, 107*
清水康敬 *213*
進藤聡彦 *178*
Shneider, W. *38*
Shum, D. *134*
Shyi, G. C. -W. *161*
Siedlecki, K. L. *139*
Simmons-D'Gerolamo, S. S. *139*
Simon, H. A. *63, 91*
Slomkowski, C. *176*
Smith, A. *216*
Smith, G. *141*
Smith, R. E. *125, 126, 144, 145, 147*
Spence, M. *167*
Sperling, G. *71, 78*
St. James, J. D. *38*
St. Louis, J. P. *130, 131*
Stansfeld, S. *216*
Steger, P. J. *214*
Stevens, S. S. *198, 199*
Stoltzfus, E. R. *37*
Stroop, J. R. *102*
Stuss, D. T. *145*
Suengas, A. G. *153, 161*

【T】

高野陽太郎 *112, 113*
田邊敏明 *24*
Taylor, T. H. *161*
Teardale, J. D. *54*
Tesla, C. *176*
Thagard, P. R. *16, 28, 29*
Thierry, K. *167*
Thomas, R. *129, 130*
Thomson, N. *36*
Tipper, S. P. *112, 114*
Tolman, E. C. *203*
Treisman, A. M. *38, 109*
Tudela, P. *38*
Tulving, E. *40*

【U, V】

Ullsperger, D. *197*
Ullsperger, H. -G. *188*
Ullsperger, P. *182, 183, 184, 185, 186, 187, 188, 196, 199*
Uttl, B. *139*
Valentine, M. *134*
Van Selst, M. *79*
Vogels, W. W. A. *145*
Vygotsky, L. S. *204*

【W】

Wang, A. Y. *161*
Ward, R. *76, 87*
渡辺めぐみ *102*
Watkins, M. J. *82*

Kvavilashvili, L. *133, 147*

【L】

LaBerge, D. *38*
Lachmann, T. *79*
Lakoff, G. *32, 33, 34*
Landau, J. *130, 131*
Leach, K. *161*
Leary, D. E. *15*
LeCompte, D. C. *125, 141, 142*
Lee-Sammons, W. H. *93, 94*
Lewin, K *204*
Libkuman, T. M. *130, 131*
Lieberman, K. *36*
Lindsay, D. S. *140, 142*
Liu, Y. *85*
Livner, Å. *140*
Lockhant, R. S. *39*
Loftus, E. F. *166*
Logie, R. H. *37, 63, 141*
Luwel, K. *140*

【M】

Mackeben, M. *78*
MacLeod, C. M. *106, 109*
前迫孝憲 *213*
Mandler, J. *173*
Manzi, M. *126*
Marsh, R. L. *129, 132, 144, 148*
Martens, S. *87*
Martin, M. *147*
Martin, R. C. *139*
Maslow, A. H. *20*
Masson, M. E. J. *140, 142*
Mathews, A. *152*
Mayer, R. E. *63, 65*
Mayfield, S. *129, 130*
Maylor, E. A. *125, 141, 142, 145, 147, 148*
McCloskey, M. *170, 171, 172, 178*
McDaniel, M. A. *126, 127, 128, 129, 130, 133, 134, 141, 142, 147*
McDonough, L. *173*
McGreevy, C. *214*
McNally, R. J. *152*
Menzies, R. G. *142*
Merikle, P. M. *126*
Metz, A. M. *182, 183, 196*
Metzger, W. *192*
Miller, J. *79*
Milne, A. *147*
水島広子 *227*
水野りか *95, 96, 97*
三宅　晶 *98*
Monsell, S. *79*
Moreno, R. *63, 65*
Morgan, C. T. *40*
Morrisette, N. *129, 130*
Murphy, K. J. *145*

【N】

永井淳一 *112, 113*
永塚　守 *213*
中河伸俊 *220*
中村真理 *213*
Nakayama, K *78*
中山　迅 *178*
Navon, D. *84, 85*
Neill, W. T. *118*
Neisser, U. *77, 81*
Netick, A. *85, 87*
Neumann, E. *118*
Neumann, U. *182, 188*
Nickson, J. *139*
Nisbett, R. E. *28*
西阪　仰 *234*
野島久雄 *106, 109*
Norman, D. A. *42, 44, 46, 48, 56, 82*

【O, P】

長内晋子 *179*
Otani, H. *130, 131*
Palloc, A. L. *129, 144, 147*
Pasher, H. *79*
Passolunghi, M. C. *125, 142*
Pavio, A. *58, 64*
Pepper, S. C. *16, 24, 25, 26, 210*
Perner, J. *175*
Piaget, J. *20, 175, 208*
Pietschmann, M. *182, 188*
Pinkston, J. *139*
Polson, M. C. *85*
Posner, M. L. *38*
Potter, M. C. *71, 77, 78*

【E】

Einstein, G. O. *126, 127, 128, 129, 130, 133, 134, 141, 142, 148*
Ellis, J. *133*
Emery, G. *52*
Engle, R. W. *37, 91, 108*
Erdmann, U. *182*
Ericsson, K. A. *91, 98*
Erikson, C. W. *38*

【F】

Faulkner, D. *166*
Finke, R. A. *161*
Foa, E. B. *152*
Foley, H. J. *156*
Foley, M. A. *153, 156, 161*
Franklin, M. E. *152*
Freeman, A. *53*
Friedman, A. *85*

【G】

Gardner, E. B. *214*
Garfinkel, H. *234*
Gaskill, S. J. *85*
Gelade, G. A. *109*
Gibson, J. J. *204, 233*
Gille, H. -G. *182, 183, 184, 185, 188, 196*
Goolishian, H. *230*
Gopher, D. *84, 85*
Gouvier, W. D. *139*
Graf, P. *139*
Grant, S. *36*
Green, B. *169, 170, 171, 172, 178*
Griffing, A. *139*
Guthrie, E. R. *203*
Guynn, M. J. *127, 133, 141*

【H, I】

Hancock, T. W. *148*
Hansen, J. S. *129, 144, 147*
Harris, L. *142*
Hasher, L. *37*
Hatano, G. *173*
Helson, H. *184, 186, 189, 192, 193, 195*
Henik, A. *109*
Hicks, J. L. *129, 132, 144, 148*
Hitch, G. *20, 36, 88*
本澤智巳 *179*
Holland, J. H. *28*
Holland, L. J. *141*
Holyoak, K. J. *16, 28, 29*
Hull, C. L. *202, 203*
Huppert, F. A. *139*
Inagaki, K. *173*

【J】

Jacobson, R. *31*
Jenike, M. A. *152*
Jenkins, J. M. *176*
Johnson, M. *32, 33, 34*
Johnson, M. K. *153, 154, 155, 156, 160, 161, 164*
Johnson, T. *139*
Jolicoeur, P. *73, 78, 79, 82, 83*
Jonassen, D. H. *220*
Jones, S. *140*
Junghanns, G. *186, 187*

【K】

Kahan, T. L. *155, 156, 160*
Kahneman, D. *38, 81, 109*
Kane, M. J. *108*
Kanwisher, N. G. *71*
勝倉りえこ *54*
加藤尚裕 *179*
川端健裕 *179*
川村麗衣 *179*
Kazen, J. K. *130, 131*
Kidd, E. *40*
King, R. *40*
Kintsch, W. *91, 98*
Klapp, S. T. *85, 87*
Kliegel, M. *141, 147*
Kohlbeck, P. A. *152*
小池俊英 *213*
Kosslyn, S. M. *152*
小山道人 *179*
子安増生 *175*
Kozaki, T. *193*
Kretschmer, E *17*
Krompinger, J. *145*
Kuhn, T. S. *2, 188*
楠見　孝 *29, 31*

人 名 索 引

【A】

Abelson, R. P. *162*
Altman, I. *24, 25, 26*
Anderson, H. *230*
Anderson, J. R. *38, 63*
Anderson, R. E. *161*
Armilio, M. L. *145*
Arnell, K. M. *71, 72, 74*
Astington, J. W. *176*
Atkinson, R. C. *22, 39, 82*

【B】

Baddeley, A. D. *20, 36, 63, 66, 68, 86, 88, 89, 100, 101, 124, 129, 131*
Baer, L. *152*
Baker, M. *126*
Bandura, A. *206*
Bargh, J. A. *129*
Barmard, P. J. *54*
Bayen, U. J. *125, 126, 144, 145*
Bäckman, L. *140*
Beck, A. T. *52*
Berish, D. E. *139*
Black, J. B. *162*
Boies, S. J. *38*
Bower, G. H. *40, 63*
Bowry, R. *145*
Brandimonte, M. A. *125, 142*
Breiter, H. C. *152*
Breneiser, J. *127, 130*
Broadbent, D *38*
Broadbent, D. E. *41, 71, 77*
Broadbent, M. H. P. *71, 77*
Brouwer, W. H. *145*
Brown, H. D. *152*
Brown, J. *176*
Bruner, J. S. *208*
Brunfaut, E. *141*
Bugelski, B. R. *40*
Bundesen, C. *81*
Burris, V. *168*

【C】

Cantor, J. *91*
Caramazza, A. *169, 170, 171, 172, 178*
Carey, S. *174*
Carpenter, P. A. *91*
Carrier, L. M. *79*
Cattell, J. M. *106*
Chartrand, T. L. *129*
Chase, W. G. *91*
Cherry, K. E. *125, 126, 139, 141, 142, 145*
Chun, M. M. *77, 78*
Clark, M. C. *40*
Cochran, B. *126*
Cohen, A. -L. *140, 142, 143*
Cohen, G. *120, 166*
Constants, J. I. *152*
Cook, G. I. *129, 144, 147, 148*
Cowan, N. *99*
Craik, F. I. M. *39, 82, 126, 141, 142, 145*
Cross, D. *176*
Crowder, R. G. *139, 215*
Cunfer, A. R. *133, 141*
Cutmore, T. *134*
Cutting, A. L. *176*

【D】

d'Ydewalle, G. *140*
Dafoe, C. G. *85*
Daneman, M. *91, 126*
de Jong, R. *145*
Dekker, M. R. *145*
Dell'Acqua, R. *82, 83*
DeSchepper, B. G. *118*
Dixon, R. A. *139, 140, 142*
Dumais, S. T. *38*
Dunbar, K. *106*
Duncan, J. *76, 87*
Dunn, J. *176*

―― 著者略歴 ――

1967年　東京大学文学部心理学専修課程卒業
1972年　東京大学大学院人文科学研究科博士課程単位取得退学
　　　　（心理学専攻）
1972年　東京大学助手
1977年　文学博士（東京大学）
1980年　金沢大学文学部助教授
1983年　大阪大学人間科学部助教授
1989年　大阪大学人間科学部教授
1998年　大阪大学大学院人間科学研究科長・学部長
2003年　大阪大学名誉教授
2003年　早稲田大学人間科学部教授
2006年　早稲田大学大学院人間科学研究科長
　　　　現在に至る

認知変数連結論―認知心理学を見つめ直す―

2007年11月2日　初版第1刷発行

検印省略

著　者　中《なか》島《じま》義《よし》明《あき》
発行者　株式会社　コロナ社
　　　　代表者　牛来辰巳
印刷所　萩原印刷株式会社

112-0011　東京都文京区千石 4-46-10
発行所　株式会社　**コロナ社**
CORONA PUBLISHING CO., LTD.
Tokyo　Japan
振替00140-8-14844・電話(03)3941-3131(代)
ホームページ　http://www.coronasha.co.jp

ISBN 978-4-339-07787-2　（松岡）　（製本：染野製本所）
Printed in Japan